治理经济学视角下的国际投资丛书

超所有权优势与企业国际投资风险治理（实践篇）

郑飞虎　著

图书在版编目（CIP）数据

超所有权优势与企业国际投资风险治理．实践篇／郑飞虎著．-- 北京：中国商务出版社，2019.5
（治理经济学视角下的国际投资丛书）
ISBN 978-7-5103-2841-1

Ⅰ．①超… Ⅱ．①郑… Ⅲ．①企业 – 国际投资 – 风险管理 – 研究 Ⅳ．① F275.1

中国版本图书馆 CIP 数据核字 (2019) 第 070289 号

超所有权优势与企业国际投资风险治理（实践篇）

CHAO SUOYOUQUAN YOUSHI YU QIYE GUOJI TOUZI FENGXIAN ZHILI (SHIJIANPIAN)

郑飞虎　著

出　　版：中国商务出版社
地　　址：北京市东城区安定门外大街东后巷 28 号　　邮　编：100710
责任部门：商务事业部（010-64515163　cctpswb@163.com）
责任编辑：汪　沁
总 发 行：中国商务出版社发行部（010-64266193　64515150）
网　　址：http://www.cctpress.com
邮　　箱：cctp@cctpress.com
排　　版：德州华朔广告有限公司
印　　刷：武汉市卓源印务有限公司
开　　本：170 毫米 × 230 毫米　1/16
印　　张：20.50　　字　数：320 千字
版　　次：2019 年 5 月第 1 版　　印　次：2019 年 9 月第 2 次印刷
书　　号：ISBN 978-7-5103-2841-1
定　　价：59.00 元

推荐序

在《财富》500强2018年的榜单上，中国公司的数量达到了120家，越来越接近美国的126家，远超第三位日本的52家。与此同时，在科睿唯安公司发布的《2017年全球百强创新机构》报告中，3家中国公司入围，华为技术有限公司第三次登榜①。上述榜单传递的信息意味深远，《财富》500强榜单同时涵盖了工业企业和服务性企业，销售收入是其硬性指标，追求规模经济成为上榜公司做大的依据。而全球百强创新榜单则综合考量研发实力、知识产权保护以及商业成就等因素，旨在遴选全球最具创新活力的机构，独创性IP的商业应用与前景是其核心指标，追求范围经济是众多上榜新锐企业做强的必然。

中国公司近20多年来在《财富》榜单上的发展轨迹（从1995年1家到2018年120家入榜）无疑见证了中国经济做大的一面；另一方面，中国公司近10年来在全球百强创新榜单上取得从无到有的进步则更具价值。这表明中国经济实力积累到一定程度后，随着经济转型与产业结构升级，基于开放创新的发展愈益受到重视，中国经济正转向做强的一面。

从国际惯例来看，世界经济强国更迭的背后，有两个重要的同步指标：其一是拓展国际贸易的便利。这在早先西班牙、葡萄牙与荷兰等强国身上得到了突出体现，也因此，国际贸易被称为“经济增长的发动机”。其二是推动国际投资的担当。这为18世纪后半期先后崛起的英国、美国、德国、日本等强国经历所验证。成为世界贸易强国需要开拓的眼界、开放的胸怀与合作的

①《福布斯》发布的2018年全球创新力百强榜单中，中国有7家公司上榜。

精神，国土疆界的大小并不构成必然的羁绊。成为世界投资强国则需要产业的支撑、科技的进步与制度的创新，不仅一国疆界资源对其影响，国内经济增长方式也决定并制约着该国对外直接投资的纵深发展与运营效率。因此，跻身世界投资强国，既是资源调动与制度创新的较量，更是综合国力的竞争。

21世纪的中国，正处于由贸易大国转向投资大国的关键时期，也是日益逼近世界经济中心地位的历史时刻。与前述世界强国区别之处在于，中国迈向世界强国之林具有自身三个独特背景：从经济上看，中国资源贫乏，人口众多。这一国情决定了中国不仅依赖国内市场提供资源，也需要国际市场同步保障。“两个市场、两种资源”成为中国经济对外开放的重要特色。也因此，中国的对外贸易依存度依旧会保持较高的水平。从政治上看，中国的政治领导体系具有历史的基因，也是大陆国家地缘战略发展的结果。国企与民企作为中国政治体系下的商业生态，不仅相互并行、相互发展与影响，而且是支撑中国重返世界强国之林的经济基础。所有制的丰富性表明，中国的发展模式对于国际政治经济学的研究提供了更为纵深的观察。从文化上看，中国的儒释道精神深入民间，具有相当悠长的融合历史。儒释道文化不仅在中国不同历史时期举足轻重，而且从人类社会未来走向来看，也是锚定人类商业合作与交流沿着正确轨道行进的重要精神保障。也因此，中华文化具有包容性、前瞻性与一致性，这对当下中国提出“一带一路”倡议与行动尤为重要。

如果把一个国家的丰富禀性加以浓缩，我们大致可以从其行业特性甚至更为微观的企业细胞个性上获得感知，因为“企业强，则国强；企业弱，则国弱”。因此正确理解中国经济强大的背后，细致观察一个个鲜活的中国企业的成长无疑是一条生动而鲜活的路径。本书在这方面做了可贵的尝试。作者以其娴熟的治理经济学视野切入国际企业管理领域，将中国过往四十多年的对外开放历程，通过十三个精心挑选的企业国际化案例予以阐析。分从“适应全球化”与“适应本地化”两个维度编排案例，区分不同所有制主体、不同国际化动因、不同国际化区位与模式展开深入研究。尤为值得关注的是，作者将企业国际化行动纳入治理经济学的范畴，因此分析合格的国际企业不仅要考虑政府——企业——居民三角之间的治理关系协调与配置，而且需要综合平衡控制——合作——独立三角关系战略的运用。显然，作者这里将治理主体关系与治理战略设计引入企业国际化领域，属于一种创新的研究尝试，也是本书作者多年来从事跨国公司与开放创新学交叉领域研究的一种可喜外溢。

北京师范大学经济与工商管理学院是国内商学院当中一支蓬勃发展的新兴力量，百年师大的厚重人文与文化底蕴造就了许多年轻学子与青年教师在此孜孜不倦地追求内心的梦想与希望。继2016年经济与工商管理学院获得EQUIS国际认证后，学院的发展正驶入一条快车道。作为新一任经济与工商管理学院院长，我所面临的挑战与压力不言而喻，但是希望与前景却让我更为振奋：这里有老一辈的经济学家，虽说“老骥伏枥”，但是扶持新人上马“志在千里”！这里有学院中坚栋梁，在无数个不眠之夜沉浸教学、早生华发，却依然神采奕奕！这里更有国内外海归与高才博士生，书生意气却恣意挥洒、指点学术前沿江山的万仞勇气！

与这些英才同行，寄希望于见证一个属于北师大经管学院新时代的开启，也是我本人任职以来如履薄冰、矢志不渝的“初心”！

戚聿东

北京师范大学经济与工商管理学院教授、博士生导师

2019年4月12日

前言 Preface

21世纪的中国，正跨入一个极其炫目的世界经济关口：一方面，与这个全球人口数量最多国家相当的是，中国摘取了一系列“全球第一”的桂冠：2006年2月底，中国的外汇储备首超日本，位居全球第一；2009年中国成为世界第一大出口国和第二大进口国；2012年，中国在货物进出口总值上超越美国，成为全球最大货物贸易国。另一方面，以直接投资衡量的全球经济地位来看，中国进步也很快，2012年中国首次成为世界三大对外投资国之一，2002—2016年中国对外投资流量年均增长速度达35.8%；许多机构预测，按此速度，2025年中国就会逼近全球ODI霸主美国的地位。

中国宏观经济在世界经济舞台全面开花的结果，提供了我们宽广度、深视野观察中国企业家与中国企业在国际商务活动中纵横捭阖的难得的机会。中国的强大，某种程度上有利于中国企业“走出去”，随着“一带一路”倡议的推广，这一关联趋势变得愈发明显；但在另一方面，当那些国力式微的竞争对手国由此变得耿耿于怀时，我们不难想象摆在中国企业家面前的会是一条怎样荆棘丛生的道路！从中海油坎坷收购优尼科，到中铝二次收购力拓被拒；从西洋集团折戟朝鲜，到华为进军美国数次被否；而最新的中兴通讯受制与华为高管被扣事件的进一步发酵表明，大国在全球舞台上的关系博弈，不仅关乎也深刻影响着微观企业群体的兴衰起落。也正因如此，中国企业家“走出去”的每一步，都给后人留下了诸多值得深思与铭记的宝贵经验。与此同时，在中国这个全球最大的内向国际化的舞台，世界500强早已为最后的晚餐展开了生死搏斗，当无数合资与独资跨国企业纷纷布局与竞夺中国市场份额时，对于中国企业来说，家门口的竞争从一开始就意味着一场没有硝烟的全球化战争。

这就是21世纪中国企业家在国际商务活动中必须面对的现实：无论是否"走出去"，中国公司都已深深卷入了这场全球化的浪潮。世界经济的波动有增无减，"适者生存"的文化意味着，中国公司既要适应内向全球化（跨国公司的本地化竞争），更要积极开拓外向全球化。应对波动的关键在于增加弹性，成功的企业在于能否具备一种综合与灵敏的视野，通过整合商业生态系统、竞争要素及吸纳创新资本来及时形塑自身的弹性能力，进而锻造出独特的竞争优势。在这一过程中，任何一家企业都将面临一个"三角形"思维范式的治理挑战：即如何在自主性、控制性与合作性关系中找到自身的平衡。本书的所有案例背后，如果深究起来，读者都会发现运用这一神奇"三角形"治理框架留下的熠熠光辉。

本书的适用范围

围绕作者精心设计的所有案例，本书首次提出了国际商务生态领域系统风险治理的总体观点。它可以作为如下课程的重要补充读物：（1）国际商务；（2）国际企业管理；（3）战略与风险管理。本书主要面向国际商务与国际经济的MBA与专业硕士，但也适于商科的本科生。

此外，本书自成体系，可以作为经管专业专门研究全球化与风险治理的教材，也可作为涉外公司经营班子的培训教材，以及大学图书馆的重要参考书。

本书的结构和学习方法

本书引言部分先对国际商务活动做一个总体介绍，并基于治理经济学的视角探讨了国际商务交易的不同类型，在此基础上，本书给出了"三角形平衡图"的分析框架。本书第一部分与第二部分从"适应全球化"与"适应本地化"两个维度给出了对应的国际商务分析案例，并指明了不同国际投资风险与治理对策。作者认为，在国际商务活动中，应对治理风险可以有三个层面的策略选择，表现在每一案例分析中，本书将在“关键要点”中具体给出基于“三角形平衡图”的治理建议。本书做这样的安排，旨在让学生在案例分析中进一步加深对案例背后理论运用的思考，以及对本书所提倡的“三角形平衡图”治理思维体系的熟悉。

本书的课堂教学可以有多种方式：MIB 与 MBA 学员可以就每一案例进行独立课堂讨论；本科生教学可采用其中一部分案例内容做重点，教师进行集中讲授，以便更好诠释与验证对经典教科书中相关知识点的运用与拓展。

我衷心希望，读者能喜欢阅读本书，正如我非常喜欢写作本书一样。如果您有什么建议或意见，我非常乐意接受。您可以给我发送电子邮件，我的电子邮箱是：zfh@bnu.edu.cn。

目录 Contents

引言：国际商务生态与系统风险治理
——一个总体观点

在国际商务活动中，当外来企业进入一国市场时，往往会面临一个额外的负担 (indebtedness)。为此，外来企业总是试图规避这一不利之处，从而产生了包括独占垄断、合谋与前后向一体化的并购等活动。如果把跨国公司与本土企业之间的交易行为放置在一个更大的空间来看，则双方的关系囊括了从离散的自由竞争关系（贸易合约），到中间状态的各种弹性/半弹性的合作关系（许可、外包、长期协议、战略联盟、合资等），再到层级结构下的控制关系（并购与一体化等）。这一“三分法”的实质源自科斯时代以来“自制还是外购”（Make or Buy）的选择以及对交易成本操作化的确认，威廉姆森由此建立了精确化的治理分析框架（TCE 理论）。运用威廉姆森的理论分析框架，我们可以更清楚地看到与前述活动相对应的三种合约治理关系：市场型合约、关系型合约与层级合约。

进一步来看，由于威廉姆森的分析强调因应不同性质的交易活动，可以匹配不同的治理模式。由此一个有益的启示在于，如果我们从治理结果中反其道上溯，就可以观察到国际舞台上更多剥离了事后完美包装与理性光环的跨国交易活动，并在一幕幕具体情境中得以了解交易者具体入微的复杂行为。显然，正是这些真实交易模式及其反映出的交易环境的复杂特征，才有助于我们更深入解构跨国企业在国际商务活动中的多样化行径，进而探求其内在的管理规律与本质。

为此，本书构建了一个因应威廉姆森治理思想的“三角形平衡图”作为全书案例分析的基本框架。（见图 1）

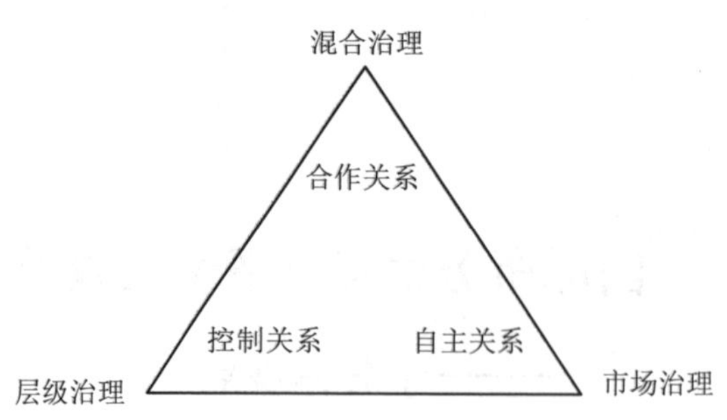

图 1　三角形平衡图与治理结构关系

这一“三角形平衡图”的三个顶点处，分别对应着治理结构关系的三种类型（层级治理、混合治理与市场治理）。用维恩图解释，右侧顶点的市场治理代表自主关系（Autonomy，相当于集合关系中的 disjunction），左侧顶点的层级治理代表控制关系（Control，相当于集合关系中的 Containment)，最上侧顶点的混合治理代表合作关系（Cooperation，相当于集合关系中的 intersection)，这样三类治理结构与维恩图的三种集合关系正好呈现对应特征。此外，从组织管理学角度分析，自主关系与控制关系之间类似于经典的专业部门与总部之间的困境，控制关系与合作关系之间相当于一致性与灵活性之间的困境，自主关系与合作关系之间则近似于个体与集体之间的困境。

针对跨国企业国际商务活动的实际，运用“三角形平衡图”的意义在于，当国际商务活动相关风险出现时，我们可以借助“三角形平衡图”三个顶点处的治理结构关系来探讨各种可能的影响因素与应对策略。因此在这一意义上说，三个顶点处的治理结构关系构成了“系统风险治理”的不同层面，分别代表了不同的动态风险治理能力；并从微观视角的企业内部（Hierarchy，对应层级治理）、中观视角的企业与企业之间（Hybrid，对应混合治理）以及宏观视角的市场（Market，对应市场治理）三个层次提供了我们观察“系统风险治理”框架发挥作用的不同维度。

我们不妨挑选本书一两个国际商务案例，将其放置在“三角形平衡图”治理框架中进行透视：在“西洋集团折戟朝鲜投资”一案中，读者可以看到辽宁西洋集团与朝方的合作关系历经波折，因而西洋集团对于合作条件与相应保障支持慎之又慎，这可以视为混合治理方面的强化。但是最终问题出在何处？对于任何流向发展中国家的资源型 ODI 来说，其吸引发展中国家的因素包括了资金、设备与资源开采技术。对于本案来讲，西洋集团的专有冶炼设备与独特的铁精粉提炼技术无疑是其进入朝鲜市场的垄断优势。而这一垄断优势，按照主流 FDI 理论的解释，更应该“内部化”拥有并获取独占的收益。西洋集团的做法却与此大相径庭：在与朝方合作后，中方企业不仅历经艰辛将所有专有冶炼设备安置在朝方工厂（沉没成本的产生，失去控制），同时派去 150 名中方技术人员，花了三个月的时间手把手教会了朝方工人提炼铁精粉的技术，至此，中方的垄断技术与专有设备完全在朝方的掌握之中。如果给定威廉姆森对交易者行为的基本假设：交易者的有限理性（中方企业在此非常吻合）、机会主义倾向（朝方伙伴的行为特征）以及资产专用性（中方专有的投资设备与技术），那么可行的治理制度安排应该是：中方在控制关系方面，应牢牢把握住铁精粉提炼技术不能外泄。西洋集团的惨败，正在于系统风险治理当中，忽视了层级治理下对控制关系的把握。另一个与本案相映成趣的 ODI 故事却是：同一时期进入朝鲜投资铜矿的浙江民企——万向集团的鲁冠球先生，似乎深谙层级治理下对控制关系的把握。在全面评估朝鲜投资环境的风险后，这位中国企业家最终还是决定与朝方合资开采亚洲最大的惠山青年铜矿。但是与西洋集团不同的是，在推进该项投资过程中，万向集团并没有就其核心活动（项目投产）进行全力推进，而是围绕着边缘业务有目的推进（慢慢完善员工宿舍、道路交通等，即前期建设）。在鲁冠球眼里，朝鲜目前的环境风险只是适宜早一步进入——持有，但是谈到具体收获，则需要进一步等待不确定性的释放（验证鲁冠球想法的是，朝方这期间数次对该项目叫停）。……同样的投资环境，相似的投资标的，但是对于西洋集团与万向集团来说，却是两种截然不同的交易策略与智慧。因此在这一意义上说，当我们了解了更多关于威廉姆森的治理经济学思维与方法后，相信在国际商务活动中，中国企业家的“走出去”会变得越发从容与淡定。而这，正是本书付梓的最大心愿。

第1部分

适应全球化

上半部分包含了六个适应全球化的国际商务案例：

案例1与案例2探讨了中国资源类企业对外直接投资的风险与治理。其中西洋集团案例是对发展中国家（朝鲜）的新建投资，而中铝案例是对发达国家（澳大利亚）的并购投资。这两个案例突出体现了中国资源类企业“走出去”在不同区位遭遇的宏微观交易风险模式，由此引申出对这类国际交易模式风险不同影响因素的治理分析。

案例3与案例4展示了中国资源类企业“走出去”的宏观风险管理与行业拓展风险。案例3的中石油在南北苏丹的投资事宜，引申出一个非常值得探讨的话题：特定情形下，国有企业海外投资的社会责任承担是否具有更为持久与超脱的关系特质？案例4的中地海外非洲业务拓展也具有类似的性质，当农业本身成为非洲国家非常重要的国民经济部门与基础时，基于农业平台的对外投资扩张是否具有更为便利的竞争力，这一海外扩张模式的关系特征是什么？这两个案例带来了治理经济学分析的宏观应用维度。

案例5与案例6探讨了双向全球化动机与治理策略。案例5汇源收购一案关注了跨国企业内向国际化与外向国际化不同交易动机与策略。对汇源收购一案的深入剖析提出了中国新生的反垄断机构如何应对全球化并购及面对公众网络参与的舆论压力背景下提高自身治理水平的相关思考。案例6展讯科技并购案例则提示，在海外并购纳入层级治理的模式下，展讯科技同样面临一个更为微观的“三角治理”挑战，这在跨文化背景下尤为突出。这两个案例重点提示了混合治理与层级治理下的策略设计与应用。

至此，以上六个案例从适应全球化的视角，分析了中国不同类别企业在国际商务活动中如何应对环境波动，积极创造企业弹性——不同模式的治理结构与交易策略无疑提供了相适应的企业弹性与保障，这也正是治理经济学派的魅力所在。当外部世界不确定性增加时，给定交易各方的有限理性与机会主义倾向，中国企业基于战略式“试错法”的对外投资行径某种程度上是合乎威廉姆森的治理思想——利用人类有限的理性与认知范式，中国企业家的集体智慧与过往经验可以让我们逐步逐点地总结出某些特定的 ODI 治理范式与交易策略。

案例 1　西洋集团折戟朝鲜投资

引　言

2012 年 8 月，来自辽宁西洋集团官方博客的一则消息引发了人们极大的关注：西洋集团最大的境外投资项目（也是迄今为止中国对朝鲜投资最大的项目）——位于朝鲜黄海南道瓮津郡的瓮津铁矿，在先后投入了 2.4 亿元人民币兴建起年生产 50 万吨铁精粉选矿厂，同时建成配套设施齐全及朝鲜员工住房 210 栋等之后，来自朝鲜方面的变卦让这一跨境项目突遭变动——合同被撕毁、工人被遣送，而逐渐掌握选矿技术的朝鲜工人则成了选矿厂的新主人…… 面对公司砸下真金白银最终却落得血本无归，55 岁的辽宁民企大亨周福仁发誓要跟朝方对簿公堂。

1. 中国近邻朝鲜

作为中国近邻朝鲜，中朝两国的边贸历史悠久：1882 年，清政府即开通了丹东港与朝鲜等国的通商贸易，并于中江台（今丹东市九连城马市）和朝鲜境内的兰子岛开办了中朝边境易货贸易。民国初期到伪满期间，中朝边境贸易也逐年增长。到了新中国成立初期，中朝边贸虽有进一步发展，但由于当时的辽宁省政府尚未设立边贸或外贸机构，中朝边贸仍按新中国成立前的方式进行，直到 1951 年 7 月因朝鲜半岛战争而停止。“文革”期间，边贸再次中断。

改革开放之后，中朝两国贸易发生了转折性变化。1981 年 9 月，经国务院同意，中朝边境贸易得以恢复。中朝边贸在早期以易货贸易为主（朝鲜对中国的服装鞋帽、日用百货、电子产品存有很大需求，中国进口的主要是朝鲜的液化气、农副产品、矿产品等），目前已经形成易货贸易与现汇贸易相结合的局面，并可以用欧元、美元或人民币结算。2002 年朝鲜宣布成立新义州行政特区后，中国企业掀起了对朝鲜直接投资的高潮，特别是在矿产方面。据统计，中国企业迄今累计对朝鲜非金融类直接投资已超过 3 亿美元，在朝鲜投资企业 100 多家，投资领域扩展到食品、医药、轻工、电子、矿产、纺织、化工、水产养殖等多个行业。与此同时，朝鲜企业对华投资金额也超过了 1 亿美元，领域涉及餐饮等多个行业。2011 年中朝双边贸易额达到 56.7 亿美元，同比增长 62.4%，贸易规模和增长速度均创历史最高水平。

但对中方投资人来说，去朝鲜投资有其特殊性的一面。朝鲜属于基础设施非常落后的国家，朝鲜电力不足的问题在 20 世纪 70 年代后期就有预兆，在 90 年代以后更为明显。于是政府采取了很多限电措施，新建的发电厂缓解了居民用电，却对工业没产生多大的改善。在朝鲜投资的中方企业在生产过程中常常断电，即使有电，电压也达不到正常要求，对设备的损害很大。有的矿山所在地根本没有线路，只好购买发电机，而长期靠发电机维持生产，极大地提高了生产成本导致亏损。

除了电力，交通问题也是横亘在海外投资者面前的一座大山。据《朝鲜中央年鉴公布》，朝鲜公路总长 75500 公里，可通汽车的公路只有 23633 公里。而主要依赖铁路的朝鲜交通，大部分铁路都是电气化，经常停电，火车就无法保证速度和运行时间。尤其对于采矿业，矿石的运输本来就不方便，公路少、铁路状况不便的情况下，矿石运输的命脉就很难在自己的掌握之中。

朝鲜许多政策规定带有强烈的封闭性，这也使得外来投资者为之却步：比如到朝鲜的外国投资者只能在有外事接待资格的酒店居住，不得自行租住，如因特殊情况需要在厂区居住，必须由朝方合作单位向国家外事单位和安全部门提出申请，而这类申请的批准极为困难。在这种情况下，海外投资者极有可能失去最基本的对投资项目的现场监督、管理权。再如，尽管朝鲜形式上拥有比较完善的关于外商投资的法律（1984 年，朝鲜通过了《合资经营法》，允许外商以合作的形式到朝鲜投资办厂，随后又制定了《合作法》《涉外经济仲裁法》等旨在保护对外贸易的法律），但在实际操作中却发现困难重重，形同虚设。比如朝鲜规定，外方人员在没有合作方人员的陪同下不能去朝鲜国际仲裁贸易委员会，显然一旦发生纠纷，对方不会主动把准备起诉的投资者带去；更为糟糕的是，朝鲜到目前为止并没有参加任何世界公认的贸易组织，一旦发生贸易纠纷，不仅在朝鲜无处投诉，在国际上也无从下手。

曾有人联系中国驻朝鲜使馆，向其了解在朝鲜的中国企业经营状况，但得到的回复是：中国在朝鲜企业的经营状况是保密的，因为要从两国友好的角度出发……

2. 投资机会乍现

西洋集团是历届中国 500 强企业，总部位于辽宁省海城市。2005 年，西洋集团内部一位担任翻译的朝鲜华裔人士，将朝鲜岭峰会社首次引入了该集团对外投资的视野。这家原来以海产品贸易为主的企业声称，其在朝鲜有一些资源矿产，正在寻找投资者。朝方开出的条件也很诱人：瓮津矿山铁矿资源丰富，储量 17 亿吨；朝鲜国家税收低，没有增值税和出口免关税，企业所得税仅为 10%；朝鲜劳动力廉价，每个工人每月仅 30 美元的工资……。对于当时正寻求海外机会的周福仁而言，这一投资机会无疑正中其下怀。

怀着对未来的美好憧憬，周福仁踏上了前去朝鲜考察的路程。对矿址考察后，周福仁觉得不错，“矿的面积大，储量有 17 亿吨，地理位置也好，就在海边，运输就可以直接出海，虽然矿的品位低，但选矿的效率高，出产的铁粉品质好。”初次考察的结果固然不错，但是朝鲜国家相对封闭，法律不健全等因素使得对这一国家投资的政策风险骤增，为此西洋集团上下倍感担心，公司领导班子 90% 以上的人不同意这个项目。面对彼时公司内部的反对意见，周福仁却认为，富贵险中求，越是不完善的市场，机会越大，利润越高。为稳定军心，周福仁甚至喊出了“不入虎穴焉得虎子”“明知征途有艰险，越是艰险越向前”等口号以鼓舞士气。这样从考察到真正投资前，历时 1 年半，最终周福仁决定拍板这一项目。

2006 年 10 月 26 日西洋集团与朝鲜岭峰会社签订了项目合同，合资成立“洋峰合营会社”，开发朝鲜黄海南道瓮津郡的瓮津铁矿。2007 年 3 月，西洋集团与朝鲜岭峰会社合资设立的朝鲜洋峰合营会社通过了中国政府商务部的批准（商合批【2007】128 号）。为了防止朝方钻合同的漏洞，西洋集团仔细研究了朝鲜投资指南和投资法，在这份合同中把所能想到的几乎所有事项都作了明确的表述：

（1）分工权限

朝鲜国家目前的办事体系是政府各部门对外国人高度保密，不准许外国人去政府部门办理业务，西洋集团在同朝方合作者 2006 年签合同时就有明确分工，朝鲜国家方面的有关问题由李成奎（朝方）全权办理。2009 年 10 月 10 日在平壤签属的协议书第 4 条中明确写到："尾矿沉淀池……由岭峰向国家审批……"

（2）股份变动

按照朝鲜国家当时对资源类合营企业的政策规定，与外国投资者组建的合资企业中，朝方企业占股比例不得低于 30%，外资企业最多占股 70%。但谈判伊始，西洋集团则坚持要持股 75%，否则不在朝鲜投资。虽然朝方开始并不愿意，但看到中方态度强硬，最终反而接受了这一要求。双方合同规定：中方以选矿技术、生产管理技术、无形资产和资金出资（3600 万欧元），占 75%；朝方以瓮津地区铁矿资源和建厂土地（折 1200 万欧元）出资，占 25%，经营期限为 50 年。朝方合作者给了中方如下审批文件：即朝鲜政府批准文号 96–108 的文件（2007 年 2 月 14 日），双方股份比例为朝方 25%，中方 75%，下发文件单位是朝鲜经济协调指导局。

在西洋集团进入朝鲜实际投资后，朝方合作者又告知，"朝方股份低于 30% 国家不能批准，以前发的批准证书作废了，需要更换新的证书，重新由朝鲜商务部批准。"由于这一变故，朝方原先承诺给中方 75% 的股份，现在变成了 70%。但朝方合作者表示，中方损失的 5% 的股份将通过分红的形式由朝方予以弥补，西洋集团接受了这一修改提议。2007 年 11 月，朝鲜政府贸易省（96–015 号文件）对该项目予以正式批复，双方股份比例变为朝方 30%，中方 70%，下发文件单位是朝鲜外务省。

3. 投资进展艰难

2007 年 10 月，西洋集团正式进入朝鲜开始项目建设，朝鲜社会的封闭性很快让西洋集团感受到巨大的不便：比如中国人在工地需要上街买菜吃饭，但是朝鲜政府规定外国人是不能去自由菜市场，经过中方多次申请，最后通过朝鲜领导人批准，而且必须由朝方 2 人陪同并在朝方安全部门办理好路条的情况下（如果朝方陪同人员不足 2 人也不可以，这种情况时常发生，严重影响合营会社正常工作），才能去距离工地 60 公里以外的菜市场。朝方还强行给中国人划定活动区域，面积只有2平方公里，会社距离海边近在咫尺（只有 500 多米），但是，中国人下班以后想去海边散步，是被绝对禁止的。给中国人划分行走路线，如：从合营会社到平壤距离 200 公里，即使有近路也不允许走，只能按照朝方陪同人员事先安排好的路线行走。

随着工程的开展，周福仁又发现此前对项目现场的施工难度严重估量不足：当地没有粮食，西洋集团需要从中国运粮食前往朝鲜；当地没有通电，则不得不依靠柴油发电机进行发电。而更为艰难的则是将生产设备从中国运到朝鲜境内后，要通过朝鲜的铁路运到项目现场，全程长约 400 公里。由于朝鲜的铁路年久失修，火车时速只有 10 公里左右，开快了很容易“掉道儿”。正是在如此艰难条件下，西洋集团跨越国界的设备运输最终花费了三个月时间才到达目的地。但当设备到达现场后，当地并没有吊车进行吊装，周福仁又不得不前往吊车集中地平壤雇车。“不是拿钱就可以雇的，”周福仁说，“你拿钱去了，领导干部说吊车有，但出不去，车没有轮胎，又得给他们买一套新轮胎，换上。……”

2008 年末朝鲜政府调整对外投资政策，资源类投资项目由原来的鼓励类变成了限制类，资源税提高到了 25%。2009 年 5 月，当周福仁听说朝鲜的政策有变化时，随即找到朝方人员询问。得到的答复是，政策的确发生变化，并要对资源类项目征收 25% 的资源税，但只是针对新项目，此前的项目维持不变。朝方官员还表示，由于对项目没有影响，所以没有知会中方。针对这一突发变动，周福仁当时的心理障碍也瞬间突起，由于对朝方的不放心，周福仁决定中止项目建设。他先是以公司内有领导去世、中方员工需回国参加追悼会为由，将绝大多数中方员工召回，现场仅留 8 人。2009 年 6 月，西洋集团给朝方去函称放弃这一项目，这时西洋集团已经在该项目上投资了八千多万元的人民币。

接到中方中止项目消息后，朝方多次组团到中国与周福仁沟通，表示朝鲜方对西洋集团的项目一直给予特殊关照，在手续、股份比例、税收等方面的政策都是从来没有过的优惠，并希望能恢复建设。此外，朝方还出具了由朝鲜对外投资协会出具的承诺书，承诺给西洋集团的政策 30 年不变。但这还不足以让周福仁放心，于是他提出要让朝鲜权威机关给出批示才会回朝鲜继续建设。不久之后，朝方果然拿来了这个批示（以最高人民议会常任委员会名义给西洋下发的【53 号文件】，文件内容是保证西洋签署的合同 30 年不变），西洋集团随即恢复了工厂建设，甚至曾计划在朝鲜追建一座年产 1000 万吨的选矿厂，预计每年可盈利 50 亿元人民币。

4. 投资意外变局

位于朝鲜黄海南道瓮津郡的瓮津铁矿是朝鲜一直没有开发的储量巨大的铁矿，总储量有 17 多亿吨，是低品位的贫矿，平均含铁量只有 14% 左右。低品位选矿技术是一个世界性技术难题。由于朝鲜国家封闭制度，对于国家的地形图绝对禁止带出国，并不准许西洋集团拉大量矿样回中国实验，因此西洋集团只能凭经验设计选矿厂。从 2007 年 10 月到 2011 年 9 月，经过 4 年多艰苦的投资并克服了重重困难，西洋集团最终成功设计出了符合当地条件的一流选矿厂，并于 2011 年 4 月 25 日开始投入生产。

2011 年 4 月底，随着年产 50 万吨铁精粉选矿厂的投产，合营企业一共雇佣了 700 多名朝鲜工人作为一线工人，另有 150 名中方人员派驻朝鲜做管理、技术、财务和后勤工作。首次开车就试生产出最优质的铁精粉（铁含量超过 67%，硅含量低于 3%，低硫、低磷的铁精粉）。按照国际惯例试生产验收时间是 72 小时，但在试生产 72 小时之后，朝方并未通知中方停止试生产，而是一直催促中方快生产，多生产。合营企业发货的港口是朝鲜海州港，海州港最大吨位只能进 5000 吨的货船，中方在生产 5000 吨铁粉后，就催促朝方负责人李成奎办理发货手续，朝方一边表示在办理出口手续，一边通知中方不断向海州港发运铁精粉，这使得西洋集团试车期间生产了大量的铁精粉。据西洋集团一份资料中称：“经过三个多月中方手把手的教朝鲜工人技术，朝鲜工人也掌握了铁精粉生产技术，生产出 30000 多吨铁精粉。”

就在项目投产一个多月后，情况开始发生了微妙变化。先是有朝鲜工人私下说，“现在我们都会了，不用中国人在这了”。而这话被也中方人员汇报至西洋集团高层。由于个别朝鲜工人工作怠慢，遭到中方管理人员的解职，这一风波让朝方非常不满。2011 年 9 月 5 日晚，朝方表示次日有要事详谈，并事先给了中方一份提纲。在朝方出具的这份提纲中明确指出，对 2006 年双方签订的合同进行 16 处修改。内容包括：

（1）资源费收取铁粉销售价格的 4%~10%（原合同只征收利润的 10% 作为所得税）；

（2）土地租赁费每年每平方米 1 欧元；

（3）收取工业用海水费用，每立方米 0.14 欧元（原合同中规定没有资源费和土地租赁费，原因是朝方以矿山资源和土地出资折 1200 万欧元，包括了资源费和土地租赁费，海水在原合同中规定是不收费的）；

（4）电费每度电按 0.5 欧元收取（电费在原合同中明确规定是每度电 0.33 元人民币）；

（5）朝方工人与中国工人实现同工同酬（原合同中规定朝方人员工资每月 30 美元以上，合营会社实际一直按每人每月 300 元人民币支付）；

（6）选矿厂尾矿库处理的工业废水，即使是清水也不能排入大海（原先合同中没有此条规定，而选矿厂不许排出清水是无法生产的）；

（7）试车生产的铁精粉不准销售；

（8）再三强调朝方是法人，企业是朝方说了算（原合同规定由中方管理）。

……

按照朝方的这一规定修改，则中方与之合营投资不但生产赚不到钱，还要贴钱给朝鲜。次日（9 月 6 日）双方进行了谈判，结果不欢而散。这次谈判中方发现，对于 2009 年 10 月双方达成的相关协议（比如“尾矿沉淀池……

由岭峰会社向国家审批……”），朝方既没有向国家报批，也没有设计和施工，更谈不上审批。周福仁最终决定回国，回到国内后，周福仁又让工厂停产，以此向朝方施压，但对方无动静。

在彼此沉默博弈后不久，2011 年 10 月，双方决定再次在平壤进行谈判。10 月 18 日双方进行了谈判，中国驻朝鲜大使馆秘书王丛容和朝鲜合营投资委员会处长洪南吉也参加了这次谈判，但长达 12 小时的会谈中双方并没有在任何问题上达成一致。朝方在会谈后称，两家已经不能再合作，并明确要求西洋集团退出，朝方另寻他人。周福仁称，西洋集团在朝鲜共投资了 3000 多万欧元，算上利息与试生产铁粉价值共 4500 万欧元。但朝方提出只按本金购买股份，不算利息。周福仁当时表示不接受这样的条件，再次回到国内。自此，周福仁再也未曾踏进朝鲜土地，只能通过卫星地图偶尔看看工厂现场的情况。虽然也曾联系朝方表示想再谈判，但均遭到对方拒绝。

2012 年 2 月 7 日，朝方单方面终止双方合同，并下发了朝鲜投资委员会第58号文件，以“合同当事者在规定期限内无正当理由情况下未完成投资时，中央投资管理机关可吊销企业创建许可证”理由，取消洋峰合营会社企业创立证书。2 月 29 日朝方开始采用暴力手段强行对中方在工地留守人员断水、断电、断通讯、砸碎住房玻璃，剥夺中国人外出的自由权。3 月 2 日凌晨 2 点，岭峰会社金华龙副局长带领武装警察和保安人员 20 多名强行闯进中方驻地，把中方正在熟睡人员强行集中在一起宣布，“洋峰合营会社取消是经国家一把手总理签字批准”，所以中方人员们必须马上离开，强行遣送以董野社长为代表的 10 名西洋留守员工。朝方把中方 10 名留守人员押上大巴车，从瓮津铁矿现场直接押运到新义州遣返回中国。

2012 年 1 月 22 日，朝鲜华丽银行北京办事处代表高桂芝女士来西洋集团与周福仁洽谈偿还投资款一事，当时承诺偿还西洋 3000 万欧元；但是，朝方代表岭峰会社李成奎与周福仁通话时却说偿还 3000 万美元。谈判时的形势对西洋集团极其不利：西洋集团在朝鲜看守设备的最后 10 名员工被撵回，全部资产被霸占，在讨价还价中丧失了话语权。被逼无奈，只能听从朝方的摆布 。双方经过多次艰难谈判，最终在 2012 年 6 月 3 日达成协议，确定偿还西洋投资款 3124 万美元，并答应 20 天在中国支付。但是拖延了近半年，没有任何兑付。

2012 年 7 月中旬，一个在朝鲜的中国企业家告诉周福仁，他的工厂已经被朝方重新启动生产，而生产出的铁粉也被朝方卖掉。

5. 朝鲜官方辩解

作为朝鲜合营投资委员会对外招商引资的平台，朝鲜合营投资委员会在海外设立的唯一一家办事机构——朝鲜投资事务所宣称，西洋集团投资涉嫌"违规操作"，即西洋集团没有采取正规渠道进行投资，而是通过个人会社的形式进行投资。根据该事务所介绍，合营企业须在朝鲜注册备案，但经朝鲜投资事务所核实，并未查到合资企业的备案资料。

朝鲜投资事务所称，很多时候西洋集团无法出具具有法律效力的诸多正规文件，双方签署的合营合同及投资批准证书也系伪造（即前述朝方给中方的第一份审批文件：2007 年 2 月 14 日朝鲜政府批准文号 96-108 的文件，下发文件单位是朝鲜经济协调指导局）。朝鲜投资事务所认为，朝方合作企业岭峰联合会社和西洋集团双方可能出于逃税或者其他利益的目的对"假文件"采取了默认态度。

但西洋集团对此予以否认，"我们合作都是国家批的，朝鲜人大的批示都有，怎么能说是不正规？"周福仁说，"我们在那儿干了六年，在朝鲜议事堂谈事，（朝鲜）副总理级的官员来中国好几次，怎么还能说不正规呢？那个地方（厂址）是朝鲜的边防地区，普通人是进不去那个区域的，手续不全会让我们到那里去吗？"

此外，对于朝方第 58 号文件的下发，西洋集团也非常不解。根据朝鲜《合营法实施规定》第 52 条和合同规定："董事会关于修改企业章程，转让出资份额，变更业务范围和注册资本，延长合营期限，终止合同的决定，必须由出席会议的董事一致通过，其他问题需要半数以上董事成员的赞成即可。"洋峰合营会社董事会总共 5 人，中方 3 人，朝方 2 人，但自始至终朝方董事会没有开过终止合同的会议，没有任何董事会决议。没有董事会的决议文件，第 58 号文件又根据什么下发呢？

与此同时，朝鲜官方进一步加大了对来自中方投资的吸引力度：2012 年 8 月 13 日，朝鲜劳动党中央政治局委员、行政部部长、国防委员会副委员长张成泽率领中朝两个经济区开发合作联合指导委员会朝方代表团抵华访问。在为期一周的时间里，中朝双方宣布成立罗先经济贸易区管理委员会和黄金坪、威化岛经济区管理委员会，并签署了成立和运营管理委员会的协议、经济技术合作协定，以及农业合作、对罗先地区输电、园区建设、详细规划等相关协议。目前，两个经济区开发合作已取得显著成果，进入实质性开发阶段。朝鲜罗先人民委员会副委员长蔡松鹤表示，“……朝鲜国家方面不会把外商投资人的财产国有化或征收，如发生不可避免的理由要国有化或征收，应给予补偿……”

2012 年 9 月 20 日，负责朝鲜对外招商的合营投资委员会再次出现在北京进行密集的招商宣传，打出的口号是“错过了中国的改革开放，决不能错过朝鲜的机会”。作为朝方第一次举办的大规模招商会，阵势罕有。9 月 22 日，常驻中国的朝鲜合营投资委员会副委员长金铁镇，其下属的朝鲜投资事务所理事长孙浩烈，带来了四十多位朝鲜国内会社（职能同中国的国有企业）领导和官员对接合作项目。招商会期间，朝鲜合营投资委员会投资处长崔成进罕有地向媒体解答赴朝投资的各项优惠性政策。这些政策包括，投资人可以按生产分成，也可按意愿选择利益，“比如 15 年的矿产销售代理权”。朝鲜官员告诉前来参观的中国企业主，他们对外资企业的中方劳工毫无限制。在税收优惠政策方面，免除对外资企业进口设备的关税、对非合资企业出口品的关税、对开发矿产的资源税。每平方米 1 欧元的土地使用税由朝鲜承担，每年地下资源开采量不受限制。外资企业所得税率为决算后的利润 25%——即使与中国国内部分地区相比，条件也已相当优惠。

与朝方合作举办招商活动的公共外交文化交流中心秘书长李国冬告诉南方周末记者，“朝鲜方面都是直奔设备和技术而来”。其中涉及最多的就是矿山开采（含金矿、磁铁矿、石墨矿等）、炼制加工（含炼铁、炼钢等）、机械设备等。

附件一：项目主要批复文件

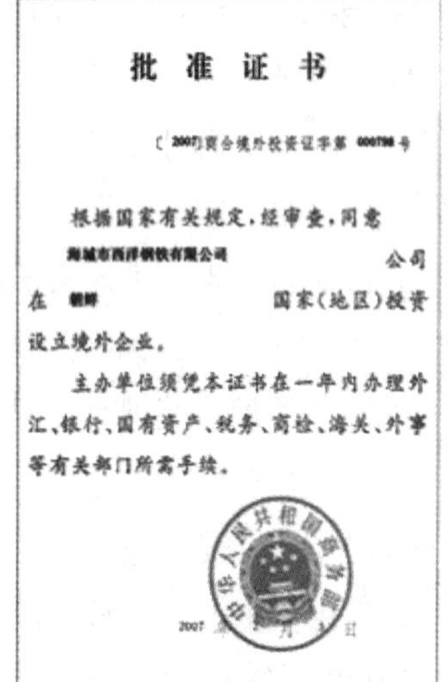

批 准 证 书

〔2007〕商合境外投资证字第 000798 号

根据国家有关规定，经审查，同意 海城市西洋钢铁有限公司 公司在 朝鲜 国家（地区）投资设立境外企业。

主办单位须凭本证书在一年内办理外汇、银行、国有资产、税务、商检、海关、外事等有关部门所需手续。

中华人民共和国商务部

2007 年 月 日

境外企业名称	中文	洋峰合营会社			
	外文				
国家/地区（中文）	朝鲜 Korea, Democratic People		国家/地区（英文）	平壤	
企业类别	☑一般境外投资类		☐资源类企业类	☐境外加工贸易类	
设立方式	☑新设	☐并购	☐参股	☐其他	
投资方	中方	海城市西洋钢铁有限公司			
	其他方	朝鲜洋峰会社			
注册资本	128	中方	75 %	其他方	25 %
投资总额	3805 万美元		其他资金	0 万美元	
实际投资	中方	2854 万美元	现汇	0 万美元	
			实物	2854 万美元	
	其他方	951 万美元	现汇	0 万美元	
			实物	951 万美元	
经营年限	50 年	雇员数	人	内派人员	人
经营范围	铁矿的开采、选矿生产、加工出口。				
批准文件	商合批[2007]467号				
申报文件	辽外经贸[illegible][2007]128号				
备注					

中国政府商务部对朝鲜洋峰合营会社项目的批准证书

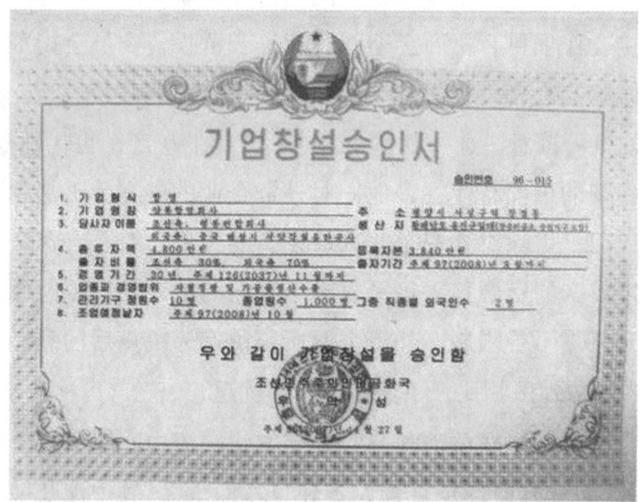

기업창설승인서

승인번호 96-015

1. 기업형식 합영
2. 기업명칭 주소
3. 당사자 이름 생산지
4. 총투자액 4,800만원 등록자본 3,840만원
출자비률 조선측 30%, 외국측 70% 출자기간 주체97(2008)년
5. 경영기간 30년, 주체126(2037)년 11월까지
6. 업종과 경영범위
7. 관리기구 정원수 10명 종업원수 1,000명 그중 직종별 외국인수 2명
8. 조업예정날자 주체97(2008)년 10월

우와 같이 기업창설을 승인함

27일

朝鲜政府外务省对朝鲜洋峰合营会社项目的批准证书

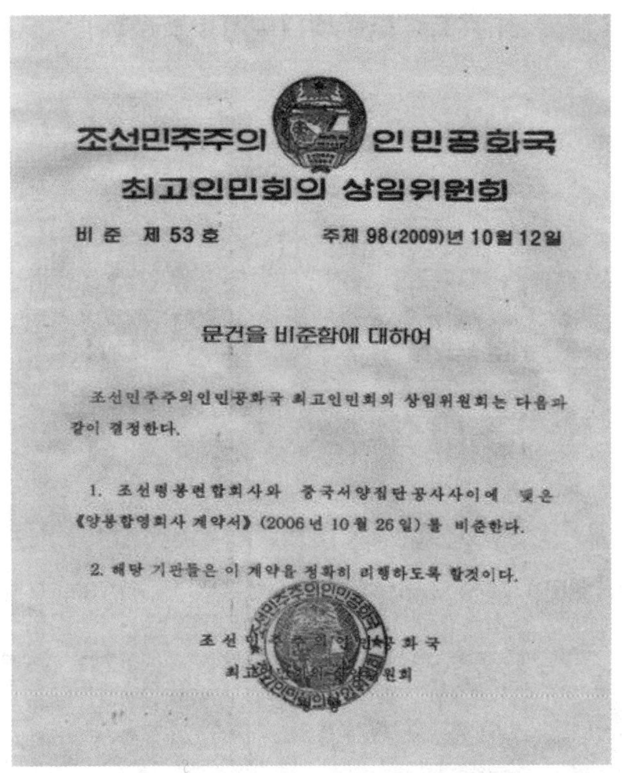

조선민주주의인민공화국
최고인민회의 상임위원회

비준 제53호　　　　주체 98(2009)년 10월 12일

문건을 비준함에 대하여

조선민주주의인민공화국 최고인민회의 상임위원회는 다음과 같이 결정한다.

1. 조선령봉련합회사와 중국서양집단공사사이에 맺은 《양봉합영회사 계약서》(2006년 10월 26일)를 비준한다.

2. 해당 기관들은 이 계약을 정확히 리행하도록 할것이다.

조선민주주의인민공화국
최고인민회의 상임위원회

朝鲜民主主义人民共和国最高人民会议常务委员会

批准第 53 号主体 98（2009 年 10 月 12 日）

文件批准的内容：

朝鲜民主主义人民共和国最高人民会议常务委员会作如下决定：

1. 批准朝鲜岭峰联合会社和中国西洋集团公司签约的洋峰合营会社合同书（2006 年 10 月 26 日）。

2. 有关部门对签约的内容要正确的履行。

附件二：铁矿项目中方投资现场

中国西洋集团在朝鲜投资新建洋峰合营会社选矿厂生产的 30000 吨铁精粉

中国西洋集团在朝鲜投资新建洋峰合营会社
选矿厂球磨机设备

中国西洋集团在朝鲜投资新建洋峰合营会社
选矿厂鄂式破碎机设备

案例 1　西洋集团折戟朝鲜投资

——使用说明

西洋集团折戟朝鲜投资这一案例价值具有典型性，主要原因有三点：（1）朝鲜是中国近邻，边界接壤，历史上关系比较密切；（2）朝鲜投资环境相对封闭，是计划经济不多见的保留地；（3）朝鲜属于发展中国家，经济相对落后，但自然资源比较丰富。

在对外直接投资理论中，因为区位边界接壤，历史关系密切，投资活动中存在一个"心理距离"的比较，即企业会趋向在"心理距离"较近的国家投资。但在朝鲜投资，目前似乎存在"悖论"：从历史联系、现实地缘关系等视角分析，朝鲜对于中方企业来说似乎"心理距离"较近；而从经济制度、法制环境等视角分析，朝鲜对于中方企业则存在事实上的"心理距离"的巨大落差。此外，对于这个国家的发展观察家具有不同的理解，这也在一定程度上增加了本案例在适用对外直接投资活动的应用价值。

一、教学目的与用途

1. 本案例试图在直接投资环境因素框架下，基于交易者的治理策略视角来分析西洋集团对外投资活动风险与应对，主要适用于 MIB、MBA 的国际商务、国际企业管理课程，核心内容包括跨国投资环境风险管理与项目风险管理。

2. 本案例的教学目的主要有：（1）通过资源业海外获取活动的讨论，分析不同交易方式的选择及其带来的福利分配效果，展示资源业国际经济活动的一般规律。（2）通过案例重点讲解资源业海外直接投资的环境风险分析与宏观治理对策。（3）通过案例重点讲解海外直接投资微观项目风险与组织治理对策。此外，在本案例中，我们引申出一个"企业失效"的 FDI 新概念，并借此探讨了政府在现代经济学理论中的角色扮演。

二、启发思考题

1. 如何评价朝鲜的投资环境？ 对于当下中国企业家是否具有吸引力？

2. 西洋集团对外投资项目管理中存在哪些风险隐患？

3. 就本案例的现状，你认为中方政府是否应介入？ 如何介入？

4. 结合本案例，你认为到发展中国家投资资源业如何规避风险？

三、分析思路

本案例的分析重心在于帮助学生从直接投资环境与项目风险管理这两个背景入手，理解如何进行跨国投资决策，及时而审慎评估投资过程的风险与复杂性。（1）从朝鲜的投资环境入手，详细分析该国投资环境的特征与影响因素；（2）从项目风险管理入手，理解并掌握直接投资过程中的风险识别与管理；（3）围绕着投资目标国的具体投资环境与具体项目情况，对本投资活动拟定可行的风险预案。

这里首先在 1 中展示教师引导学生进行案例讨论的基本逻辑线；然后在 2 中提出了每个步骤的关键讨论问题和问题的分析性答案。

1. 案例讨论的逻辑线（Step-by-step Logic Line）

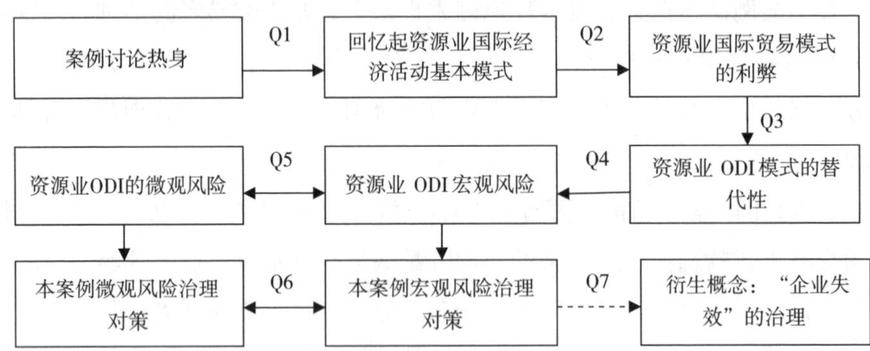

2. 讨论问题（Discussion Questions）

Q1：案例讨论热身（Warm up questions）（5 分钟）

请学生假设毕业后愿不愿意被公司派驻到朝鲜，接着问，如果自然资源（比如说铁矿石）对公司很重要，公司应该到哪里获取？这些资源来源地主要分布区位？由此，归纳中国目前对铁矿石国际资源获取的主要来源地：发达国家比如澳大利亚（占比超过 40%），其他则来自发展中国家，比如巴西（20% 以上）、印度（20% 以上）、南非、秘鲁、印尼、伊朗等地。从中可以发现，中国目前铁矿石对外依赖度高，需求满足以贸易方式为主，通过长期合约进行。2008 年金融危机之后，中国企业海外投资并购掀起高潮，基于资源获取型 ODI 不断出现。因此，贸易合约方式与 ODI 投资方式是目前资源业国际经济活动的主要载体。

Q2：资源业贸易方式的盛行与实质（10 分钟）

资源业贸易方式有其自身特征：比如交易双方风险最小，在完善的市场交易中，相关参与环节的社会化分工非常发达（保险、运输、金融支付等）。但与此同时，资源业贸易方式存在自身的不足：以需求方为例，对供应资源无法有效控制，资源价格随行就市，波动性特别大。

自亚当·斯密以来，国家财富的累积通过有形商品出口是各国非常重视的方式。也因此，发达国家的兴起，通过资源商品出口获得了很大的发展。但是按照任布津斯基定理，集中于某大类商品出口的结果，反而容易导致“悲惨性增长”。许多资源类发展中国家的实践也都揭示了这一定律的适用性。发展中国家长期作为资源供应方参与贸易，往往在福利分配中居于外围地步，原因在于：发展中国家富有资源，但是缺乏资源的开采与冶炼技术；发展中国家资源所在地的交通运输设施比较落后等。以上诸多限制，使得资源业国际贸易背后，往往是许多外来投资者充任了主要角色：在当地直接投资，开采初级资源直接外销；或者在当地冶炼初加工，将半成品卖往海外。在这些所谓的原材料或半成品国际贸易中，发展中资源国所得甚少，常常是依靠低廉的劳动力参与或收取简单加工费用，来自资源税方面的所得也很少。

随着资源重商主义的兴起以及发展中国家不断反思资源业不对等交换实质，越来越多的发展中国家开始注重对初级资源的保护。比如，降低初级资源直接出口的比例，要求在当地进行二次深加工，不断提高相关的资源税等等，从而大大增强了自身作为资源供应商的地位与谈判筹码。也因此，对于许多资源需求方来说，除了借助于资源业直接贸易，鼓励更多本国企业"走出去"，通过 ODI 方式直接切入海外资源市场成为越来越普遍的方式。

Q3：资源业 ODI 方式的替代性与风险（30 分钟）

资源业的不可再生性与战略价值，使得各国争相对资源展开竞夺。国际贸易相比 FDI，其劣势越发明显，一方面，资源所属国（发展中国家）自身经济与技术能力有限，这使得它在贸易方式下只能出口初级资源，价值分配极其不合理；另一方面，基于贸易思维下的资源开采，也会以损害自然环境与当地社区持续发展能力为代价，这也日益不为国际社会接受。正是在前述背景下，引进 FDI，通过合资合营项目，在追求多方共赢目标下促进资源业的良性循环成为各国的共识，在这一基础上的 ODI 活动也开始日益兴盛。

但是在 ODI 活动开展过程中，特别是结合资源业行业属性，ODI 这种一揽子要素转移的方式有其高风险与高收益特征。高风险性在于，一揽子要素转移到东道国，原则上市场退出会比较困难，退出即意味着前期大量的沉没成本。此外，ODI 资源从采掘到最终运输到岸，这中间的任何环节风险都会影响到企业最终投资收益。其高收益性在于，通过企业海外资源项目的所有权控制，可以避免市场交易过程中的资源价格波动。从资源战略价值的角度来看，其控制价值远远高于交易价值。

在资源业 ODI 活动过程中，针对东道国的开放与封闭程度，所属是发展中国家还是发达国家，宏观层面存在两种截然不同的风险：市场不完全背景下的 ODI 投资风险与市场不健全背景下的 ODI 投资风险。前者更多涉及东道国的市场结构与市场质量，后者更多涉及东道国的政治体制与法治质量，详见表 1。微观层面同样存在两种不同治理模式的风险：项目合约治理与股权治理风险，详见表 2。

表 1　市场不完全 VS 市场不健全

	市场不完全（外部性与垄断）	市场不健全（外部性与公共产品）
表现	1. 结构性不完全（产品 / 要素市场） 2. 交易性不完全（信息不对称）	1. 制度性不健全（主导政策多变，心理预期无法实现） 2. 观念性不健全（法治意识淡薄）
根源	市场结构与市场质量	政治体制与法治质量
ODI 联系	企业可以通过交易策略获利	企业必须借助交易策略规避风险

表 2　项目合约治理 VS 股权治理风险

	项目合约治理	项目股权治理
表现	1. 三要素模型（资产专用性、不确定性与交易频率） 2. 交易方二个假设（有限理性、机会主义）	1. 合资企业的实务期权价值 2. 合资企业自身的激励机制 3. 合资权力变迁与终结（资源控制视角）
ODI 联系	专有性资产投入加深，相应保障要求也需提高	如果合资出现权力变迁，可能导致合约风险与股权风险

Q4：西洋集团朝鲜投资的宏观风险与治理对策（10 分钟）

在对外直接投资（ODI）过程中，企业家往往需要面临投资环境的不确定性进行投资决策。一国的投资环境通常包括政治环境、经济环境、法律环境与文化环境。对投资环境的分析，不仅需要综合考虑上述诸多方面的内涵，更要理解投资环境的相关特征：即动态性、差异性与价值观认识，投资环境的变化既可能被视为投资的机遇，也可能构成潜在的投资威胁。对投资环境的评价，目前主流的工具包括“冷热国”分析法、多因素等级评分法、动态分析法等。这其中，对投资环境的风险评估更多时候表现为国家风险 / 威胁，比如信用风险和政治风险。

西洋集团在朝鲜投资，面临的投资环境影响参差不齐。有利的方面在于：朝鲜资源较好，铁矿储量大，地理位置好；政府政策优惠，税收低，劳动力廉价；同时朝鲜国内技术落后，双方投资互补性强。不利的方面在于：朝鲜法律不健全，未加入任何国际公约；国家封闭，政府政策容易变动；自然环境及交通情况恶劣，投资成本高。综合比较来看，朝鲜的经济环境劣势相对可以克服，但是封闭环境下政治与法制不健全可能产生的风险，客观上构成西洋集团的重大投资隐患。因此对西洋集团来说，来自政治环境的风险应予以重点考虑，对于朝鲜这一目标国的信用风险和政治风险的分析与评估是第一位的。

在管理政治风险时，企业可以采取包括发展、从属与投机的策略进行应对。发展策略包括权益共享、参与管理、经营的地方化和发展援助；从属策略包括输入控制、市场控制、职位控制与阶段性贡献战略；投机策略包括政治风险保险与当地债务融资等。企业在应对政治风险时，要注重“治理三角”综合策略的运用，并根据投资环境有针对性部署。本案例的研究可以发现，西洋集团在管理政治风险时偏向于投机策略，比如在投资第 2 年，朝鲜政府调整外资政策，资源类投资项目变成限制类，资源税提高到 25%。面对这一风险，西洋集团一度决定放弃，但后来在寻求到朝鲜最高权威机关给出的批示后又重新上马。尽管以最高批示来应对政治风险，具有一定合理性，但批示的获取及其可能变动风险，则是中方难以控制的，因此该策略最多属于投机范畴，中方尚需基于从属策略与发展策略进行风险规划与应对。

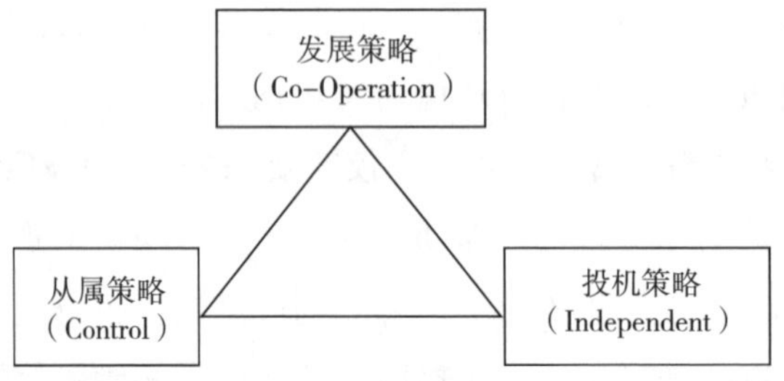

Q5：西洋集团朝鲜投资的微观风险与治理对策（10 分钟）

对于跨国直接投资项目来说，项目的风险管理应该贯穿整个项目生命周期，并应将之提升到战略的高度。从具体项目流程来看，对项目风险管理应着重事前、事中与事后不同环节设计，并采取不同的应对措施。比如，对于项目事前环节（即编制可行性报告时），在筹划阶段应广泛而客观地征求多方面意见，在调查研究阶段应实地而深入地进行考察，并就各种可能情况进行备选方案设计与评估，以便最终作出科学决策。在项目运行过程中，则应该高度关注并及时评估各种突发事件的可能影响。这里特别强调一个事实，即对于交易对手（包括合作伙伴）任何公开特别是私下的行为诉求，应从情报研究的敏感与风险管理的高度予以深入分析，从而评估其行为背后可能透露的相关“讯息与信号”。

在本案例中，西洋集团与朝方合作者签署的两份协议变更，本身就是一个重要的讯息，不仅存在主管部门的变更（由朝鲜经济协调指导局批复的协议作废到重新由朝鲜政府贸易省批准），而且中方与朝方第二次实际上签署的是阴阳合同，至此，朝方对中方伙伴实施的“钓鱼”策略正式启动。此后，朝方在中方试生产结束后，不断加大供货需求，导致中方铁精粉源源不断流向朝方港口，可以视为“钓鱼”策略的延续，直至最后朝方以莫须有的合约修改为由中止与中方的合作。

按理，合资经营平台本身提供了实物期权价值，对于准入方具有很大的弹性。这在朝鲜修改资源税的背景下已经显示出其应对风险的能力（西洋集团一度中止项目建设，并撤离后去函表示放弃这一项目）。但是在本案例中，合资经营平台的微观风险在于：合作伙伴有可能变成波动的重要来源，这就是商业信任在国际合资经营企业中如此重要的原因。基于双方互补性的合资治理（混合模式），理论上存在向双方独立性的贸易治理（自主模式）以及一方（朝方）完全控股式的层级治理方向转变，这一治理模式转变背后，在于违约成本与收益的比较，即TCE的经济含义——只要在合资过程中，朝方顺利取得中方的专用性资产——设备（沉默成本，很容易获得）以及中方资源开采与提炼技术（中方派去150人，手把手教会朝方人员直至试生产出合格产品），双方的互补性合资理由就会大大削弱（此时朝方作为单独贸易供应商或者独资控股收益最高），或者换个角度讲，这种混合治理模式存在内在的不稳定性，中方投入的专用性资产没有获得有效的组织与策略保障，因此具有机会主义的朝方一定会偏离合作契约。本项目的微观风险在于合约机制的失败。

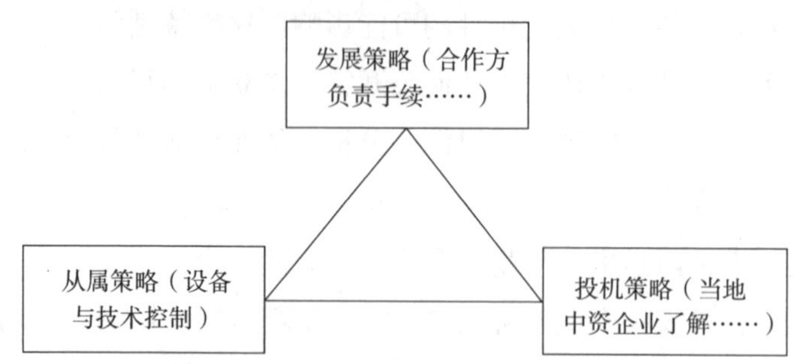

Q6：西洋集团朝鲜投资的风险预案（5分钟）

结合本项目的宏微观风险，一个可行的风险预案的制订至少应该考虑到这样几方面内容：从属策略视角——如果遭遇对手国家（朝鲜）的政治风险，比如企业被征收资产，有无相应的救济手段？合作策略视角——如果遭遇对手伙伴（朝方合作者）的恶意撕毁合约，有无相应的对策？自主策略视角——如果合营企业自身投入与产出发生重大逆转导致预料之外的损失，如何对受损方进行相应补偿？具体的保障措施及其可执行性与可信度有多大等。

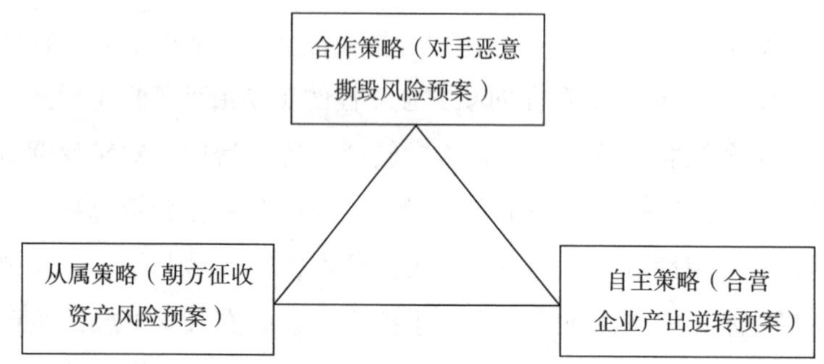

Q7：东道国投资的“企业失效”现象（5分钟）

在经济学研究中，政府扮演的角色往往是被动的“市场守夜人”。Carl.J Daulman(1979) 认为在市场失效时赋予政府介入的理由更多是基于价值判断而非科学。在理解传统“市场失效”概念时，按照经济理论的解释，“市场失效”通常涉及三种情况：外部性、垄断及公共产品。“市场失效”背景下，其实只有部分市场参与者（非垄断者、外部性被影响方）受到影响（又称“企业失效”，即仅凭这部分企业自身行为难以有效规避市场失效影响）。这时政府的干预作用，在于提供公共品服务，维持正常的市场竞争秩序，使得前述部分失效企业影响减弱，逐步增强对于不完全市场的适应与把握能力。从根本上讲，当失效企业自身能力不断壮大时，并逐步成为市场中竞争主体，则“企业失效”问题随之消失，而这时值得关注的“市场失效”问题变成前述垄断企业对于市场机制的影响。

按照上述逻辑，当我们探讨“市场失效”现象时，可以分为两个步骤，其一是政府针对部分市场参与者存在的“企业失效”问题的干预；其二是政府针对垄断者带来的市场失效问题的干预。这一“二分法”在处理企业国际投资环境带来的不健全风险时尤为重要。

在西洋投资朝鲜案例中，面对朝鲜封闭环境与不健全市场的风险，加上中方大使馆有关朝鲜的公共信息产品提供也存在缺漏，作为中方投资者几乎处于信息的盲区，无法在东道国借助公开的制度保障措施对于自身投资风险进行有效规避，因而存在事实上的“企业失效”——朝鲜宏观制度不健全与微观交易信息封锁造成了中方投资者与朝方企业之间严重不对等的地位。在朝鲜市场上，中方合作伙伴——岭峰会社处于事实上的信息垄断者地位。

当对外投资企业进入东道国遭遇前述“企业失效”问题时，投资国政府应该积极介入，其目的在于消除这种不对称制度风险强加的障碍。介入方式，既包括双边政府会晤与照会，要求对方提供必要的制度保障与举措；同时投资国政府也可以采取对等的惩罚性措施。在本案例中，中方政府可以选择当下朝鲜与中方合作经济开发区这一事由入手，从保障自身国民对外投资的安全与促进两国对外直接投资更好发展这一视角展开出面斡旋与调解，中方政府的这一工作意义非常重要。

四、理论依据及分析

1. 资源业对外投资环境风险

资源业投资理论有其特殊性，理解资源业对外投资有两个重点：其一是资源的不可再生性与战略性，资源投资所得的价值变化会非常大，因此存在资源的时间价值与战略价值的考量；其二是交易成本（特别是运输成本）对资源业 FDI 的成败影响巨大。

对外投资环境通常包括政治环境、经济环境、法律环境与文化环境，有时也简单区分为自然环境与社会环境。对资源业投资环境的分析，不仅需要综合考虑上述诸多方面概念的内涵，更要理解投资环境的几个相关特征：动态性（纵向比较）、差异性（横向比较）与价值观认识在资源行业的应用差异。投资环境的变化既可能被视为资源业投资的机遇，也可能构成潜在的投资威胁。在实践中，对投资环境的“不确定性”理解要注意区分市场不完全——来自市场波动的不确定性（市场结构与市场质量）与市场不健全（政治体制与法治质量）导致的不同风险并采取相应治理对策。

表 3　基于投资全过程的投资环境风险分析

全投资过程	投资前	投资中	投资后
市场不完全表现	铁矿石资源高度集中，要求本国企业占比 30%；朝方合作单位才能向本国部门提出相关申请	双方协议需要重新更换，重新审批	不断突破试生产期限与产量；单独提出修改合约；原有合约履行存在重大纰漏
市场不健全表现	国家高度封闭；没有参加任何国际组织；法制形同虚设	基础设施落后，企业实际运营成本高昂；2008 年朝方政府调整投资政策，由鼓励变为限制	以 58 号文件对抗 53 号文件，取消合营；以总理签字为由强行驱除中方企业员工；事后谴责合作双方手续造假

2. 治理结构与对策

这里我们运用“三角形治理”工具，针对本案例揭示的宏观政治风险与微观项目交易伙伴风险，提出相应的治理结构与对策。

对于西洋集团来说，进入朝鲜采取合资合营组织，是针对朝鲜不确定环境的一种弹性策略，相比采取贸易措施或者完全所有权对外投资，有其自身的合理性。在既定的治理结构下，企业可以采取的治理策略则有多种选择。

比如针对宏观政治风险（朝方政策多变、可能国有化征收资产等），西洋集团 FDI 过程中可以采取的治理对策包括：充分运用自主策略，在当地融资或者寻求投保相应的政治风险；同时采取从属策略，进行关键技术与设备的控制，以及关键职位人才的有所保留。在合作策略方面，明确合作双方权利与责任，实际运行过程中设计“针锋相对”机制。

合资企业的治理结构本身提供了激励相容的机制，但是还有一种完全相反的情况，即合作伙伴有可能成为变成波动的重要来源，当这一情形出现时，往往意味着合资企业本身存在不稳定性，因此在合资企业的组织结构中，还必须进一步强化治理策略的应用。反映在本案例中，从属策略的设计非常关键（对核心技术与设备的控制）。换个角度来看，正因为中方的核心技术与设备构成了合资企业的关键性专用性资产，因此有效的合资企业治理结构要求提供相应的保障机制（可以是控股权、董事会、额外合约条款承诺等），在朝鲜市场不健全的环境下，上述控股权等保障措施几乎不起作用，唯一有效的保障举措在于专用性资产提供者实施“内部控制”，即延缓核心投入内容建设，而在边缘层次上缓慢推进。

五、关键要点

1. 在资源业国际经济活动中，存在不同的组织方式，从贸易、外包许可到 FDI，不同形式国际经济活动背后的风险与收益也不一样。在具体评估过程中，不仅需要对某种国际经济活动方式自身风险 / 收益进行比较，还要考虑到不同组织方式之间可能的替代影响。在本案例中，中朝双方就铁矿石的贸易与 FDI 两种方式下的收益存在较大的差异。在 FDI 方式下，掌握提炼技术与设备的中方占比高达 70%，而缺少技术与管理经验的朝方合作者只有 30%（名义上）；在缺乏技术与管理经验背景下，朝方也很难单独开展贸易。由此，获得核心技术、设备与管理经验成为交易双方利益分割最大的筹码，对其争夺必然贯穿整个合资企业的始终，并成为合资企业波动与内在不稳定性的核心来源。在比较国际经济活动不同组织模式时，针对资源业特征与投资国 / 受资国存在的差异，需要重点理解前述逻辑。

2. 企业治理策略的实质在于博弈中的“控制与协调”，因此从这一视角出发，有必要将交易对手及交易对手所在国家视为潜在的博弈方进行优化策略设计。在具体博弈过程中，信息的不对称性会极大地影响与改变博弈进程与博弈结果。反映在本案例中，西洋集团投资全过程都伴随着严重的信息不对称，这一不对称起因于朝鲜宏观制度缺失以及微观交易伙伴的刻意隐瞒，既有结构性原因也有交易性原因，还有制度性原因，这一信息严重不对称性带来了投资决策的波动，并最终导致朝方合作单位机会主义的发生。

3. 正是由于在发展中国家投资存在市场不完全与市场不健全引发的全面投资环境风险，因此可行的治理策略需要从宏微观风险管理角度进行相应设计。本文提供的“治理三角形”框架不但可以基于宏微观视角分析，而且在每一种具体治理视角下，可以运用“治理三角形”继续深入，获取子博弈的精练策略。

六、建议课堂计划

本案例可以作为专门的案例讨论课来进行。如下是按照时间进度表提供的课堂计划建议，仅供参考。

案例讨论课以 3~5 人为一组，整个案例课课堂时间控制在 90 分钟左右。

1. 课前计划：要求学生熟读案例，并掌握相关的理论知识点（投资环境内涵、国际经济活动组织模式的区别）。

2. 课中计划：由教室根据启发式问题，引导学生进行讨论，并展开相关的辩论。

3. 课后计划：如有必要，请学生采用报告形式给出更为具体的分析，并为西洋集团的进一步如何应对献计献策。

七、相关附件

万向开发朝鲜最大铜矿 投资超 5.6 亿无法退出

时代周报记者　刘小童　2013-03-07 07:55

万向集团没有撤出朝鲜的迹象（GETTY 供图）

在朝鲜投产铜矿项目五年有余的浙江万向集团（以下简称“万向”），陷入了尴尬的投资境地：先期投资 1.5 亿元，其后又追加达至 5.6 亿元的项目，短期内暂时无法获得较好收益，铜矿也无法按原计划顺畅运至中方进行销售。

面对眼前变动不稳的朝鲜局势，万向究竟是进是退？

2007 年 11 月，万向与朝鲜采掘工业省直属的惠山青年铜矿共同组建合资企业——惠中矿业合营公司（以下简称“中矿”）。由此，万向开启开发朝鲜最大铜矿惠山青年铜矿的进程。自 2007 年始，万向在朝鲜的上述投资项目，多次牵引着国内甚至国际目光。虽中途一再传出万向撤退的消息，但至今为止，时代周报记者从知情人士处获悉，万向没有撤退迹象。即使面对今天这种尴尬境地，万向董事长鲁冠球欲打“长线牌”——继续等待朝鲜投资与经营环境好转，也许五年、十年甚至二十年。

2004 年已盯上惠山铜矿

惠山青年铜矿是朝鲜目前已探明的最大的铜矿，据勘探报告表明，惠山青年铜矿现探明矿石平均品位 1.3% 的地质矿量 3310 万吨，储量位居亚洲第一。铜是朝鲜储量最大的矿产资源，20 世纪 90 年代朝鲜发生粮食短缺，在和中方以物易物时，铜是朝方的最大的交换物品之一。

由于诸多原因，朝方缺少冶炼、加工企业，有储量，但开采不出来。正因如此，万向早在十年前，就把目光盯上了惠山。在铜矿工作的长白朝族金哲正（音）告诉记者，鲁冠球之所以能把投资重点放到遥远的东北一隅的"隔壁"，一是两国官方之间的游说，二是看上了朝鲜方面缺少对铜矿的开采和冶炼能力。

不仅是开采和冶炼，运输也是一大问题。金哲正告诉记者，朝鲜的运输严重不足，在中资没进入之前，单是惠山本地，生产出的铁沙、铜矿，能运出来的不到三分之一，多半都堆放在矿山中。记者一路上所看到对岸的景色似乎也证明了上述说法，在沿鸭绿江进入长白的路途中，五小时的车程，对岸在路上行驶的车子寥寥无几。

据谙知内情的人告诉记者，早在 2004 年，鲁冠球就开始运作惠山青年铜矿，先是考察、评估，并又通过两国高层沟通交流，最后达成双方合作协议。鲁冠球在中国，曾风云一时，是改革开放以来中国民营企业家的杰出代表人物，自 20 世纪 80 年代底中国改革开放起，鲁冠球和他的万向集团一直是中国改革开放的风向标。中矿的中资合营方乃万向旗下全资子公司中矿国际投资有限公司，按照协议，中矿国际投资有限公司拥有该合资公司 51% 股权，其与朝方企业的合营期限为 15 年。2011 年，中矿建成投产。

合作过程中现波折

中矿成立之初，开局似乎不错，但它其后的发展步伐并不算顺畅。中矿还在建设之中、尚未投产时，中矿中方人员突然被迫撤回中国。金哲正告诉记者，中矿撤离朝鲜是因为万向对中矿的建设速度过于"缓慢"。金哲正说，从 2007 年中矿成立，一直到 2009 年，万向对中矿的要求是建设，而并非是投产，所以，资金也基本用于矿山的建设。金哲正透露，朝方希望万向投资进来的所有资金，必须花在"生产"上，但中矿中方领导认为，买用于在两国间运送物资的车子、给员工收拾一下宿舍，也是对生产的投资。双方就此产生小分歧。

2009 年，朝方突然宣布，中矿的中方员工，必须在规定时间，离开惠山，且不能携带任何已经进入矿山的机械设备。中方人员被撤回中国时长达四个月，温家宝总理后来访朝时，还特意就万向投资项目情况作了专门了解，后经两国政府协调，合资双方又走到一起，包括金哲正在内的中方人员又返回朝鲜开工。2010 年 7 月，又有消息传出，中方人员再度被迫撤离。该消息一经传出，国内外媒体又将目光聚集至万向，万向相关负责人不得不对外郑重发布：目前万向在朝鲜的投资项目正在推进之中，撤离情况并不存在。

2011 年 9 月，经过四年建设，中矿正式投产，按设计标准，年产 5 万 ~7 万吨精铜矿石，将全部卖给中国。

项目累计投资已超 5.6 亿元

自 2007 年合营协议签署后，万向随即向中矿陆续注入资金，至 2009 年，其已投入资金 1.5 亿元，这个数字和万向在协议中许诺的投资数额接近。外界一直认为万向在中矿的投资，为当初对外公布的 1.5 亿元人民币，而据一位接近中矿高层的内部人员向记者透露，实际上，万向已经向中矿总共投资超过 5.6 亿元人民币。这位人士还告诉记者，万向的目标是想放长线把中矿做足做大。该人士称，投资朝鲜的资金，和国际同类企业相比，并不是很高，工人工资更是可以忽略不计，在朝企业面临的主要困境是，企业运作时，合同和协议基本不起作用。

金哲正也告诉记者，投资朝鲜，人工费用很低，每名员工工资是人民币 400 元左右，但这份工资，并不由工人直接领取，而是发至朝方，朝方再折合成配给米发放给工人，所以，这笔费用基本都可以忽略不计了。据金哲正介绍，在朝企业通常会面临两点“麻烦”，一是很难按照当地法律行事，二是所有的事情，基本是要看对方“脸色”。这个“脸色”，很多时候，要由人民币和其他物资来保证。

记者在长白口岸看到，距离老海关不远处，又搭建起一座新的大楼，中方这一侧即将竣工，朝方那侧还无任何“动静”。中矿一位中层人士告诉记者，这是两国为加大经贸往来，又新修了一座海关大楼和大桥。这位中层说，就在不久前，朝方找到中矿中方领导，希望能给出 20 万作为新海关大楼的建设费用，中矿中方这边是否答应，目前还不清楚。

中矿一位接近万向高层的人士告诉记者，鲁冠球当初投资惠山铜矿，初衷是放一个很长很长的线、画一个很大很大的蓝图，想抢占商机，占领市场，占领资源，因为，鲁冠球看中的是五年、十年、二十年后的朝鲜。这位人士称，正因鲁冠球的长线考虑，才有万向后来不断追加的项目投资。当初双方签约的时候，朝鲜处于金正日时代，现在朝鲜已进入金正恩时代。

上述接近万向高层的人士告诉记者，如果万向向中矿继续追加投资，就是个无底洞，届时要想刹车或全身而退，估计也是来不及了。中矿下一步会如何走，只有万向自己清楚。

案例 2　中铝与力拓的“二次握手”

引　言

2009 年，在全球经济衰退、大宗商品价格持续低位徘徊的特殊时期，市值只有 500 亿美元的中国铝业公司（以下简称中铝）迈出了中国企业海外直接投资的最大一步。北京时间 2 月 12 日下午，中铝与澳大利亚力拓集团联合公告称，中铝向力拓投资 195 亿美元，消息震动全球经济界。此前的 2008 年 2 月，中铝已携美国铝业（以下简称美铝）以 140.5 亿美元参股力拓英国公司 12% 股权。但中铝的第一单收购目前已经出现接近 80% 的账面浮亏，因此中铝的二次收购行动引起了很大的争议……

1. 交易双方简介

（1）中国铝业（Chinalco）

中国铝业公司成立于 2001 年 2 月 23 日，是中央管理的国有重要骨干企业。公司主要从事矿产资源开发、有色金属冶炼加工、相关贸易及工程技术服务等，是目前全球第二大氧化铝供应商、第三大电解铝供应商和第五大铝加工材供应商，铜业综合实力位居全国第一。中铝目前设有铝业、铜业、稀有稀土、工程技术、矿产资源、海外、贸易、能源和金融等业务板块。公司控股的中国铝业股份有限公司为纽约、香港、上海三地上市公司。公司现有员工 24 万人，所属企业 65 家，业务遍布全球 20 多个国家和地区；2010 年，实现营业收入 2003 亿元，连续四次跻身世界 500 强企业行列。

（2）力拓股份 (Rio Tinto)

力拓矿业集团（以下简称力拓）于1873年在西班牙成立，总部设在英国，是一家在英国和澳大利亚双重上市的公司。力拓是全球第二大铁矿石供应商，第一大铝土矿生产商，第二大铁矿石、电解铝和铀生产商，第五大铜精矿生产商，并在煤炭、工业矿物、钻石等产品领域占有重要地位，目前也是中国最大的铁矿石进口商。

2.“二次握手”的过程

力拓由于在 2007 年 7 月以高价收购了加拿大铝业，这笔交易让力拓担负了 390 亿美元的巨额债务（仅未来两年，力拓就有将近 190 亿债务需要偿还）。而面临 2008 年全球性金融危机的冲击（澳元贬值、大宗材料价格下跌等），力拓急切想出手旗下资产，实现其在 2009 年削减 100 亿美元的负债目标。这为中铝等中国企业发出了信号，力拓在多方寻求解决办法无果之后（2008 年 2 月 6 日，必和必拓宣布向力拓发出总价值逾 1800 亿美元的换股收购要约，但遭到力拓董事会的拒绝。如果两家公司合并，将占据全球铁矿石市场近 38% 的份额），决定接受中铝伸出的橄榄枝。

（1）“第一次握手”

2008 年 2 月 1 日下午 4 点，中铝宣布，已通过新加坡全资子公司、联合美铝获得了力拓的英国上市公司（RioTintoPlc）12% 的股份（相当于力拓股份的 9%）。这一中国企业历史上规模最大的一次海外投资的金额高达 140.5 亿美元，其中美铝出资 12 亿美元。国家开发银行是此次中铝收购交易的融资安排行，交易的财务顾问为雷曼兄弟公司和中国国际金融有限公司。

2008 年 8 月，澳大利亚财长韦恩 · 斯万（WayneSwan）批准中铝最多可持有力拓英国上市公司 14.99% 的股份（相当于力拓股份的 11%），但是要求中铝作出两项承诺：一是在未通知和未收到澳大利亚政府许可的前提下，中铝不会增持超过 14.99% 的力拓英国股份；二是在持股小于 15% 的情况下，中铝不会向力拓英国公司或力拓的董事会派驻董事。显然，澳大利亚监管方面对这家中国公司对澳大利亚公司的每一步“渗透”，表现得非常谨慎。

而作为中国企业最大一笔海外投资案，中铝为牵制两大矿业巨头——必和必拓与力拓的合并作出了贡献，但也让自身蒙受巨额账目亏损的尴尬局面。由于力拓英国的股价逐渐走跌，其股价已从 2008 年初的每股 60 英镑，跌至 2009 年 2 月每股不足 14 英镑，下跌 75% 左右。如果加上汇兑损失，损失超过 80%。

（2）“第二次握手”

2009 年 2 月 11 日伦敦时间下午，英国《金融时报》率先披露了中铝—力拓“二次握手”细节。随后，力拓即宣布因为与中铝的可能性交易申请次日暂停交易。中铝公司为此次交易活动聘请了 4 大财务顾问——野村证券、黑石集团、中金公司和摩根大通。

根据双方协议条款，中国铝业将购买 72 亿美元的力拓可转股债券，这些债券将在日后转换成股票。转股后，中铝在力拓的股份将从 9% 提高至 18%。其余的注资将来自力拓出售部分资产的少数股权。该交易将使力拓有钱偿还其 390 亿美元巨额净债务中的很大一部分。此次发行的债券分为两个部分，转股价格分别为每股 45 美元和 60 美元。这些债券将支付 9% 和 9.5% 的票息，存续期为七年。

中铝还将在与力拓建立的三个战略合作伙伴联盟中投资 123 亿美元，这三个联盟分别涉及力拓的铜、铝和铁矿石部门。这将包括中铝购得力拓九项资产的少数股权。这些资产包括：澳大利亚的韦帕 (Weipa) 铝土矿；雅文 (Yarwun) 的氧化铝精炼厂；博恩 (Boyne) 的铝冶炼厂；格拉斯顿 (Gladstone) 的电站；智利的埃斯康迪达 (Escondida) 铜矿；美国犹他州的肯尼科特 (Kennecott) 铜业公司；印度尼西亚的格拉斯伯格 (Grasberg) 铜金矿；秘鲁的拉格兰哈 (La Granja) 铜矿项目和澳大利亚的哈默斯利 (Hamersley) 铁矿。中铝还将与力拓组建一个 10 亿美元的合资企业，双方各出资 5 亿美元。这个企业将开发几内亚的西芒杜 (Simandou) 铁矿等项目。

作为对其投资的回报，中国铝业将在力拓的董事会获得一个席位，并有权在稍后日期委任另一名董事。中铝的方案还包括独立的市场和伙伴关系，其中包括力拓可以享有对中铝客户的优先合作权，同样还有在中国矿产开发的投资权。

概括一下，在二次交易活动中，中铝将获得力拓 18% 的股份（此前为 9%）和力拓全球 9 个矿场的非控股股份，两个力拓董事席位，并合资开发一个几内亚硅镁矿项目。为此，中铝的代价是 195 亿美元现金——堪称中国有史来最大的海外投资。2009 年 3 月 27 日中国银行对外披露，包括中行在内的 4 家国内银行当日与中国铝业公司签署银团贷款协议，将向中铝公司提供约 210 亿美元的贷款额度，以支付中铝公司对力拓集团的投资对价和其他有关本次投资的资金需求。

3.“第二次握手”的不确定性

（1）公司内外部的不同声音

中铝对力拓的第二次出手遭遇到了前所未有的不确定性。这次交易已经引起力拓在英国主要投资者的愤怒反弹，因为他们曾提议向力拓注入新的股权资本，但力拓未与他们磋商。就在两天前，出于对中铝交易的分歧，力拓的候任董事长 Jim Leng 宣布辞职。这个不同寻常的插曲表明，一些力拓高管并不认为这笔新买卖符合公司的根本利益。Jim Leng 与很多人的看法相同。悉尼的一位投资者称，“很多澳大利亚人觉得这是一笔糟糕的买卖，我们更倾向于力拓通过增股扩发，不管配发给谁，而不是将核心资产变卖”。

摩根大通在英国的合资公司——摩根大通 Cazenove 与瑞士信贷，一直在建议力拓采取配股或发债的方式来解决即将到来的财务危机。

更难以跨越的障碍来自澳大利亚政府。早在中铝第一次买入力拓时，澳大利亚政府就重申了入股比例不得超过 15% 的规定。虽然据澳洲本地媒体披露，这次中铝已经雇请了与澳洲工党颇有渊源的高级公关游说政府，但政府方面并没有流露出法外开恩的迹象。“我们欢迎外国投资”，澳洲财长说，“但我们也制订了一套规则。”中铝投资力拓面临澳大利亚财长韦恩 · 斯万 (Wayne

Swan) 的审查，他可以以国家利益为由否决此次投资。

（2）备选方案

力拓 (Rio Tinto) 首席财务官盖伊・艾略特 (Guy Elliott) 在 2009 年 3 月 29 日扼要阐述了一项“B 计划”融资策略，以备中铝 (Chinalco)195 亿美元投资这家英澳矿业公司的计划被迫取消。由于到 2010 年底，力拓必须偿还逾 180 亿美元债务，其中 89 亿美元要在 2009 年 10 月偿还。艾略特 28 日在新加坡的一次矿业会议上表示，如果与中铝的交易未获股东或监管机构批准，力拓将会考虑配股、发债、出售更多资产和重订偿债期限。艾略特表示，力拓董事会之所以决定支持与中铝的交易而非进行配股，是因为当时该行业的前景有着太多的不确定因素。

有力拓股东愿力挺不久前才宣布放弃收购力拓的必和必拓 BHP 参与竞购力拓资产，以阻挠中铝与力拓的合作。一家力拓公司的大股东向媒体表示：“我们已经清楚地表明了立场，只要是来自必和必拓的收购要约，无论是整体收购还是部分收购，都将要优于来自中国铝业的注资。而考虑到力拓的巨额债务将成为其资产出售的最大阻碍，我们将通过新发股权额的方式来为潜在买家提供资金帮助。”

但力拓的一些股东认为，如果未来 3 个月找不到什么更好的替代方案，与中铝的交易就将被力拓董事会和投资者视为一条“必由之路”。这家矿业集团的几家最大股东上周表示，如果金融市场和大宗商品市场在夏天来临之前有所改善，力拓仍可进行一次配股或替代性的资产股权出售。力拓最大股东之一的一名基金经理表示，该交易提供给力拓“在市况不好时按下按钮、与中铝完成交易”的灵活性。不过，如果力拓放弃该交易，中铝将有权获得一笔 1.95 亿美元的“分手费”。

（3）监管机构的审批

澳大利亚竞争与消费者保护委员会（简称“ACCC”，一个独立的监管机构）披露，考虑到中国钢铁企业和中铝可能代表同一利益方，ACCC 对于“力拓澳洲铁矿项目和中铝的合作是否会对力拓产生影响和控制，从而导致铁矿石价格低于市场水平，使中国钢铁企业受益”进行了考察。结论是，中铝和力拓不太可能有能力单方面降低铁矿石价格至竞争水平以下。2009 年 3 月 25 日，ACCC 在公告中称，中铝注资力拓，不太可能削弱市场竞争。这一交易不会造成铁矿石价格下降，也不会降低铝土矿、铜、氧化铝等产品的市场竞争水平。ACCC 宣布关于“中铝公司与力拓英国公司和力拓澳大利亚公司（合称‘力拓’）之间的交易不会显著减弱任何相关市场竞争”的论断意味着本次交易向着通过所有相关法律审批迈出了重要一步（ACCC 的态度对于交易的成功十分关键。2008 年矿业巨头必和必拓以 1400 亿美元收购力拓，但遭到 ACCC 的质疑，认为两拓合并可能导致铁矿石价格上升，造成市场垄断。最终，两拓合并案在中铝介入后宣告失败）。

本次交易完成的前提条件包括中国、英国、澳大利亚、美国的政府审批以及澳大利亚和德国政府的反垄断审批（一旦未能获得某个国家政府批准，就要调整并购方案里与该国有关的资产并购内容）。本次交易同时需要获得力拓集团股东大会的批准。如果全部相关交易条件均得到满足或者豁免，本次交易的绝大多数要素将在 2009 年 7 月 31 日前生效。

2009 年 3 月 16 日，澳大利亚外国投资审查委员会（Foreign Investment Review Board，只要某个外商投资项目是在外国政府的支持下进行的，那么该投资项目就一定要经过澳大利亚外国投资审查委员会的评估，以确定这一投资是否符合澳大利亚的国家利益）表示，将延长对中铝与力拓交易的审查时间，在原定的 30 天审查期基础上再增加 90 天。

2009 年 3 月 31 日晚，中铝拿到了德国反垄断监管机构德国联邦企业联合管理局 (Federal Cartel Office) 对此项交易的批复文件。2009 年 5 月 15 日，中铝与力拓宣布已获得美国外国投资委员会（CFIUS）对力拓拟向中铝发行可转债以及中铝对肯尼科特犹他铜业公司（KUCC）进行间接少数股权投资交易的批准。中铝与力拓共同向 CFIUS 提交了一份自愿就相关交易接受审查的通知，CFIUS 的批准满足了本交易监管方面的一个先决条件。

4.“第二次握手”的失败

在中铝二次收购力拓过程中，国际铁矿石市场也在发生急剧的变化。从巴西淡水河谷、力拓和必和必拓三家供应商来看，三家占全球总供应量的70%，全球铁矿石价格基本上由这三大家与其购买方之间商定的合约价格确定。

而中国是全球铁矿石最大买主，占全球贸易量一半。自 2003 年以来，三大矿山接连四年把铁矿石价格抬高了 18.6%、71.5%、19% 和 9.5%。2008 年全球金融海啸爆发以来，中国的进口非但没有减少，反而呈逐月攀升态势，2009 年 4 月份更是较上年同期猛增 33%，达到 5700 万吨的创记录新高。与此同时，2008 年当年的粉矿价格上涨了 79.88%，块矿价格上涨了 96.5%，创造了有史以来最高的涨幅记录。受金融危机影响，国内大中型钢厂亏损巨大步履维艰，铁矿石应降价已成为各方共识。2009 年，商务部全权将年度铁矿石谈判事宜放手给中钢协处理，1 月 9 日，中钢协就提出降价 40% 以上的降幅要求，并要求会员钢企一致对外；同时中国钢厂与日韩“君子约定”，三方不能单独与三巨头签约。但是到 5 月 26 日，日韩变卦，接受 33% 降幅，这使得 2009 年铁矿石首发价敲定，6 月 2 日力拓和亚洲其他主要钢厂达成协议。

2009 年 6 月 4 日，矿业巨头力拓宣布股票周五暂停交易，可能将发表公告宣布废除与中国铝业的 195 亿美元交易。2009 年 6 月 5 日，由中铝确认，力拓集团董事会已撤销对 2009 年 2 月 12 日宣布的双方战略合作交易的推荐，并将依据双方签署的合作与执行协议向中铝公司支付 1.95 亿美元的违约费。而在同一天，力拓与必和必拓就双方合资经营西澳铁矿石生产项目签署非约束性协议。双方各持有该合资公司 50% 的股权。自此，中铝与力拓的并购案算是功败垂成。

与此同时，力拓集团计划将按每 40 股配发 21 股的比例进行配售，力拓英国公司的配股价为每股 14 英镑，筹集资金约合 118 亿美元；力拓澳大利亚公司的配股价为每股 28.29 澳元，筹集资金约合 34 亿美元。瑞士信贷、摩根大通、德意志银行和摩根士丹利将牵头力拓英国公司的配股行动。与此同时，瑞士信贷、摩根大通、苏格兰皇家银行、澳大利亚麦格理集团将为力拓澳大利亚公司的配股负责。为确保能够最终融到足够的现金，力拓公司将为这 7 家参与力拓配股的承销商支付金额高达 4.21 亿美元的佣金费用。

作为力拓单一的最大股东，中铝在力拓配股截止日（7 月 1 日）最终还是以 15 亿美金认购其增发股份，以维持 9% 的股份地位不变。

案例 2　中铝与力拓的“二次握手”
——使用说明

案例使用说明：

中铝二次收购力拓案例具有三方面典型性：（1）中铝属于央企，央企在海外并购，特别是在发达国家市场上，往往会因“国有企业”身份受到严格的投资审查；（2）中铝收购资源企业，二次收购力拓是打入国际铁矿石垄断圈子，无论从国际政治利益还是经济利益考虑受到的阻力都将是空前的；（3）中铝二次收购面临的国际 / 国内，宏观 / 微观因素的影响与制约非常多，更由于各种因素的耦合与同时出现，使得本案例难度很大。也因此，通过多维视角剖析这一案例，对于中国资源类央企“走出去”具有非常深远而重要的意义。

一、教学目的与用途

1. 本案例试图在直接投资框架体系内，进一步探讨资源业国际交易价值变动，交易影响因素以及风险应对策略。主要适用于 MIB、MBA 的国际商务、国际企业管理课程，核心内容为跨国并购风险因素与交易策略。

2. 本案例的教学目的主要有：（1）通过资源业国际交易活动的分析，揭示中心——外围价值分割理论在不同参与方身上的表现及其背后原因，并展示资源业价值变动与资本流动之间的内在联系；（2）通过案例重点讲解中国资源类企业打入国际资源垄断行业的壁垒与复杂性；（3）运用治理三角模型等工具探讨中铝二次收购面临的国内外影响因素，探讨二次收购失败后的可替代策略。

二、启发思考题

1. 如何评价中铝对力拓的两次关联并购活动？

2. 中铝收购失利的国际与国内影响因素有哪些？

3. 如何从反垄断法的角度看待力拓毁约，与必和必拓的合资事宜？

4. 如果中铝最后不参与力拓的增发，是否会有更好的替代策略？

三、分析思路

本案例的分析重心在于帮助学生从跨国并购环境与交易对手这两个背景入手，理解资源业国际并购背后的复杂影响因素（国内 / 国际，宏观 / 微观），评估可能的交易风险，设计可行的交易策略。（1）从当下中国企业“走出去”所处的国内外环境入手，理解中铝公司两次并购活动的意义与影响；（2）从交易对手力拓所处的资源供应商地位，探讨中铝并购可能遭遇的各项潜在风险；（3）围绕着交易环境背景与交易对手特征，探讨中铝“第二次握手”失利的实质原因。

这里首先在 1 中展示教师引导学生进行案例讨论的基本逻辑线；然后在 2 中提出了每个步骤的关键讨论问题和问题的分析性答案。

1. 案例讨论的逻辑线（Step-by-step Logic Line）

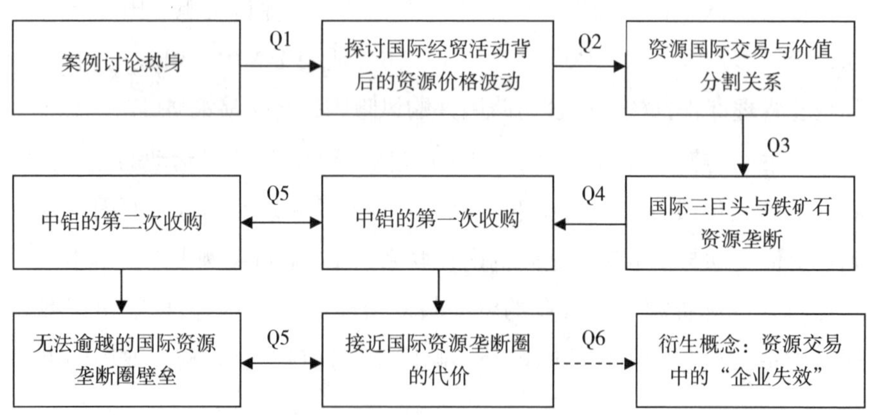

2. 讨论问题（Discussion Questions）

Q1：案例讨论热身（Warm up questions）（5 分钟）

请学生给出对国际市场资源价格变动的直观理解，可以结合近几年国际石油、铁矿石价格走势探讨资源产品价格波动的影响因素，分析一下发达国家与发展中国家面临资源价格波动的不同境况与表现。

Q2：资源业价格波动与价值分割（15 分钟）

在观察国际资源业价格变动过程中，我们可以看到两个相当有趣的现象：一方面，当需求方是发达国家，而供应方是发展中国家时，国际资源的交易价格往往非常便宜，比如中国以往稀土出口因太廉价而被称为“大白菜价”；但在另一方面，如果需求方是发展中国家，而供应方是发达国家时，国际资源的交易价格则显得非常昂贵，比如中国连年大批量进口铁矿石，但是价格却是越走越高。为什么同样是国际大宗资源产品，在发达国家与发展中国家企业手上，却是完全不同的市场交易价格？由此我们发现在资源业交易的国际价值链分割中，也会出现“中心——外围”的现象：越是趋向中心地区的发达国家，越是分割了更多的资源交易价值；而处于外围地区的发展中国家，在付出大量的成本（环境成本、货币成本等）后，往往所得甚少。

对上述问题的关注，引发出资源业贸易与直接投资两种活动所对应的市场分析及其结果。在完全竞争的市场结构中，如果一国大量出口某种自然资源，那么根据任布津斯基定理，出口量增大会带来产品价格的下跌，乃至出现“悲惨性增长”。但是在不完全竞争的市场结构中，如果出口方拥有垄断实力，则通过垄断这一方式可以限制产品数量，维持一个超过平均成本的垄断定价，进而获取超额利润。显然，在两种不同的市场结构中，大宗资源产品的不同价格表现很大程度上是由市场结构决定的。也就是说，拥有垄断权力的企业可以更好适应不完全市场；或者说，资源产品要想实现价格差异，最重要的在于借助某种垄断市场结构。

另外，从直接投资活动分析，如果一国对外直接投资进入的行业属于东道国潜在比较优势行业，那么理论上通过 ODI 活动会使东道国的比较优势显性化，进而导致更加剧烈的竞争，投资国企业最终会选择从东道国进口该等投资产品（东道国的价格与成本优势）。这一定理被称为小岛清的顺贸易导向 FDI 理论，在 20 世纪 70、80 年代的日本制造业对外直接投资表现非常明显，而且也间接促进了日本对资源业产品的大量进口（以技术等换取资源进口）。但是将这一理论用在资源业对外投资上则可能显示完全不同的效应，最主要的差别在于，如果投资国企业不转移资源加工技术，东道国即便资源丰富，也很难实现潜在比较优势。就单纯的资源初级产品而言，东道国的资源产品在短期内可能出现过度供应而使价格回落；但是从长期来看，不可再生的资源消耗本身会导致产品价格上升（这与资源产品的自然垄断特性有关）。

因此，综合贸易与直接投资活动在资源业的影响表现，我们可以大致得到如下结论：资源业的价格差异最重要的在于市场结构所影响的流动性，无论资源业贸易还是直接投资，如果供需双方的任何一方能够形成垄断结构，就有可能主导资源业的价格。

将上述理论思想转化为商业实践的诀窍在于，以稀土为例，中方企业以往出口稀土之所以卖的非常廉价，很大程度上在于没有形成卖方垄断地位，比如中方企业自身的规模实力等。此外，没有足够的金融支持也是一个非常重要的因素，因为足够的金融支持可以让企业获得跨期生存的能力，特别是面对资源市场价格大幅波动时，金融支持背景的企业往往能有效规避市场价格波动影响，并通过跨期的资金调配来获得资源产品的价格暴利（在资源产品大量供应价格暴跌时囤积不出，而在资源产品供应稀缺时再行出售）。相比之下，没有足够金融支持的企业，更多只能跟随市场的波动被动适应，这种现象在自然资源行业表现非常明显，也是经济学“蛛网理论”重点阐述的规律。

Q3：铁矿石三巨头的资源垄断与长协模式（15 分钟）

在中铝海外并购一案背后，凸显的是中国面临资源品紧缺，因而每年大量进口铁矿石等资源这一事实（目前中国铁矿石进口依存度在 50% 左右）。而在国际铁矿石供方市场，巴西淡水河谷（Companhia Vale do Rio Doce，CVRD）、必和必拓（BHP Billiton）和力拓（Rio Tinto PLC）三大世界矿山巨头掌握了全球铁矿石海运贸易的 70% 左右（其中两拓就控制了全球 27%~36% 的铁矿石、23% 的燃料煤（焦煤）、13% 的铜金属与 17% 的铝金属），全球还有 30% 的产能掌握在国外中小矿企手中。但是在中国采购崛起之前，世界铁矿石的游戏是三大矿山和日韩美欧几家大钢厂之间势均力敌的垄断博弈，这些钢厂和矿山之间彼此还有交叉持股（这使得他们之间的董事会决策常常具有“窜谋”的性质。此外，像日本这样的国家，一方面有新日铁等大钢铁厂，另一方面，日本又是全球事实上的铁矿石资源主要投资人，因此在铁矿石价格不断上涨背景下，日本等国的价格风险转移机制是非常明确的）。但是随着中国采购力度的加大，一个非常奇怪的“悖论”在于，在当今需求为王的时代，中国的需求优势反而表现在市场上没有表现出足够的发言权（中国采购量占国际铁矿石贸易的大约一半，仅必和必拓一家就占有中国约 20% 的氧化铝销售额和约 40% 的铁矿石销售额）。这一“悖论”现象的长期存在，很大原因在于中国与国际铁矿石三大巨头之间签署的“长期协议”这一贸易模式的局限性。在长协模式机制下，高额的交易门槛不仅把众多小钢厂、小矿山排除在外，从而成为矿山垄断企业和钢铁垄断企业共同排挤竞争对手的一种机制（特别是考虑到许多国内外大钢铁厂本身也有铁矿石矿山及库存资源，因此市场价格上涨对其实质上是有利的，因为长协模式下有利于其价格保护）；而且在长协模式运行机制下（采购数量是长时期被先行固定，但是价格却是一年一谈，并且一旦有成员最先谈妥价格，立即在所有长协成员中无条件执行），中国的价格发言权往往受到其他谈判成员的影响，这显然非常不利（比如，在中国铁矿石需求不断增加的背景下，日韩等国的采购商可能先于中方企业与三大巨头达成年度采购价格意向，尽管低于中方的折扣意愿，中方仍需执行这一首发价格；而一旦日后中国对铁矿石需求降低后，同样可能存在日韩等国首发达成的铁矿石采购价格远远高于中方意愿价格，但是中方企业仍需执行。显然，由国际垄断铁矿石厂商与钢铁厂商交相操纵的长协模式，已经成为事实上束缚中国铁矿石采购自主权的一种隐蔽枷锁）。一个显而易见的佐证在于，2005 年以来，中国铁矿石平均进口价分别上涨 71.5%、19% 和 9.5%，2008 年 1~9 月中国进口铁矿石平均到岸价比去年同期上涨 27.06%，而更多投资机构纷纷预计 2009 年铁矿石价格可能上涨 50%。

为了有效破除长协模式的贸易机制束缚，对于中国企业来说，通过 ODI 方式打入国际铁矿石巨头的圈子（并购三大巨头相关股权与核心资产），进而通过董事会运营（行使股东派驻董事等相关知晓权）来获知其核心信息，不失为一条非常有利的途径。而始于 2008 年的金融危机，使得国际市场大宗商品的价格急转直下，这给西方资源行业巨子沉重的打击，正是在这一背景下，诞生了中铝海外二次收购力拓的重要历史时机与机会。

Q4：中铝第一次收购与付出代价（10 分钟）

2008 年 2 月，中铝联合美铝以巨资收购了力拓的英国上市公司 12% 的股份（相当于力拓股份的 9%），这之后，随着金融危机的深化，到 2009 年 2 月中铝发起第二次收购时，账面上浮亏已将近 80%。对于中铝第一次收购活动的评价，有两点判断依据非常重要：其一是澳大利亚财长批准中铝并购活动附加了两项限制条件，从中可以看出，西方政府对中国央企入股国际铁矿石垄断企业，获取董事席位非常谨慎；其二是中铝第二次增持的机会恰恰来自第一次投资活动。如果放置在世界矿业的背景来分析，中铝第一次投资的重要意义在于，中铝的投资入股，使得中国企业有可能接近国际矿业巨头的核心信息（西方矿业巨头的垄断密谋往往需要董事会的讨论，因此理论上获得董事席位，哪怕是非执行董事，都将在一定程度上能够让中国企业掌握更多内幕）从而更好参与博弈。由于 2008 年金融危机谁也无法预料，因此中铝的浮亏问题，即便看作接近国际资源垄断圈子的代价，其对国家与产业长远经济利益来说也是相当值得。

Q5：中铝第二次收购与遭遇壁垒（20 分钟）

2009 年 2 月，中铝再度发出二次收购力拓要约时，彼时客观有利条件有三方面：其一是中铝具有先前投资入股的优势；其二是力拓此前盲目乐观扩张，在金融危机打击下，自身偿债压力大增；其三是力拓遭遇来自必和必拓的收购压力，希望寻找外援。

但是就是这样一桩看似非常有利的收购活动，最终还是以力拓突然毁约而告终。力拓毁约的背后，到底有哪些国内外因素在影响，这是我们分析这一问题的关键。我们可以利用下表治理三角来分析中铝第二次收购过程遭遇的各种障碍因素：

中铝第二次收购中的障碍因素（基于治理三角形）

控制视角 （来自中铝的治理举措）	自主视角 （来自市场的独立力量）	合作视角 （一国政府、长协成员）
对交易合约失去控制（1.95 亿美金违约费过于低廉，不具有置信威胁）	必和必拓反对 （收购计划改成合资计划，诱惑力拓毁约）	日本钢企的行动 （率先达成长协，价格远高于预期，促成力拓股价大涨，市场回暖）
被动增发 （没有因势利导，展开恶意收购）	澳洲政府的反对 （延长反垄断审查时间）	中国政府的《反垄断法》对两拓合作缺乏细则制约
	中国国内的反对声音 （国内钢厂、矿石进口商、矿山并不希望中国有太多发言权）	中国现行对外投资政策与贸易规则缺乏有机联系

Q6：资源交易中的“企业失效”（10 分钟）

在中铝二次收购力拓的活动中，我们可以发现在以下方面存在大量的“市场失效”情景：

其一是国内市场的“外部性”影响。中铝如果成功收购力拓，对于国内连年铁矿石进口价格不合理上涨的势头必然产生相反影响。按理，这一结果导致的国内外部性具有正向效应。但是我们的分析发现，由于国际铁矿石“长协模式”实际上是在分化并进一步强化国内外大垄断势力的勾结，因此中铝的收购活动事实上对国内铁矿石进口垄断势力产生了负向外部性，这就必然遭其反对。

其二是国际垄断影响。中铝收购力拓动了国际垄断势力的“奶酪”，不利于其在董事会层面进行串谋来操纵对中国铁矿石高价出口的策略，这也使得来自必和必拓以及澳洲政府的压力陡增。

其三是区域政治影响。中铝收购力拓的计划有可能打破东亚地区铁矿石与钢铁产业之间的既有平衡，进而影响到日韩两国在国际上的地位，这也导致日韩厂商不惜高成本也要率先与力拓达成“首发价格”，借以牵制中铝的收购安排，并由此引发国际铁矿石市场回暖，直接导致中铝收购失败。

以上分析表明，由于存在外部性、垄断等条件影响，中铝收购活动中的

"市场失效"问题非常严重。进一步来讲，这种"市场失效"主要表现为中铝相对于外部对手的"企业失效"特征，来自外国政府的安全审查以及竞争对手的恶意策略构成了中铝"企业失效"的基础原因。为此，中国政府作为"市场守夜人"，应在关键时刻挺身而出，其可采取的政策措施包括如下几方面：其一是对外祭起《反垄断法》，针对必和必拓与力拓合资事宜是否涉嫌对华垄断影响展开调查；其二是整顿国内铁矿石进口市场，将其纳入国家统一对外招投标平台，以此将国际资源垄断企业对华出口采取分而治之策略所产生的负向外部性转化为正向外部性；其三是重新审视我国进口贸易与对外直接投资的管理政策，积极促进"顺贸易导向的对外直接投资"活动开展（比如，规定所有有中国企业海外投资参股的矿山产品进口时可以优先安排），以此打通进口贸易与对外直接投资的政策壁垒，不仅可以迅速扶持更多的小国资源发展，而且也在事实上挤兑了铁矿石三巨头长期垄断这一市场的地位。

四、理论依据及分析

1. 资源业的国际直接投资（FDI）理论

资源业的 FDI 理论与制造业 FDI 理论流向相反，它更强调 FDI 向资源丰富国家的流动（现实中，资源丰富的发展中国家居多）。在资源业 FDI 活动中，有两项重点需要把握：其一是资源的不可再生性与战略性对其价格影响。资源的不可再生性决定了其价格稀缺性，同时资源对于一国经济发展的重要意义决定了其战略性价值。也因此，在国际资源业 FDI 活动中，各国对资源的竞夺异常激烈。但资源的战略性（长期视角）与其市场价格波动（短期视角）之间也存在巨大的落差，特别考虑到买卖双方的市场结构与流动性影响。比如，对于实力雄厚的对手来讲，无论是买方，还是卖方，都可以借助金融资源来延缓甚或控制资源价格的短期波动，进而获得更大收益。因此资源业贸易与 FDI 活动中，需要特别关注资源的时间价值与长期战略价值之间的不同变化，以求更好平衡其间的价格落差。其二是交易成本（特别是运输成本）对资源业 FDI 的成败影响巨大。从某种意义来说，对资源业的控制不仅表现为股权拥有，更重要的是，能够安全将所需资源运抵目的地。也因此，在资源业 FDI 过程中，不仅表现为投资国将资源开采自行运回，也常常会出现投资国在海外当地进行二次转售，这种现象出现正是基于运输等交易成本的考虑。

2. FDI 的宏微观影响

从海默理论到邓宁理论，我们发现主流跨国公司学者注重研究 FDI 的微观竞争优势效应，而日本的小岛清理论则提倡关注 FDI 对国家宏观比较优势的适应。综合前人理论，换一个相反角度思考，我们就会发现，在国际并购（M&A）活动中，来自微观竞争对手与宏观竞争国家的影响不容忽视。以中铝并购力拓案例为例，依照上述分析逻辑，我们可以比较深入地探讨来自微观竞争对手（比如力拓的其他投资人、竞争对手必和必拓等）与宏观竞争国家（澳洲政府本身、日本等）的可能影响。

微观竞争对手层面 VS 宏观竞争国家层面

3. “反垄断法”的应对

对企业之间的并购实施反垄断审查是世界各国通行的做法。这其中涉及不同的对象，比如本国企业与外国企业之间的交易，或者外国企业与外国企业之间的交易。在国际上，已有很多国家和地区将总部在国外的“真正的”外资企业之间的并购纳入反垄断审查行列，有一些跨国公司之间的并购在母国获得批准，却在其他国家 / 地区被否决，最终导致并购流产。如 2000 年 10 月通用电气（GE）和霍尼韦尔（Honeywell）两大美资跨国公司协议合并，在母国获得了美国司法部的批准，但被欧委会驳回，结果这起兼并案最后失败。

中铝收购力拓一案，先后要获得美、德、巴西等多国监管机构的审批，这正是各国反垄断域外管辖制度的体现，原因在于这些总部在国外的“真正的”外资企业之间的并购案很可能对相关国家内部市场结构产生重大影响。在力拓一案中，力拓毁约中铝后，又与必和必拓组建合资企业，两拓这样的合资，直接的结果就是世界垄断的加强。由于目前中国自两拓的铁矿石采购量占比非常高，因此两拓的合并行为就会对中国进口市场结构产生很大的影响。对此，中国理应使用《反垄断法》进行约束，从两拓案例开始建立中国的反垄断域外管辖制度。在面对两拓合并的国际垄断行为时，可以就中国《反垄断法》有关垄断处罚目标，提起调查与实施相关程序，规定应诉、举证、抗辩等方面细则问题进行充分探讨。

4. 国际并购（M&A）的策略运用

面对2008年的全球金融危机，中铝实施的两次并购从策略上讲很有必要。由于有第一次的投入，才有再次增持的机会；从第二次投资澳大利亚的严格审查的态度，就可以知道这样的投资到底是对谁有利。就资源业的国际并购来说，其成功策略在于获得资源的时间价值与战略价值。

此外，面对力拓的毁约，中铝最终选择增发入股，以保持自身股份不致被稀释。这是一种保守策略。从博弈策略来看，应该存在占优的策略，即中铝不必再与力拓董事会进行谈判，而是通过中国银行系统的授信，取得足够的资信后像必和必拓当年那样，提出恶意收购要约（直接在股票市场收购力拓的股票然后改选力拓的董事会）。结合当时市场情境以及中铝投资状况，是否应该展开这一恶意收购，其投入代价与可能产生的影响后果等问题可以在课程中进行深入讨论。

五、关键要点

1. 在国际并购活动中，面对交易对手的不同行为反应与交易特征假设，选择一个适宜的交易治理结构非常重要。在本案例中，中铝与力拓达成的交易契约存有缺陷，因为该交易提供给力拓“在市况不好时按下按钮、与中铝完成交易”的灵活性，从而无法有效克服力拓的机会主义倾向。

2. 在国际 FDI 过程中，潜在的竞争对手分析不仅仅限于微观领域，宏观领域的国家战略行为同样值得关注，特别是在资源业的国际投资活动中。在中铝案例中，来自日本竞争对手的行为是导致力拓最后毁约的直接导火索（日本企业基于国家战略利益考量，提前与力拓签署高价的“长协”合约，导致力拓股价大涨，从而力拓得以毁约实施增发）。

3. 在中国企业国际化活动中，如何更好地研究国际市场，把握国际、国家与企业三个层面的交叉利益影响因素并加以灵活运用，这可能是摆在今后中国企业“走出去”面前的一个非常关键的问题。

六、建议课堂计划

本案例可以作为专门的案例讨论课来进行。如下是按照时间进度提供的课堂计划建议，仅供参考。

整个案例课的课堂时间控制在 80~90 分钟。

课前计划：提出启发思考题，请学员在课前完成阅读和初步思考。

课中计划：简要的课堂前言，明确主题（2~5 分钟）

分组讨论（30 分钟），告知发言要求

小组发言（每组 5 分钟，控制在 30 分钟）

引导全班进一步讨论，并进行归纳总结（15~20 分钟）

课后计划：组织感兴趣的同学，进一步研究国际铁矿石交易市场特征，特别是引进国家招投标制度，在此基础上，重点研究并分析与垄断类跨国公司之间的博弈特征。

补充阅读材料：

内鬼难防

来源：米粉防务综合

胡士泰（图片来源于网络）

近日，澳大利亚政坛风起云涌，城头变幻大王旗。这个时候，一位澳籍华人却在澳大利亚的别墅中与家人一起享受天伦之乐。他就是胡士泰，今年7月刚从长海青浦监狱出狱。就在8年前，他担任澳洲力拓矿业集团中国区代表短短6年时间内，凭一己之力“坑”了中国整整7000亿！

天生聪颖，16岁考进北大历史系。1963年，胡士泰出生于中国天津。

据澳洲媒体报道，胡士泰出生的家庭在20世纪60年代的中国由于成分问题，导致了他的父母遭受了一些不公正的对待，甚至是批斗。这对他的成长经历产生了非常重要的影响。功成名就之后，他对双亲讳莫如深，从未公开提起；入籍澳大利亚之后，更是在背叛祖国的道路上越走越远……

但是他是一个肯努力的人，很快，胡士泰就迎来了翻身的机会。1979年，他以优异的高考成绩，成为北大历史系的一名新生。而那一年，他才16岁。90年代初，第一批出国潮席卷中国。刚从北大毕业工作不久的胡士泰也搭上了这趟去澳大利亚留学的快车。只是不曾想这一去，他的人生轨道就将彻底改变。

入籍澳洲，化身“间谍”

凭着刻苦和努力，胡士泰在澳洲毕业后顺利入职了澳大利亚的第二大铁矿——哈莫斯利铁矿；随后又在该铁矿被世界知名的力拓矿业集团收购后，摇身一变，成为澳大利亚矿业巨头的一名员工。

在 1997 年，为了顺应自己事业的发展，胡士泰于 1997 年做出了入籍澳大利亚的决定，随着申请的通过，以前的中国人胡士泰消失了，取而代之的是澳大利亚籍华人 Stern Hu。在入籍澳洲之后，胡士泰以“了解中国的风土人情”为由，向力拓总部提出了调任中国的申请并成功就任中国区贸易代表。这原本是件好事，他的存在，本来可以促进中澳双方的合作共赢。但谁都不会想到，他这次回来，却是要以中国“出血”为代价，换取澳洲公司的欢心。

力拓上海办事处（图片来源：谷歌）

回国后，他充分利用了自己是华人的优势，出入各类钢铁业界的会议、聚会、酒局等。再加上其高情商的特点，交了不少朋友，当时无论是大钢企的老总，还是小钢厂的负责人，都成了他的“好兄弟”。

而当胡士泰不经意间问到中方企业的内部经营状况，诸如原料库存的周转天数、进口矿的平均成本、吨钢单位毛利、生铁单位消耗等堪称绝密的产业数据时，这些“好兄弟”也是知无不言言无不尽……

谁曾想到，在他黄皮肤的外表下，却隐藏着祸国殃民的居心。终于，在 2003 年，中国钢企与包括澳洲力拓集团在内的世界三大矿产公司进行价格谈判之时，胡士泰开始暴露真实面目了。

铁矿石谈判，狂宰中国 7000 亿

2003 年，随着国内工业的蓬勃发展，中国对优质铁矿的需求已经变得非常巨大，同时这一年，也是中国和世界三大矿企——澳洲必和必拓、力拓和巴西淡水河谷进行价格谈判的第一年。当时，中国是抱着一个互利互惠的谈判心态去的，希望争取到相对合情合理的价格，保有最基本的权利。

但在时任中钢协秘书长的罗冰生眼中，谈判的另一方尤其是力拓集团，却让人感到“诡异”：他们不仅清楚我方库存量，还对我方谈判底线了如指掌，每次谈判都像一个精准的狙击手，枪枪命中靶心，从不失手。罗冰生哪里知道，这一切全是胡士泰的“功劳”。在他多年的精心筹划和周旋之下，中国所有钢企的绝密数据，此刻全部呈现在力拓集团总裁的案头。谈判中，中方就像一个一丝不挂的裸奔者，所有的弱点全部暴露在了澳方面前。

在接二连三的谈判失败后，中国不得不承受了进口铁矿石价格的疯涨。有数据统计，自 2003 年以来，三大矿山接连四年把铁矿石价格抬高了 18.6%、71.5%、19% 和 9.5%。更糟糕的是，在中国经历金融风暴的 2008 年，三大矿山更对中国“痛下杀手”，据统计，当年的粉矿价格上涨了 79.88%，块矿价格上涨了 96.5%，创造了有史以来最高的涨幅纪录。

涨涨涨，让这背后的三大矿山赚得盆满钵满，可与此同时却也造成了中国钢企白白多出 7000 亿元的巨额损失。而根据《每日经济新闻》的报道，这些钱竟相当于这些企业利润总和的两倍之多，也相当于澳洲 GDP 的 10%……

锒铛入狱，澳洲总理亲自要人

当然，中国政府并不是傻子。铁矿石持续不断的不正常上涨早就引起了他们的警觉，这几乎出于一种防御的本能——中方断定，一定有人潜伏在中方内部，靠着窃取商业机密来获利。

2009 年 7 月 5 日，上海警方突击检查了力拓集团上海办事处的办公室，而检查结果则让所有人震惊。在纸质及电子文件中，国内数十家钢企的采购计划、原料库存、生产安排等数据都无比清晰，以至于带头此次行动的警方负责人面色阴沉地表示——对中国钢铁生产的了解程度，我国工信部恐怕还不如澳洲力拓公司!

在紧锣密鼓的调查后，胡士泰的狐狸尾巴很快就被抓住。一个充满魔幻色彩、却又是真实发生的“间谍案”就此浮出水面，而澳大利亚籍华人胡士泰的“汉奸”嘴脸，也让人心惊。而在胡士泰落入法网之后，澳大利亚方面的反应却十分强烈。毕竟，胡士泰是澳洲公民，也的确为澳洲的发展做出了不可磨灭的“贡献”。据报道，当时的澳大利亚总理陆克文亲自出面与中方交涉，希望中国慎重考虑，谨慎处理。澳大利亚的一名政客竟公然宣称:“总理应该马上打电话给中国领导人，要求尽快放人。”

然而，当 7000 亿人民币的国家财富付之流水，中方又怎能放过这个窃取机密的商业间谍? 2010 年 3 月 29 日，上海市第一中级人民法院一审判决，判处被告人胡士泰有期徒刑十年，并处没收财产和罚金人民币 100 万元。2010 年 5 月 17 日，上海市高级人民法院二审公开宣判，驳回被告人的上诉，维持一审判决。

就此，“中国身、外国心”的胡士泰才在法律的裁决下，迎来了那个锒铛入狱的结局。

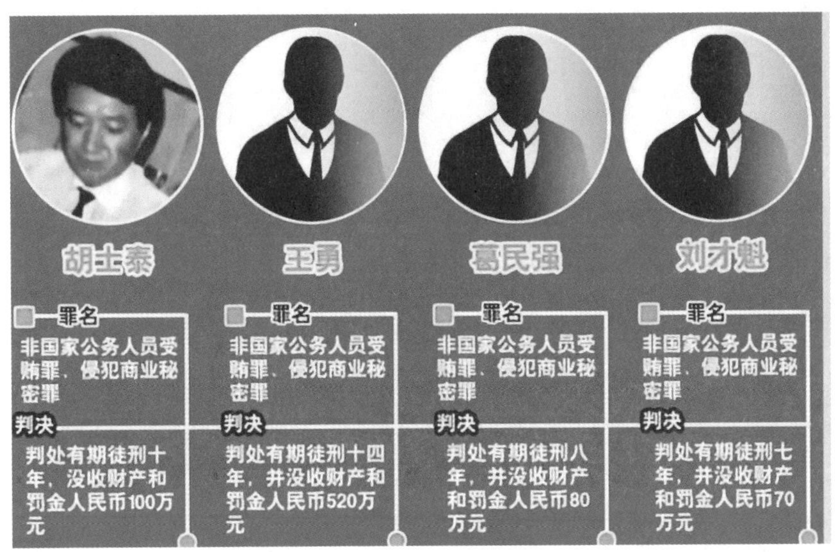

力拓案胡士泰等四人被依法惩处（来源：百度图库）

2018 年 7 月，年过半百的胡士泰减刑出狱，由几名澳大利亚同事开车接走，据澳洲媒体报道，他将回到澳大利亚与妻儿团聚。而胡士泰的出狱，也引发了中澳双方无数争议。在澳洲媒体的报道中，“贸易英雄（trade hero）”这样的字眼比比皆是，也许在他们心中，身为澳洲公民的胡士泰是被判刑过重；可痛恨“汉奸”的中国人则认为，坑走中国 7000 亿人民币，再判个十年二十年也不为过。

虽然胡士泰的案子已经作古，但力拓“间谍门”只是冰山一角。近年来爆发的一系列跨国公司在中国的行贿案例，也是屡见不鲜。

我国在国际贸易谈判等领域如何堵住泄露重大经济机密的各种渠道，确保国家的经济安全，已经是一个必须解决的重大议题。

案例 3　资源之刃：南北苏丹的中石油荆途

引　言

2011 年 7 月 9 日，对于世界人民来说是一个平常而不能再平常的一天，但对于南苏丹人民来说，却是不同寻常的一天。就在这一天，世界上最年轻的国家诞生了，在各方力量的共同努力下，苏丹南部地区正式摆脱苏丹巴希尔政府的管控，真正意义上实现了独立。

在南苏丹开国大典举国欢庆的时刻，在苏丹首都喀土穆尼罗河畔的中国石油尼罗河公司却在紧锣密鼓的进行“分家”工作。一个国家变成了两个国家，不仅仅是简单的业务拆分及人员调配工作，而是牵扯到要面临不同的地域自然社会环境、宗教文化、国与国之间关系等大问题。由于新成立的南苏丹从成立开始便被联合国定位为全球最不发达地区之一，各方面均处于百废待兴的局面，其中石油资源成为其目前主要的经济收入，因此南苏丹总统基尔希望中国石油公司能够迅速在南苏丹进行原油开采。然而事情并非那么简单，北方巴希尔的苏丹政府在此次分裂中失去了 2/3 的石油资源，同样需要原油收入的他们正在想着法子从南苏丹原油开采中获益，由于南苏丹想要将其开采的原油实现出口收益，目前的条件下就必须使用苏丹境内唯一的这条输油管道。最终北方的苏丹政府在输油管道上做了文章，苏丹政府向南苏丹征收原油过境费，标准为 30 美金 / 桶，当时油价约为 90 美金 / 桶，相当于每桶原油收益的 1/3，如此过分的要求激怒了南苏丹政府，他们给出了让人啼笑皆非的回价——1 美金 / 桶。两者就像幼儿园的孩子打架一样，红了脸便开始向两国边境增兵，此时的中石油首次面对这样复杂的局面，开始逐渐失去了对局势的把控能力，战争一触即发。

2012 年 1 月，双方矛盾并未得到有效控制，南苏丹政府责令南苏丹境内的 37 区和 1 区两个主要的采油区全面停产，并向苏丹境内的黑格里油田 24 采油区采取了军事行动，战争最终爆发。一天早晨，中石油 CPTDC-ESP 潜油电泵项目的营地里，王经理（项目现场经理）早早地起来安排需要去上井作业的雇员，就在走出办公室的一刻，他愣住了，远方似乎听到了炮声，起初他以为是幻听，但在几分钟后出现在他眼前的景象让他确认了这不是幻听——一颗炮弹落在了远处的草原上……

1. 中石油苏丹（南苏丹）布局

（1）走进苏丹 / 南苏丹

苏丹共和国，位于非洲东北、红海沿岸、撒哈拉沙漠东端，以热带沙漠性气候为主。苏丹国土面积 1886068 平方公里，为非洲面积第 3 大国（在南苏丹独立之前为非洲第一大国家），世界面积第 15 大国。首都喀土穆。苏丹经济结构单一，以农牧业为主，工业落后，基础薄弱，对自然及外援依赖性强。苏丹是联合国宣布的世界最不发达国家之一：国内生产总值（GDP）：681.26 亿美元；人均 GDP：1892 美元（2012 年，国际汇率）；货币名称：苏丹镑（Sudanese Pound,SDG），相比之下，刚独立的南苏丹人均国内生产总值仅 246 美元。政治军事方面与周边邻国南苏丹因石油资源争端问题时常发生武装冲突。由于贫困造成国内多发抢劫、绑架等事件，部族之间也不时发生武装械斗，曾被失败国家指数列表评为“世界上最不安定的国家”。阿拉伯语为官方语言，使用者占总人口的 60%；通用英语。70% 以上的居民信奉伊斯兰教，多属逊尼派，主要居住在北方，南方居民多信奉原始部落宗教及拜物教，仅有 5% 的人信奉基督教，多居住在南方和首都喀土穆。

中苏两国于 1959 年 2 月 4 日建交后，友好合作关系不断发展。2006 年中苏贸易额达 33.54 亿美元。随着中苏两国经贸合作不断深入，苏丹已成为中国在非洲重要的贸易伙伴和投资伙伴，中国是苏丹第一大贸易伙伴，也是第一大投资来源国。

南苏丹共和国（Republic of South Sudan），简称南苏丹，曾经是原苏丹共和国的一部分。苏丹南部各政党领导人 2011 年 2 月 16 日一致同意，把即将在苏丹南部地区创建的国家命名为“南苏丹共和国”。在苏丹南部地区 2011 年 1 月举行的公民投票中，绝大多数选民都赞成南部地区从苏丹分离。根据苏丹北南内战双方 2005 年达成的《全面和平协议》和这次公投结果，2011 年 7 月 9 日，南苏丹正式宣布独立，基尔当选第一任南苏丹共和国总统。南苏丹以黑人为主，共有约 1109 万人（2013 年 7 月），第一大民族为丁卡族，其次为努巴族。以信仰泛灵论和基督教占多数，不同于信奉伊斯兰教、以阿拉伯人为主的苏丹。至今为全球最年轻的国家。同年，南苏丹与苏丹因石油争端发生大规模武装冲突。2013 年，南苏丹爆发内战，经过多方协商调解，于 2016 年 4 月 29 日南苏丹民族团结过渡政府正式成立。

（2）初具规模

苏丹总统巴希尔于 1995 年 9 月访华，在与江泽民主席会谈期间表达了邀请中国参与苏丹国内石油开发的意向。江主席随即令中石油派人赴苏丹考察，结果显示苏丹油区地质状况与我国渤海湾盆地十分相似。中石油具备相应技术与经验，双方达成一致，由中石油与苏丹能源矿产部共同签署苏丹石油 6 区（穆格莱德油田，年产 750 万吨至 1000 万吨）《产品分成协议》。1996 年 11 月，中石油中标苏丹 124 区项目。苏丹 124 区千万吨级油田从 1998 年 6 月开工到 1999 年 5 月 31 日正式投产，仅用了 11 个月时间。1999 年 7 月，苏丹南部黑格林格至苏丹港全长 1506 公里的输油管线正式投产运营。1999 年 8 月 30 日，苏丹 124 区第一船原油装船出口，苏丹举国上下一片沸腾，欢庆有了自己的石油工业。苏丹由原油进口国变为原油出口国，实现了自己的石油梦。至此，苏丹形成了一整套完善的石油工业体系，苏丹的人均国民生产总值从人均 80 美元一跃攀升到了人均 768 美元，从联合国划定的贫穷线以下国家变成经济高速增长的国家。

（3）油气分布

中石油尼罗河公司成立以来，致力于苏丹（南北苏丹）的油气田开发，主要的合作伙伴为中石化、马来西亚国家石油公司、印度石油天然气公司、苏丹国家石油公司。成立多国石油联合公司，根据不同的采油区采用数字代表，主要石油区块分布：

（A）124 区：早期作为苏丹的主要石油生产区，中方同马来西亚、印度及苏丹政府共同出资成立大尼罗石油公司（GNPOC），公司总部设在苏丹首都喀土穆，其中中石油占股 40%（第一大股东），1999 年 5 月 31 日正式投产，年产在 1000 万吨以上。2011 年南北苏丹分裂，由于 124 区处于南北苏丹分界处，根据国境划分将南苏丹境内所属 1 区划至南苏丹所有并在南苏丹首都朱巴成立大先锋石油公司（GPOC），原 24 区仍属苏丹管辖。由于处于南北苏丹分界线，自 2011 年起爆发南北苏丹大规模武装冲突以来，油田（北部 24 区）营地所在的黑格里地区经常成为双方争夺的中心，危险系数极高，油田经历着停产 – 复产 – 停产 – 再复产的历程。南方 1 区所在地理环境复杂，交通不便（需乘坐直升飞机上井作业），大批生产生活物资需靠雨季水路运输，该地区还时常出现部族武装械斗，工作条件相对较差，自 2011 年爆发冲突至今仍未全线复产。

（B）37 区：同为苏丹境内主要采油区，由中方、马来西亚、苏丹及其他非国家石油公司共同出资成立达尔石油公司（PDOC），起初总部设在苏丹首都喀土穆，中石油占股 41%（第一大股东）。2006 年 7 月建成并投产并成为千万级油田，原油产量高峰期达到 2633 万吨 / 年。自 2011 年南苏丹成立后，根据国境线划分，37 区绝大部分划入南苏丹所属，油田公司随即从苏丹迁入南苏丹首都朱巴，随即更名为 DPOC。同年，因战乱 37 区全线停产，争端解决后复产，又因 2013 年南苏丹爆发内战，再次停产，至今 37 区也未实现实际意义的全面复产。

（C）6 区：为中石油早期开发的油田区块，历史较为久远，但实际在 2004 年才开始商业开发，公司名为 (Petro–Energy)，该公司区划全部位于苏丹境内，总部位于喀土穆，几乎由中石油全资占有（95% 以上），苏丹国家石油公司仅占 5%。相比于上述提及的 124 区及 37 区，6 区区块相对地域范围较小，油田开发程度较为一般，年产并不高，同时临近达尔富尔地区，给作业加大了难度。

（D）13、15 区：并非主要的采油区，油田规模较小，中石油在两块油田占 40% 和 35%，临近红海有部分属于海上作业，在整个苏丹及南苏丹地区所占比重并不大。

2. 南北苏丹分裂与投资风险

（1）油气经营风险

2011 年 7 月 9 日，南苏丹实现了独立，成为了目前世界上最年轻的国家，这一天是属于南苏丹人民的伟大历史时刻。但是，这个新生的国家经历了半个多世纪的战火，满目疮痍，百废待兴。虽然实现了独立，但其与北方苏丹巴希尔政府的矛盾始终没有停止；以及自身统治阶层内部丁卡族与努巴族之间的矛盾也一直存在。这些种种问题给中石油在这一地区的投资带来了巨大风险。

——海外资源

自 20 世纪 90 年代中后期开始，中国的石油公司（中石油、中石化及中海油）在苏丹及南苏丹地区进行了大规模的投资，其主要目的满足中国国内的石油消费，将苏丹的原油对中国进行出口（占中国进口石油总额的 5%）；其次也是实现中国在世界范围对石油资源进行分散配置采取的重大战略举措。中国石油尼罗河公司现任总经理贾勇在接受采访时表示，“两种资源”及“两个市场”为起初中石油集团公司的一种战略定位，“两种资源”为国内资源与国外资源，因为国内在经过第一轮及第二轮勘探后证明当时的产量以不足以满足国民经济的发展需要，因此必须要通过“国外资源”进行支撑；然后“两个市场”分别为国内市场以及国外市场，二者实现有效的互换，在积极走出国门寻找石油资源的同时也欢迎世界其他的石油资源走进来。而中石油在苏丹及南苏丹地区的开发便是这一战略的体现。

然而在20世纪70年代，美国的雪佛龙公司早就发现了苏丹地下的石油资源，正是由于美国的三名工程师在地区武装冲突间意外身亡，因此面对此种风险，雪佛龙公司便退出了苏丹石油市场。这也给中石油进入苏丹市场提供了良机，但是与大的投资回报相应的就是存在大的投资风险，中石油尼罗河公司总会计师卢宏解释道："都说中石油在苏丹的效益好，正是由于我们前期冒得风险是最大的。"

当然，中国也并不完全是自己承担风险，在苏丹的两个主力油田并不都是中石油的全资子公司，而是多国成立的联合石油公司，不再是中国独撑大局，将马来西亚、印度这样的合作伙伴引入其目的也是共担风险，与此同时更是要通过这样的方式，使合作伙伴的国家力量介入到该地区，为实现一个稳定良好的投资环境打下基础。

——沉淀资产

石油产业不同于其他产业，其前期需要大量的资金及资产的投入，可能几年之内无法形成盈利。特别是在如此不稳定的地区进行投资，投入的资产安全将是管理的重点。

中石油在苏丹进行了大量的投资，形成了一套完整的石油工业体系，其中包括一个千万吨级大型石油石化炼厂、一条全长1506公里的输油管道系统、开采过程中使用的钻机设备、采油过程中的采油设备、辅助的油田建设的生产设施及办公设施。其中很大部分的资产属于非流动性资产，可移动性较差，所以如果所在地区出现大规模武装冲突或者不可控因素，这些资产的安全将无法得到保障。南苏丹独立后的第一次南北武装冲突中，便给中石油的各油田区块带来了不小的损失，储油设备大量被破坏，办公及休息场所被损坏、生产车辆丢失情况严重等。

——金融汇兑

苏丹这样的国家由于长期贫穷落后，人民大部分都还在饥饿当中度过，因此抢劫外资公司资金的情况时有发生，同时还容易出现员工生命安全问题。然而这个国家的金融风险给投资者带来的损失无疑更大。在2011年初苏丹央行给出的美元对苏丹镑的汇率为 1:2.88，也就是说 1 美金可以换 2.88 苏丹镑，但是这个国家经济发展极其不稳定且常年的军费消耗，在同年黑市上的汇率已经达到了 1:7 这样的比率，此时苏丹银行以受美国西方国家制裁为由，在各公司取款时强行将账户的美元换成苏丹镑进行支付，汇率仍为固定汇率 1:2.88。实际上与黑市价格相比较每一次取现，将被蒸发掉取现美金 2/3 的购买能力。苏丹如此，南苏丹就更为严重，南苏丹甚至没有自己本国的银行，就连货币的印刷都承包给了英国的一家公司，因此南苏丹独立后在中石油各公司的资金风险将更大。

——停产成本

南北苏丹之间冲突不断加剧，南苏丹内部矛盾因石油资源问题也在逐步升级，中石油原本开发的石油区块在近几年中一直在复产和停产之间摇摆不定，尼罗河石油公司总会计师卢宏在回答记者问题中表示："南苏丹所属油田区块自 2011 年后至今一直在停产 - 复产 - 在停产 - 再复产中度过，这无疑给我们增加了大量的成本。"卢宏总这一番话主要揭示的问题就是，油田的运转不是像自家的水龙头一样关掉了就有水，打开了就来水这么简单。油田在每一次停产的时候由于石油的稠密程度以及石油的倾点问题，都需要将从井口到管汇再到输油主管道内清洗干净，原油一旦凝固，将会给油田带来灾难性的后果。而这些过程都将花费大量的人力、物力、财力以及时间成本。而复产时同样也需要大量的柴油作为驱动，无疑停产、复产都将直接增大成本开支。

（2）人身安全风险

——战争威胁

众所周知，南苏丹在独立后，南北双方武装冲突愈发的频繁，而在近些年来南苏丹内部政局也十分不稳定。在这样的环境下中石油员工在该地区的工作具有相当大的风险系数。在中石油进入苏丹地区 20 年间已经有多名中国员工在冲突中献出了生命，这一血的代价告诫着中方的投资者保证生命安全是一切活动的第一前提。

2013 年 12 月 15 日，南苏丹总统基尔与副总统马歇尔的矛盾已不可调和，总统基尔宣布解散政府，双方军队开入朱巴城内展开激战，日后被称为“12・15”重大武装冲突。此时，南苏丹的石油生产已经完全瘫痪，正驻扎在首都朱巴的中石油员工在接到这一信息时，立即采取 HSE 应急预案，所有的 107 名员工放下手中的工作，拿起自己的背包在两分钟内全部撤入地下掩体。由此可以看出中石油对安全工作的重视，如果没有以往一次次应急演练，不会有这么快的速度将所有同志送入安全的地带。中石油对这一地下掩体做了精心的构造，四周为较厚的钢筋混凝土结构，门外由防弹钢板作为遮挡，室内有大量储存的饮用水、食物以及医疗用品。每一个中石油员工根据要求也有一个自己的应急背包，这个背包里主要就是出入境的相关手续，护照及防疫证等，换洗的服装及高热食物。尼罗河石油公司 HSE 总监金劲松说：“南苏丹地区社会环境复杂，安全系数较低，在这样的环境下 HSE 工作变得尤为突出，我们聘请了退役的特种部队军官为我们的安保顾问，给我们的员工讲授安全知识以及包括营区安全隐患排查的工作，除了这些我们还花费大量的成本来强化我们的安全体系，我们也在根据现实突发的状况不断修改和完善我们的安全应急预案，争取做到万无一失。”

在此次“12・15”冲突事件时，中国驻南苏丹大使马强被总统基尔临时召见，商讨关于南苏丹油田保证战时生产的问题。最后大使馆官员以及中石油南苏丹领导经研究决定留下 23 名同志保证尼罗河州的千万吨主力油田 37 区维持一个低产量的生产，这样一个方案也得到了外交部和中石油集团的批准。在这样一个条件下为何还要留下这些员工呢？中国驻南苏丹大使馆经济参赞张翼给了我们一个充分的解释：“这个国家是严重依赖石油出口收入的，一旦说主力油田 37 区停产，政府如果没有石油收入，整个政府就会崩塌，整个国家就会支离破碎，就可能形成第二个索马里。让 37 区维持一个低产量的运行就是为了保证政府还有些资金收入用来给这个国家的国民提供些最基本的社会服务。”同时，南苏丹大使马强也强调：“南苏丹的冲突也好，动乱也好归根结底就是石油资源争端的问题，如果一旦这个国家出现问题，最终受益的是西方国家，因为如果我们完全撤走，西方具有一定政府背景的石油公司可以立即填补这一真空地区，这个时候我们国家在海外，特别是南苏丹地区的石油能源利益上将大受损失，因此作为共和国的大使我一定守住这块阵地。”

对于这 23 名员工的安全问题，中方政府及中石油集团给了高度重视，在 37 采油区增派安保力量，由 37 区（DPOC）联合石油公司指定的航空公司安排一架飞机 24 小时在机场待命，遇突发情况随时撤离。中国石油尼罗河公司总经理贾勇事后接受采访时坚定地说道：“当时我们的工作重心就是保证着 23 名同志的安全问题，当时的压力确实很大，当时是武装冲突，是战争，如果人员安全出现问题，我后半辈子可以说很难再去面对他们的家人……”

——热带疾病肆虐

苏丹及南苏丹地处非洲东部地区，维度较低，特别是南苏丹地区主要以热带草原气候为主，湿热的气候条件滋生很多热带病菌，同时通过多种热带昆虫实现病毒的传播。比较常见的就是马来热病毒，昆虫通过叮咬的方式将病毒注入人体内，过后人将出现高烧、四肢疼痛等现象，与平常的感冒发烧症状相似，但其若医治不当具有 50% 以上死亡率。在早期的一些中方单位进入这一地区开展业务时，员工时常感染这类病毒，甚至出现了人员死亡。当地的医疗条件也相对较差，医院环境无法让人接受，在苏丹喀土穆够得上标准的仅有一家世界连锁的医疗机构，其他的医院条件差得无法想象。至于南苏丹就更难以满足医疗需要，因此中石油也会长期派驻医生为员工提供医疗服务，保证员工的身体健康。

（3）宗教文化差异

苏丹是穆斯林国家，绝大部分的国民信奉伊斯兰教；而南苏丹主要以西方基督教为主，这两种截然不同的宗教文化使南北苏丹长期处于敌对状况。就以色列在中东地区与邻国之间的关系状况为例，便不难理解南北苏丹近 40 年敌对关系的由来。不同的宗教文化派生出来的极端宗教主义在南北苏丹敌对关系中不断蔓延，很多可以坐下来以和平方式解决的问题在宗教的参和下变得不可调和。

从中石油在苏丹石油市场近 20 年的开发史来看，因宗教事务而引发的矛盾十分罕见。上至集团公司派至的高层领导干部到最基层的石油工人，在尊重对方宗教文化习惯上保持了高度的理解。在信奉伊斯兰教的苏丹，每年的斋月即是穆斯林世界的传统节日，同时在外人看来也是生活在穆斯林社会的人群最难熬的一个月，因为在这个月内成年的人们从早上 7 点开始至傍晚 7 点半的这个时段内不允许进水进食，这样的方式导致对中石油的苏丹籍员工的身体状况不佳，员工的生产效率降低，给石油生产造成一定的负面影响。然而中石油各甲乙方公司并没有以影响生产为理由对苏丹员工进行罚扣薪水或降低绩效，更不会出现开除员工的情况，而是最大限度地减少他们的生产任务，保证员工的体力及身体健康。

以苏丹 ESP 潜油电泵项目为例，南北苏丹分裂之前全境内所管辖的 400 多口油井的管理工作均由少数的中方员工及苏丹籍员工负责，井上工作需要消耗大量的耐力体力，加之各油井之间路途距离较远，气候因素导致户外温度较高，人体水分蒸发较快，超过 12 个小时不进水进食的苏丹员工的身体状况完成这样强度的井上工作是很难的。此时，少数的中方员工自发的承担起超过自身能力几倍以上的工作量，使苏丹员工在营地内得以休息。同时，中方人员为了照顾苏丹员工的感受，在喝水吃饭的过程中尽量回避苏丹员工。这样对苏丹员工的尊重也换来了理解和等同的尊重，在斋月过后的又一传统节日开斋节，苏丹员工会热情邀请中方员工来到他们的家中做客，用最高规格的方式来款待远方而来的中国朋友。一般来讲斋月期间会使生产效率受到影响，而绝大多数的中石油公司还为其发放斋月的过节奖金，毫无疑问增加了中石油的生产成本，但正是由于这样对苏丹人民宗教文化的尊重，更大程度上使得中苏员工得以和谐相处，避免了宗教文化而产生不必要的矛盾。

而在信奉基督教相对开放的南苏丹，在面对两种不同的近似于敌对的宗教文化时，中石油坚持奉行不插手地区间宗教事务的基本原则，在石油开发的进程中以尊重南苏丹人民的宗教习惯为主要出发点。南苏丹以信奉基督教义为主，相比于穆斯林文化较为开放，包容性较强，因此对中石油在南苏丹地区的石油开发工作影响相对较小，但中石油给予了同等的重视，做到了真正的一视同仁。需要注意的是由于南北苏丹多年敌对，民族矛盾较深。而在南苏丹开展工作的多半是在北苏丹工作较长时间具有一定海外经验的海外员工，常年在北苏丹生活习惯的中方员工在与苏丹雇员交流中多时是以中文、英语、阿拉伯语三语掺杂在一起的交流。初到南苏丹时，很多的中方员工在与南苏丹雇员交流时习惯性地说出了阿拉伯语，很大程度造成了南苏丹雇员的不满，因此很多中石油公司在南苏丹形成了不成文的规矩，即不要出现在和南苏丹雇员交流中出现使用阿拉伯语的情况。

3. 中石油国际化的履练

（1）中石油的“走出去”

美国前国务卿基辛格曾对媒体说过，“谁控制了石油，谁就控制了所有国家”，可见石油在国家所处的地位是多么重要。石油作为一种能源和化工原料，关系国计民生和国家安全。我国国内石油供给远远不能满足需求，国家鼓励国内石油企业走出国门，努力开拓海外资源，参与国际市场竞争。中石油作为国内最大的油气运营商，于 20 世纪 90 年开始拓展海外业务，历经初期探索、奠定基础、快速发展和规模发展四个阶段，实现了从无到有、从小到大、从弱到强的跨越。目前，中石油海外业务分布在 29 个国家，投资运作 80 多个油气投资项目，初步建成中亚 – 俄罗斯、非洲、中东、美洲、亚太五大油气合作区。同时还有近 600 支海外工程技术服务队伍在 46 个国家作业。中石油海外油气作业产量突破一亿吨，权益产量 5000 万吨。

中石油作为国有石油企业“走出去”的先行者，其海外业务经过 20 多年的发展，可以归结为三种模式：第一种是苏丹模式，即资源国拥有丰富的资源，但是工业基础相对薄弱，竞争不是很充分，劳工政策不是十分严苛，这种模式下发挥中国石油经济的组织经验、技术优势、服务队伍和装备优势，能够为资源国提供从勘探、开发、设计、建设、采油、炼油、销售等全套解决方案，等同于帮助资源国建设一套完整的石油工业体系。第二种模式是伊拉克模式，战后的伊拉克为了迅速地恢复石油工业，通过公开招标的方式为全球各类石油公司提供了机会。尽管它的竞争很充分，但伊拉克仍然处在一个动荡之中，政治环境也无法给全球的服务公司提供充分的竞争环境，加上经过长期的国内的不稳定状态具备高技能的劳工供给也不是很充分。跨国石油公司，如壳牌、美孚等企业，虽然拥有先进的技术，但其业务链并不完整，没有油气技术服务方面力量，中石油上、中、下游综合一体化的优势得以充分发挥，外国石油公司选择与中石油合作联合竞标。第三种就是类似于像加拿大、澳大利亚这种发达的经济体模式，在发达的市场经济体制下，资源国政府有完善的法律体系，有严苛的劳工与服务提供商的条件，这些国家的高技能员工供给充分，在这样的经营下中石油与跨国的石油公司是完全意义上的同台竞技。

纵观中石油 20 多年在海外开展业务的情况，2010 年以前主要以苏丹模式为主，中石油与之开展合作的国家有苏丹、乍得、尼日尔、尼日利亚等国家，业务主要集中在欠发达地区，尤其以非洲和中亚国家居多。其中，以中国与苏丹合作最为成功。

（2）中石油的“走进去”

——坚定国际化路线

中石油多年被评为世界 500 强之首，这样的成绩与中国一代代抛家舍业的石油人密切相关。苏丹及南苏丹地区的石油市场开发便是其中具有代表性的一部分。中石油在苏丹 20 年间经历了刚刚走出国门对外部石油市场一无所知的时期，包括对国际化石油企业运作管理均不是很了解，国际化人才相对匮乏，国际化意识还很模糊；随后经历了适应国际化石油市场对企业的需要，企业高速发展时期；后因南北苏丹分裂给中石油在苏丹地区的石油资源利益造成严重损失后，坚持实施二次创业直到现在使得苏丹及南苏丹石油开发得以相对稳定。中石油尼罗河公司总会计师卢宏谈到：“中石油在苏丹的国际化进程中，坚持走国际化的信心没有动摇，源于我们的体制优势。中石油可以动用前后方（国内外的所有力量），上下游一体化，能够动用所有的力量，而实际上动用的是整体力量来支持我们的这个项目。好比说西方的石油公司它的研究人员的人力成本是很高的，但我们不一样，我们可以动用我们整个的研究院，动用一切可以动用的力量来支援我们”。尼罗河公司总裁贾勇也表示说：“在初期，我们从中石油系统内抽掉了 30 多名同志来支援我们这个中石油第一个大型的国际化项目，要想知道我们中石油号称有 100 万人，其中抽出 30 个，那都是我们顶级的研究人员和管理者。”

也就是说，在多个不同时期下，中石油为了适应所在时期的发展需要不停的调整方向战略，以保证中石油在苏丹及南苏丹地区的石油利益不受损失，但无论做出什么样的变化，中石油在走国际化路线的大方向并没有发生根本变化。

——完善国际化合作体系

如何在根本上实现国际化运营是起初进入苏丹市场摆在中石油领导者眼前的重大课题。对以往从未走出国门的中国企业来说，国际化是相对陌生的，大部分企业都是在长期计划经济的体制下成长起来的，在经营方式方法及理念上均与国际市场存在着很大不同。早期进入苏丹市场服务的那一批中石油员工的回忆反映出中石油企业在刚刚进入苏丹市场时显得尤为稚嫩，在经营上很多操作行为都是不太规范的，在 95% 占比的 6 区巴里拉油田的开发中出了很多让人目前看来会啼笑皆非的事宜。对此中石油管理层开始思考，首先要从经营模式上进行变革，要从根本上解决这一问题。解决的方法便是日后在苏丹及南苏丹地区成立的几大国际化联合石油公司，分别将马来西亚及印度引进到苏丹市场，实现对苏丹及南苏丹石油市场进行多国联合开发，在开发的过程中积极与合作伙伴进行沟通学习，逐渐完善了建立了一套国际化石油公司运作的体系。苏丹石油部部长默罕默德·阿瓦德接受采访时说：“中石油（CNPC）在进入苏丹后参与到了第一个千万吨级的油田的开发，但与 6 区不同的是成立了联合公司（大尼罗河石油公司），其中中石油占 40%，马来西亚石油公司占 35%，印度国家石油占 25%，苏丹国家石油公司 5%。”

苏丹总统巴希尔在接受凤凰卫视采访时重点谈到中国石油公司对苏丹经济发展的意义，他说：“来自美国为首的西方制裁是为了削弱苏丹喀土穆联邦政府政权，颠覆当前的政府，然后此时我们发现中国的石油公司在很大程度上优于西方的石油公司，更重要的是中国石油公司也是真诚友好的公司，可以完全替代西方的石油公司，同时中国公司还为苏丹培训了大批的石油工人，也让他们参与中石油在伊拉克、利比亚等国的石油开发项目，使得苏丹的石油工业在整体上有了长足的进步，使苏丹人在每一个石油开发阶段都可以参与其中并获得相应份额，并可以掌控自己的石油信息”。

——中石油的“义利观”

2015 年底中国国家主席习近平在南非参加中非合作论坛约翰内斯堡峰会时重申正确的义利观，强调中非最大的义利观就是将中国发展同非洲自主可持续发展紧密结合在一起，实现互惠共赢，共同发展。而中国企业在这个由中国主导的经济外交框架中正在扮演越来越重要的角色。

在 2015 年下半年开始，国际油价持续走低，最低谷大概达到了 27 美元一桶，中石油面临着巨大的石油开采成本及销售成本，加之北苏丹方面索要的石油过境费，南苏丹的石油开发陷入了泥潭。中石油南苏丹石油公司总经理刘志勇表示；“目前情况已经完全超越了预期，平均每日中石油亏损达 200 万美元，世界上所有的石油公司都面临着这样的挑战，但是中石油服从整个国家的大局和能源战略，中石油依旧坚持生产”。如果单从一个企业的角度来看，每天亏损 200 万美金，中石油完全有理由实施停产止亏，但是中石油依旧坚持石油生产其意义远远超过了一个企业的范畴。此前，苏丹石油部长默罕默德·阿瓦德和南苏丹石油部长默哈穆德·布卡特在接受凤凰卫视采访时均表示对源于国际油价的持续暴跌导致外方投资者规避成本风险从而停止石油生产，这样将会对两国经济将均造成严重打击。苏丹及南苏丹两国的国民经济均严重依靠石油出口收入，如果石油停产将会给两国造成不堪设想的结果。对于苏丹政府来说，南北苏丹的分裂使得其失去了 75% 的石油收入，给政府的财政带来重大挑战，如果再停掉南苏丹石油的生产而失去原油过境费的话，无疑意味着更加雪上加霜，原本在建中的社会基础设施将停工，社会福利及医疗卫生投入将大幅度下降，通货膨胀率的提高将会使原本并不富足的人民生活水平也将继续下降。例如在中石油公司工作的苏丹籍员工 IBRAHIM 的月平均工资为 4000 苏丹镑，这些钱仅仅够维持他的家庭两个多星期左右的日常生活，如果石油停产他的月收入将大幅下降甚至失业，这样一种状况无疑将会使得苏丹社会发生巨大动荡。相比之下，更加贫困的南苏丹将会直接出现再次的政府破产解散，大规模武装冲突将瞬间爆发，大批的难民流离失所。

4. 展望未来

南北苏丹国家的分裂，不仅仅是国土疆域的分割，初期中石油为苏丹设计的成套的石油工业发展体系在这个过程中变成一个极为微妙的通道，它让敌对的两个政府不得不展开沟通和对话，但也让中国不得不时刻承受着这些吵吵嚷嚷。对于中石油来说这个让他们赢得优势的却变成了考验，这不仅仅考验了中国人的政治智慧，也更加激发了一种反思：在资源类的投资中，我们投资的对象只是资源和拥有资源的政府呢，还是也包括了拥有资源的这个社会中每一个应该被尊重的族群和个体？当在过去被忽视的南苏丹政府成立后，并成为决定中国在这一地区投资是否成功的关键要素时，如何修补与他们之间的关系成了中石油面临的重大课题。与此同时，中国特色的投资模式影响和带动了中国外交策略的微妙变化，当初中石油员工在沙漠戈壁拓荒建设时，他们并没有想到他们的努力将会以这样的一种方式改变了这个地区的格局，也改变了中国人自己的思维。对于资源性投资来说，历来都会为它的利益相关者虎视眈眈，中国企业怎样在投资中创造最大的利润同时又能够带动投资地的共同发展，避免双方陷入资源的一种诅咒，这对日益强大的中国来说具有格外重要的意义……

案例 3　资源之刃：南北苏丹的中石油荆途
——使用说明

案例使用说明：

中石油南北苏丹的国际化案例具有三方面典型性：（1）由中国政府牵线搭台，央企唱戏执行，属于典型的国企海外投资。相比于进入发达国家市场，国企进入发展中国家市场有其特殊性与一般性；（2）石油属于国际市场大宗商品，被称为工业的“黑色血液”，对于富有石油资源的发展中国家来说，如何避免“资源诅咒”是其对外引资发展需要重点考虑的问题；（3）发展中国家的投资风险中，政治风险往往位居前列，同时又具有系统性风险。在南北苏丹分裂案例中，中石油到底是寻找市场规避风险的手段还是借用企业组织来抵抗风险，抑或采取其他手段？其背后的动机是什么？这是本案例分析的重心。

一、教学目的与用途

1. 本案例试图在直接投资框架体系内，进一步探讨资源业国际投资的宏观风险及其应对策略，尤其基于政治风险的关联展开分析。主要适用于 MIB、MBA 的国际商务、国际企业管理课程，核心内容为国企海外投资政治风险与弹性策略。

2. 本案例的教学目的主要有：（1）通过中石油在资源业国际投资活动的分析，揭示国企海外市场准入的一般性与特殊性，并剖析国企海外投资与东道国经济发展之间的内在联系；（2）通过案例重点讲解面临政治风险时，中企海外投资所受障碍及其应对的复杂性；（3）运用治理三角模型等工具探讨中石油苏丹投资面临风险时的治理对策，并评估不同治理对策所需情境及其可能影响。

二、启发思考题

1. 中国央企海外投资，进入发达国家与发展中国家有无不一样的考虑？

2. 苏丹内战爆发前，中石油在当地投资行为有何特殊性与一般性？

3. 苏丹内战爆发与国家分裂后，中石油遭遇的风险有何特殊性与复杂性？

4. 如果换成一家民营企业在苏丹投资，是否会与中石油采取同样的行为？如何评价中石油在苏丹的投资？

三、分析思路

本案例的分析重心在于帮助学生从中石油海外投资与环境风险这两个背景入手，理解资源业国际投资背后的复杂影响因素（政治、经济、宗教文化等），特别是政治风险的影响，以此理解并评估中国企业可能的交易策略与治理手段。（1）从国企与中国政府的关系，分析中石油"走出去"在苏丹市场的表象及其面临的潜在环境影响；（2）从苏丹国家环境风险变化，探讨中石油遭遇突发风险变化时的应对举措及其策略管理；（3）围绕着中石油苏丹投资与苏丹国家制度环境风险，分析中国央企海外资源业投资需要面对的特殊性与一般性挑战。

这里首先在1中展示教师引导学生进行案例讨论的基本逻辑线；然后在2中提出了每个步骤的关键讨论问题和问题的分析性答案。

1. 案例讨论的逻辑线（Step-by-step Logic Line）

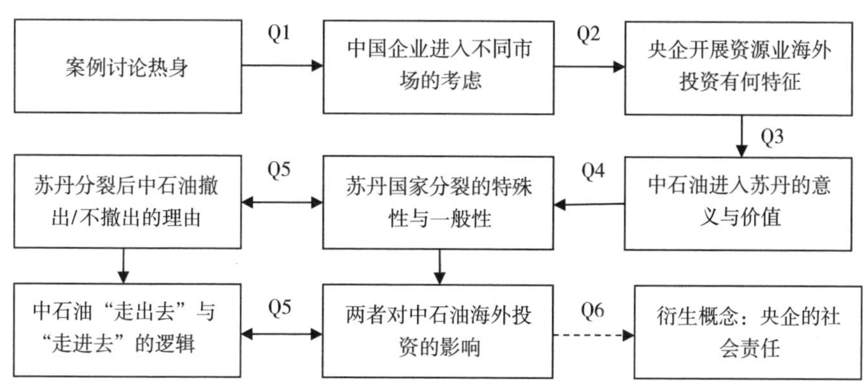

2. 讨论问题（Discussion Questions）

Q1：案例讨论热身（Warm up questions）（5 分钟）

请学生给出对近期中国企业海外投资活动的直观理解，特别是金融危机前后发生的趋势变化。结合投资国与东道国两地不同情景比较一下对外资流动的影响。

Q2：中国企业进入不同市场的考虑（10 分钟）

自 1999 年中国政府鼓励中国企业“走出去”以来，短短 20 年间，中国企业的外向国际化行动取得了显著的成效：2014 年中国对外直接投资流量超过引进外资的数量，成为世界第三大对外直接投资大国；与此相适应，中国企业对外投资活动遍布全球 140 多个国家与地区。自“一带一路”倡议发出以来，中国企业海外投资活动沿着“五通”的合作愿景，正发挥着越来越大的作用。观察中国企业海外市场的进入，存在以下两个方面的择决：进入发达国家市场还是发展中国家市场。

表 1　中国企业海外市场进入优劣势比较

市场 / 企业	国　企	民　企
发达国家市场 有利：市场成熟容量大，制度完善 不利：要素成本比较高，制度规范多	海外优势：资金、项目信息与组织保障 海外劣势：身份关系，经营反应	海外优势：市场信息与组织灵活 海外劣势：综合实力，可持续性
发展中国家市场 有利：要素成本低廉，市场增长空间大 不利：政治不稳定，市场不成熟，制度不完善	海外优势：资金、项目信息与组织保障 海外劣势：所在国政治动荡影响	海外优势：市场信息与组织灵活 海外劣势：风险防范，环境适应

就中国企业选择海外目标市场进入时，首先要明确一点便是东道国区位优劣势都有。一般认为选择欧美等发达国家面临要素成本较高，遭受的竞争较为激烈，但是其环境相对比较和平；而选择发展中国家获得较为低廉的经济成本，但是往往可能要遭受政治动荡等不利因素的影响。对此问题我们可以分从两个角度来考虑：其一是发展中国家的政治动荡表现形式及其影响。这里尤其要注意引进经济脆弱与宗教文化复杂性等方面的因素进行考量。可

以结合几大国际组织及其颁布的投资风险等报告进行比较，比如透明国际的排名，联合国世界投资发展报告等。

其二是发达国家自身隐藏的包括恐怖袭击在内的海外政治暴力风险（这在近年来尤为突出）。这些问题主要源于欧洲穆斯林移民及其后裔、某些欧洲本地白人投身伊斯兰极端主义和恐怖主义运动所致。由于种种原因，在美欧国家和澳大利亚，外来穆斯林移民及其后裔越来越多地拒绝融入东道国社会，拒绝认同于当地文化、风俗乃至政治，伊斯兰教法高于东道国法律的思潮流传日广，致使穆斯林移民及其后裔与欧洲当地社会冲突问题日益浮现，其中不少冲突已经涉及上述群体对欧洲、北美、澳大利亚当地社会的政治敌视，2013 年波士顿爆炸案就是一个典型案例，而在近五年当中欧美出现这类政治暴力冲突现象愈加频繁，从而凸显了很大的风险。由于一些原因，我国国内媒体较少报道这类涉及伊斯兰教和穆斯林的政治暴力风险问题，即使提及，多数也是语焉不详，致使我国企业对此种风险缺乏足够认知，此外也不排除有些企业商家蓄意利用中国企业对这方面知识的缺乏而向他们转嫁风险。

综上，在政治风险作为系统性风险而对外来投资者将产生不可弥补的冲击背景下，中国企业走出去的市场准入与选择也相应需要提高到更为重要的战略层面上加以重视与防范。

Q3：央企开展资源业海外投资有何特征（10 分钟）

20 世纪 90 年代中期以来，我国超越东盟成为亚洲、太平洋地区梯度产业转移重心。自此之后，我国作为“世界工厂”对自然资源与原材料的渴求愈来愈强烈。我国在世界铝、铜、镍、铁矿的消耗量中所占比率从 1990 年的 7% 升至 2000 年的 15% 和 2004 年的 20%，我国有色金属的贸易逆差额从 2001 年的 49 亿美元扩大到 2007 年的 347 亿美元，我国石油进口依存度由 2000 年的 30% 上升到 2008 年的 49%，我国对铁矿石的进口依存度从 2002 年的 42% 上升到 2008 年的 54%。

因此，国家发改委、商务部以及外交部动员我国企业走出海外，到世界各地收购资源。我国政府于 2004 年公布的《对外投资产业指导目录》中，包含了被视为适合海外投资目标的资源及产业。投资目录中包括 60 多个国家，其中亚洲国家 23 个、非洲国家 13 个、欧洲国家 15 个、美洲国家 11 个、大洋洲 5 国，涵盖产业包括农业、林业、矿业、石油钻探及提炼、天然气、制造业及服务业。在 2014 年末，我国对外直接投资存量超过 1000 亿美元的行业有 4 个，其中采矿业位列第三，所占比例约为 14%。如果剔除我国内地对香港地区的直接投资，我国采矿业在对外直接投资中所占比例则上升到 33.2%。从国别（地区）分布看，采矿业主要集中在澳大利亚、非洲、中南美洲以及亚洲其他地区。

世界石油资源市场具有其独特性。具体地说，目前世界石油供求格局已由昔日的少数寡头市场转变为垄断竞争市场。大量的石油期货交易与中间商网络竞争使石油的定价权从过去主要掌控在欧佩克组织等主要供给者和美国等主要消费国手中演变为由更多的产油国、供应商、消费国和投机商等诸多市场主体共同参与决定价格，国际石油价格受市场供给与需求的影响越来越大。

国际石油市场发生的这些变化对于我国国内经济发展与中国石油企业对外直接投资方式产生了深刻影响：一方面，国内的石油消费市场与国际市场进一步接轨，主要燃油价格随国际市场的波动而波动；另一方面，由于国际石油贸易日益广泛，我国大多数石油企业在海外开发的油气资源并不需要运回本国消费，而是就地加工与对外销售。另外，石油期货的普及也吸引了燃油上下链的企业大量参与保值与投资，但瞬息多变的国际石油期货市场也让我国海外投资企业付出了高额的学费，如曾经爆出的中航油的倒闭、中国航空企业的亏损等。

综上，就石油资源而言，以中石油为代表的央企走出去，其运营战略正发生着巨大的改变，即不仅仅是为了将石油作为战略物质保障国内供应，其更大程度上是为了适应燃油世界市场行情的变化而采取的全球化策略：全球化运营、全球化配置。也就是我们通常说的“两个市场、两种资源”，此外，还应加上“两地国家”的需求与保障。

Q4：中石油进入苏丹的意义与价值（10 分钟）

作为全球最大发展中国家的“走出去”企业——中石油在 20 世纪后半期

的国际化行动具有极其重要的战略意义。概括起来包括如下三个方面：其一是对石油这种国家战略物质的保障供应任务。美国前国务卿基辛格曾对媒体说过，“谁控制了石油，谁就控制了所有国家”，可见石油在国家所处的地位是多么重要。石油作为一种能源和化工原料，关系国计民生和国家安全。我国国内石油供给远远不能满足需求，国家鼓励国内石油企业走出国门，努力开拓海外资源，参与国际市场竞争。中石油作为国内最大的油气运营商，于 20 世纪 90 年代开始拓展海外业务，其承担的国家发展重任不言而喻。其二是国际化经验的获取。苏丹（南苏丹）案例提供了中石油“走出去”完整的国际化经验获取的宝贵素材。中石油在苏丹 20 年间经历了刚刚走出国门对外部石油市场一无所知的时期，包括对国际化石油企业运作管理均不是很了解，国际化人才相对匮乏，国际化意识还很模糊；随后经历了适应国际化石油市场对企业的需要，企业高速发展时期；后因南北苏丹分裂给中石油在苏丹地区的石油资源利益造成严重损失后，坚持实施二次创业直到现在使得苏丹及南苏丹石油开发得以相对稳定。这种前后剧烈变化的东道国环境对于中石油的制度与文化、战略与风险管理均提出了很大的考验，也同时提供了中石油国际化难得的情景适应。其三是苏丹南北分裂这一极为罕见的政治风险，尽管给中石油带来了非常复杂的考验与挑战，但是另一方面也凸显了中石油企业社会责任的意义与价值，同时也提供了关于对外投资企业与东道国经济发展之间非常生动的思考与写照。

Q5：苏丹国家分裂的分析与影响（15 分钟）

在非洲中南部等诸多地区，经济落后导致的政治不稳定，宗教文化的复杂穿插以及地理环境的恶劣相交织，使得该地区成为全球最不发达地区，也因此，历来是外国直接投资流入最少的区域。由于历史殖民的原因，不少所在地区丰裕的矿产资源主要为发达国家投资者所掌控，这样在新生的当地政府与外来投资者之间，就会形成比较紧张的关系。新生的当地政府希望振兴经济，但是外来投资者考虑到所在国经济环境薄弱、基础设施落后，往往不愿意做大量的前期投入，宁可持有矿产所有权待价而沽。在此背景下，面临经济发展重任的当地政府就会将目光投向外来第三方的投资者，特别是来自中国等地的投资人寻求合作。本案例苏丹政府在20世纪90年代中期邀请中国参与苏丹国内石油开发的意向，正是前述分析的内在逻辑。中石油经过详细勘察后，发现苏丹油区地质状况与我国渤海湾盆地十分相似，由于中石油具备相应技术与经验，因此两国达成一致，由中石油与苏丹能源矿产部共同签署合作协议，集中对苏丹油气区进行联合开发。经过艰辛努力，1999年8月30日，苏丹124区第一船原油装船出口，苏丹由原油进口国变为原油出口国，自此之后，苏丹的人均国民生产总值从人均80美元一跃攀升到了人均768美元，从联合国划定的贫穷线以下国家变成经济高速增长的国家。

尽管苏丹得益于石油资源的勘探而获得经济上的独立，但是其政治发展过程一波三折。苏丹早先南北部之间就一直发生内战，双方曾在2005年达成《全面和平协议》，事实上维持着南北双方联合治理模式。在苏丹南北地区，由于多民族混居，结果在北方形成了近70%以上的居民信奉伊斯兰教，并以阿拉伯人为主；而在南部地区，则以黑人为主，多数居民信仰泛灵论和基督教。随着南部苏丹各政党力量的崛起，苏丹南部各政党领导人2011年2月16日一致同意，把即将在苏丹南部地区创建的国家命名为"南苏丹共和国"。在苏丹南部地区2011年1月举行的公民投票中，绝大多数选民都赞成南部地区从苏丹分离。根据苏丹北南内战双方2005年达成的《全面和平协议》和这次公投结果，2011年7月9日，南苏丹正式宣布独立。

南北苏丹的分裂，在其一般意义上可以视为一国内部由于经济落后与宗教问题的复杂性，存在着差异较大的社会交易秩序与活动需求而对政治上产生的冲击（不同导向的宗教信仰，支持了所在民众的政治诉求，进而寻求独立秩序的支持而产生的国家分裂），从历史上看，部分比较落后的发展中国家容易陷入这种经济基础薄弱——上层政治建筑不稳定的恶性循环，具有某种普遍意义的警示。而其分裂的特殊性在于：石油资源可能是两地唯一的优势禀赋，并且部署在两地连接密切的边界区域。因此随着国家分裂本身，对于石油资源禀赋的利用反而增加了动荡与冲突。这对双方都不见得是最佳的选择。同理，对于进入苏丹市场的中石油来说，可能面临的挑战更大：一个国家变成了两个国家，不仅仅是简单的业务拆分及人员调配工作，而是牵扯到要面临不同的地域自然社会环境、宗教文化、国与国之间关系等大问题。此外，考虑到石油管道支线恰巧在两国相邻的区域通过，对于这种巨额的专用性资产投入，无疑将其置身于极大的风险当中。实际的情况也如此：南苏丹总统基尔希望中国石油公司能够迅速在南苏丹进行原油开采，而北方巴希尔的苏丹政府在此次分裂中失去了 2/3 的石油资源，同样需要原油收入的他们正在想着法子从南苏丹原油开采中获益，由于南苏丹想要将其开采的原油实现出口收益，目前的条件下就必须使用苏丹境内唯一的这条输油管道。由此双方进行了激烈的博弈，北方的苏丹政府在输油管道上做了文章，苏丹政府向南苏丹征收原油过境费，标准为 30 美金 / 桶，当时油价约为 90 美金 / 桶，相当于每桶原油收益的 1/3，如此过分的要求激怒了南苏丹政府，其给出的回价则是 1 美金 / 桶，差异如此悬殊，结果双方都在两国边境增兵，这一情景远远超过中石油原先对局势所能把控的能力。此外，随着苏丹地区政治交恶，石油产出的巨大波动也导致其货币汇兑市场的紧缩，本币大幅贬值。政治、经济与自然环境的恶化叠加，这对中石油的海外投资项目造成了极其恶劣的影响。

Q6：中石油苏丹市场的战略考量（20 分钟）

从国际经贸活动的几种方式来看，相较于贸易与许可交易，对外直接投资属于其中风险最大的一种。究其原因，在于对外直接投资存在沉淀资产，许多有形资产一旦投入东道国，要想再行变卖与转移，就会变得异常困难。一买一卖之间，有时价值会出现巨大落差。以中石油进入苏丹市场来看，在 20 世纪 90 年代末，中石油投入建设了长达 1506 公里的输油管线，横跨南北分裂的两个苏丹国家。由于在许多发展中国家承接工程时，基本上前期由中方自行垫资，东道国通过资产担保或者政府信用担保，以其资源未来收益权予以抵偿。因此，中石油承接的输油管线以及投入的勘探与开发设备，可以看作在苏丹地区的专用性资产。这种专用性资产很难转做他用，由此对其风险保障的需求也提上日程。结合本案例分析，中石油获得的保障包括了在苏丹地区不同地块的油气分布开发权（124 区、37 区、13 区、15 区的合营，6 区的专营等）。但在另一方面，即便获得了这种油气资源的控制权，一旦发展中东道国发生大的政治动荡，很可能资源资产面临国有化、战争毁损等威胁。资源资产的控制权只有实现了资源“落袋为安”才具有最大的价值。

对于中石油来说，苏丹项目是其国际化的一种模式，即资源国拥有丰富的资源，但是工业基础相对薄弱，竞争不是很充分，劳工政策不是十分严苛，这种模式下发挥中国石油经济的组织经验、技术优势、服务队伍和装备优势，能够为资源国提供从勘探、开发、设计、建设、采油、炼油、销售等全套解决方案，等同于帮助资源国建设一套完整的石油工业体系。一体化的投入与运营模式使得中石油与苏丹国家利益休戚相关，也就是说，要么中石油就密切支持并帮助苏丹国家运营这套体系；而一旦中石油退出，这套完整体系苏丹国家很难驾驭，因此必然会求助于第三方来替代中石油的空缺，这也使得中石油在决定是否退出问题上需要权衡利弊关系，一旦退出，不仅意味着大量前期沉没资产的损失，而且市场一旦失去，再想进入就会变得非常困难。因为后来者会发现，中石油原先建立的一体化油气运营体系已经成为事实上门槛极高的壁垒。

另外，从宏微观的视角来看，FDI 往往与所在国经济发展具有非常密切的关系，比如 FDI 可以弥补东道国“双缺口”模型，FDI 带来的要素禀赋可以有效促进东道国产业升级。除了经济效益的提升，在社会效益方面，FDI 的重要影响在于，它除了追求利润的目标，可以将东道国地区间经济与社会稳定、社会福利与民众福祉提升作为企业本身多重目标的一项积极推进。这里我们不妨看一个 FDI 社会责任与造福中国之间的案例。1989 年 9 月，在时任总裁罗伊·瓦杰洛斯（Roy Vagelos）的决策下，美国默克公司将最新基因工程乙肝疫苗技术以 700 万美元作价转让给中国，并帮助中国生产出同等质量的乙肝疫苗，默克公司不收取任何专利费或利润，也不在中国市场出售乙肝疫苗。而此后默克公司培训中国工程技术人员和派遣默克人员去中国的费用已经远远超过这个数目。默克公司为什么要这样做？当时罗伊总裁的答复是：“因为这是一件正确的事！我认为这是默克公司在 20 世纪做的最好商业决策之一，虽然没有利润，但它有望拯救的生命数量超过了默克公司曾经做过的任何事。50 年中，中国将根除乙肝疾病。”

在苏丹地区，根据我们前述分析的背景，中石油考虑作为一个具有良知的企业及社会责任的企业，一定会顾全大局以维护地区间经济与社会稳定为前提坚持石油生产（强力控制的视角）。这一做法的重要意义在于，石油生产均可以使得南北苏丹双方获益，政府有了收入即可为国民提供必要的社会物资供给，可以将不稳定因素爆发的可能性降至最低。这样一来地区间政局稳定也有利于中石油在该地区石油开发投资环境的稳定，才能够保证中国在海外的石油利益。因此，从宏微观的视角来看，不仅中石油应该在此紧要关头承担起积极的社会责任，与此同时，中国政府也应积极参与到非盟主导的伊加特和平进程中来，在联合国和非盟框架下积极倡导并推动尽快组建南苏丹民族和平过渡政府，为中石油等一大批中资企业在南苏丹的投资提供强有力的支持并起到后盾作用。

四、理论依据及分析

1. 海外市场进入的区位选择

跨国公司海外投资活动中，如何选择区位进入是其非常重要的策略，同时区位因素也构成跨国公司优势的一部分。在主流跨国公司理论中，邓宁的区位优势学说认为，跨国投资企业面临不同国家的不同经济环境下投资所带来的优势，这种优势可以使跨国公司利用不同的要素禀赋和市场环境来创造资本，从而获得所有权优势。当然，区位优势的运用，最终还是需要跨国公司通过垂直或水平一体化方式进行整合，从而在共同所有权下获得共同管理的优势。对于中国企业来讲，无论进入发达国家市场还是发展中国家市场，不仅需要了解其面临的区位环境特征，因而对区位要素禀赋的整合相应采取不同的方式；另外，针对自身的要素禀赋与优势，在市场进入选择时采取恰当的策略非常重要。就总体策略来看，大的方面包括合约 / 股权两种模式；而从具体进入策略看，可以分为新建投资、合资与并购。每种进入模式的选择，应是基于投资国与东道国双边的宏观禀赋比较及微观企业自身整合的需要。

在本案例中，中石油作为一家央企，在石油行业海外市场拓展中最基础的目标在于资源运营。如果分从投资国与东道国两个视角来看，对于投资国——中国来说，通过中石油获得资源保障性供应的考虑权重会更大，但并非是中石油唯一而强制性的目标，它也只是构成中石油多重目标中的一项。而对东道国——苏丹来说，石油资源开发与获利的意义与价值最为重要，这一目标构成了东道国唯一的目标，即便在苏丹地区分裂为两个国家后，南北苏丹武装冲突背后的目标也聚焦于此。投资国与东道国不同的区位战略目标背景，决定了中石油进入苏丹的运营模式与具体策略也不同，反映在本案例中，中石油以一体化建设 + 运营模式进入苏丹，并且在苏丹南北地区分裂后，一旦有机会，仍然执着于推进油气产区的产出。这不仅反映了中石油对其海外直接投资沉没资产考虑的保障需求，同时也是在进入模式确定后，面对东道国即刻变化情形，企业有效组织策略反应的需要。

2. 海外直接投资的环境风险与管理策略

资源业的海外直接投资活动中，企业面临的环境风险有其一般性与特殊性两方面：一般性在于，由于对外直接投资是一揽子要素转移，因此从沉淀资产的角度来看，投入东道国的有形资产与海外雇员普遍会遭遇到各种环境因素的影响（具体来说，可以分为一次性的固定影响，比如对东道国政治、法律、文化环境的不熟悉，以及经常性的变动影响，比如来自汇率波动、东道国歧视等），因此对其风险治理的保障具有普遍意义。特殊性在于，相对于服务业与制造业来说，资源采掘业的投入会更大，沉淀资产的价值也更高。此外，由于获取标的本身存在运输、存储等特殊要求，这使得资源业投资活动中价值波动的风险也相当大。同时，作为大宗商品市场的一员，资源产品的交易规模优势导致资源品市场的买卖较容易形成垄断市场结构，这在客观上也加剧了市场价格波动的风险。

在成熟的发达经济体中，资源商品市场价格的波动是一种较为正常的现象，企业具有多种风险治理保障措施进行应对，同时国家的制度环境也提供了某种宏观风险对冲。但在欠发达经济体中，如果考虑到诸多国家经济结构的单一及其对资源商品的高度依赖，来自资源商品市场的价格波动就会对其经济发展产生巨大影响，进而成为东道国政治经济行为关注的重心。

在管理东道国环境风险策略选择时，一般包括事前风险预估与防范——事中风险识别与控制——事后风险保障与补偿这样一个过程。在中石油案例中，从风险过程控制视角来看，南北苏丹的分裂是发生在中石油海外投资已经成功运营的基础上，属于投后风险，是具有突发不可控制性质的政治风险与军事冲突。而冲突产生的根源又在于：第一，东道国国内经济结构严重不合理，石油体系建立之后对石油收入依赖严重，对石油争夺加剧；第二，石油的地理分布较为特殊；第三，宗教信仰上的差异进一步恶化冲突局面。因此，“经济结构 + 石油分布 + 宗教差异”是中石油在当地经营风险的三大来源，在此基础上，中石油经营还有可能面临来自汇率波动、政治关系紧张等因素的威胁。

中石油在苏丹地区进行投资，分别投入了人力、资金、经营资产等不同类型的资源。不同的性质的资源投入所受到的风险影响是不同的。因此，我们从资源投入和风险来源两个角度，对中石油在苏丹地区的经营风险进行了分类，其中标红项为较严重的风险。

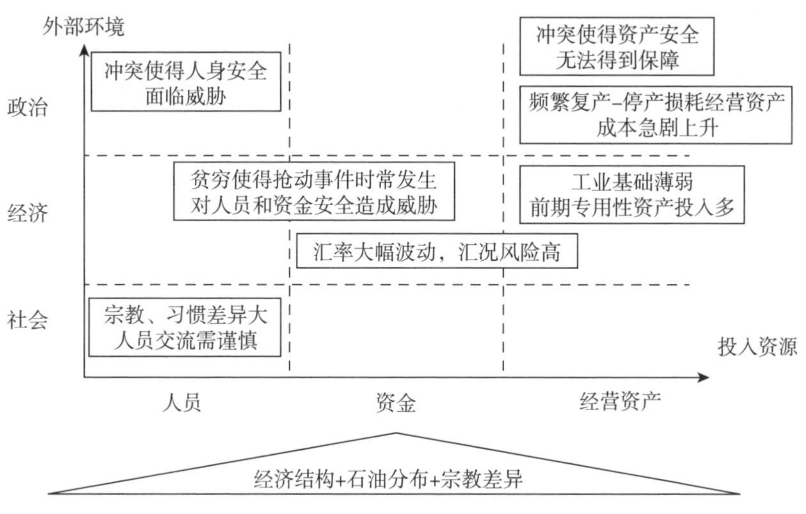

图 1　风险分类

此外，我们还从风险持续的时间长短以及风险的可控程度两个方面出发，将所有风险划分为四个维度，并提出了应对各个象限当中的不同风险所应当采取的策略。

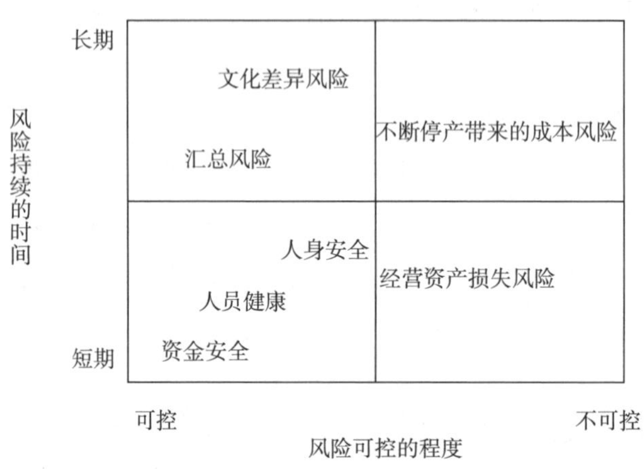

图 2　风险的性质

从图 2 可以看出，目前的中石油经营面对风险时拥有较多的自主性，风险相对可控。例如，在人身安全、人员健康以及资金安全相对来说都是持续时间较短并且相对可控的风险。运用风险治理三角形分析，从控制视角看，中石油事先采取了 HSE 应急预案，构造了牢固的地下掩体，聘请了退役的特种部队军官为公司的安保顾问。即便在冲突中为维护石油复产而被迫留下 23 名员工，中石油仍然采取了高强度的风险控制措施，即在 37 采油区增派安保力量，由 37 区（DPOC）联合石油公司指定的航空公司安排一架飞机 24 小时在机场待命，遇突发情况随时撤离。从合作视角来看，在本案例中，面临苏丹两个国家内战军事冲突时，中石油到底留下还是撤离，这是摆在中石油领导面前的重大抉择。最终，中石油留下 23 名员工让 37 区维持一个低产量的运行，以备政府有些资金收入用来给这个国家的国民提供些最基本的社会服务。而从中石油进入苏丹国家伊始到苏丹国家战争冲突过程中，我们可以看到，中石油海外公司一直采取的是非常积极的与东道国合作策略：帮助东道国建立完整的石油工业体系，帮助培训当地化人才；在石油资源投资过程中，与国际投资者设立合资公司，利益共享。这种合作行为的举措，也得到了苏丹国家领导人的一致赞同，无论是苏丹总统，还是苏丹 / 南苏丹石油部长，对于中石油在本区域的海外投资合作精神与行动均给予了高度的评价。在本案例中，相比较而言，由于政治风险具有全局性与系统性，因此一旦海外投资主体遭遇上，往往很难独善其身。当然，如果事先购买了政治风险保险保障，是可以一定程度上进行转移；此外，也可以通过负债持有东道国货币来购置海外直接投资的资产。但是结合本案例分析，由于苏丹是世界上最不发达国家之一，因而很少有商业性保险公司会推出相应产品，更多是出口国 / 投资国国家信用保险机构来承担一部分风险保障任务。而就负债东道国货币来说，由于不可兑换性，以及汇率不稳定性，这种独立规避风险的手段也较难实施。因此中石油在当地经营的过程中必然会面对一些较不可控的风险。例如，长期的冲突使得油区经常处于停产与复产之间不断转换，造成成本急剧上升，另外，冲突也使得经营资产遭受了可能损失的风险。但是这其中有一点可以关注，就是中国政府作为独立的第三方，可以积极参与到非盟主导的联合组织进行协调，来推进两国之间的和平进展，进而为中石油海外投资创造良好的环境。

3. 海外直接投资的战略性社会责任

根据世界经济论坛的调研，目前跨国企业履行社会责任主要可以划分为四种形式：企业治理 / 实践、企业公益、社会责任以及社会企业家。

在市场经济环境下，企业的生存是以盈利作为前提的。在企业利润良好的情况下，创造就业、贡献 GDP、并向政府缴纳利税是企业最基本的义务。这些也是企业践行公民责任的一种基本形式。与之相辅相成的便是企业的规范治理，即公司必须遵循经营所在地的法律法规，以诚实守信、对社会和自然资源负责任的形式和态度进行商业活动。

在创造利润和守法经营的同时，企业家们逐步意识到他们需要在力所能及的范围内为社会做出更大的贡献，由此带来了企业公民责任实践的升级。相当数量的公司在早期会更加偏好通过基础的公益事业：即现金或实物捐赠，来履行其公民责任。企业公民责任实践的进一步发展是社会责任：即企业联合多方力量为诸如改善环境质量、提升生活水平等问题而努力。同样的，虽然这种在企业公民责任实践的创新和探索应该受到推崇，但是很多企业将此类实践视为企业的业务成本，从而使得他们在行动的同时，存在一定程度的妥协和消极应对。

践行企业公民责任一种更加积极并且更具启发意义的方式是社会企业家：即企业以同时实现经济效益和社会效益的目的进行业务创新，在实现多方共赢的同时也为企业自身创造新的商机（又称战略性社会责任）。如果一些成功的社会企业家向更广大的民众分享并倡导其社会责任理念和成功经验，其影响将会扩大。在全球的平台上进行经验分享并带动大家一起践行企业公民责任，就是企业社会责任履行的最终形式：全球企业公民。

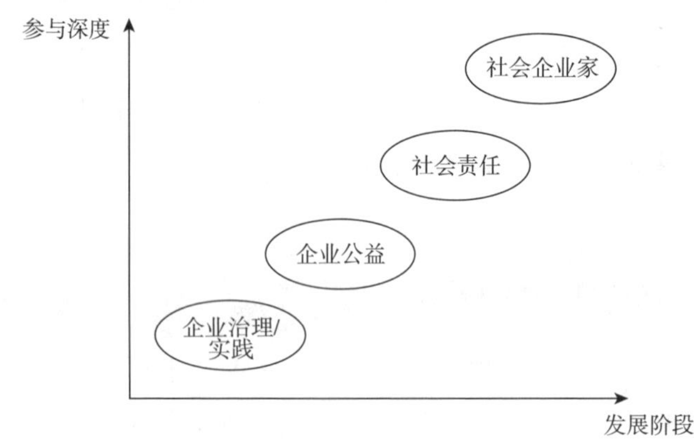

图 3　企业履行社会责任的不同形式

国企与私企在履行社会责任的形式上存在差异，由于对外直接投资的目的并不局限于实现企业利润最大化，还包括服务国家的战略需求，因此国企在履行社会责任时需要权衡长短期利润以及国家的宏观比较优势。例如，中石油在苏丹地区进行投资时，不仅注重提升自身的经营效率，创造就业、收入和税收，还带来了更为深刻的变化。通过提供勘探、开发、设计、建设、采油、炼油、销售等全套解决方案，中石油帮助苏丹建立起了一套完整的石油工业体系。同时，中石油帮助苏丹培训大量的石油工人，使得当地居民不仅可以在国内获得收入，也能够在其他地区寻找工作机会，获得生活来源，从而在很大程度上帮助当地稳定了紧张的态势。而在武装冲突爆发及油价低迷时期，中石油冒着巨大的风险和损失坚持生产，可以说中石油的社会责任履行与其在当地的经营存在着高度的相关性，其履行社会责任的深度和广度也超过一般的私有企业，在本案例中，可以结合战略性社会责任的四个分析维度：专用性、可见性、一致性和前瞻性进行更为详尽的分析。

五、关键要点

1. 对外直接投资的区位选择策略

本案例提供了一个经典的到发展中国家开展对外直接投资的观察，并且与我们理论中阐述的发展中国家常常具有政治不稳定、经济结构比较脆弱的特征相吻合，这一分析视角反映了 ODI 投资的一般性。但在另一方面，本案例展现的是 ODI 投后的风险暴露与管理，而且是以中国央企为背景，因此又反映了 ODI 投资的特殊性。将对外直接投资的一般性与特殊性进行比较分析有助于我们更深入理解 ODI 的行为。

2. 资源业 ODI 的影响分析

从资源业（特别是油气资源）在全球分布来看，既有发达国家也有发展中国家。但是经过数个世纪的勘探开发后，无论在发达国家还是发展中国家，基本上富裕的油气资源都被发达国家跨国公司所掌控，剩下的要么地质条件恶劣难以勘探，要么资源匮乏前景不好，加上发展中国家不稳定的宏观环境，到这些地方进行油气资源的勘探开发接触的都是难啃的硬骨头。因此在具体 ODI 选择时，以股权方式进入，特别是采取多国合资模式是众多油气类跨国公司比较倾向的方式。在油气资源勘探、开采过程中，由于涉及地表深层采集，各种物理化学方案的采用会对东道国地质与地表环境造成不同程度的影响，因此许多国家（包括发展中国家）都制定有严苛的环境保护与地表复原的政策法规。此外，众多 NGO 以及东道国社区与居民的利益诉求，也会导致资源业 ODI 活动处于一个万众瞩目的境地。从主要国家经济发展以及世界资源市场变化来看，随着资源业现货与期货市场制度的完善，原先资源业 ODI 的投资目标也在发生改变，即不仅仅为了资源控制并提供自身资源保障需要，同时更多的是在第三国进行资源就地开发与市场转售，并利用跨国公司的全球网络，参与世界资源市场进行资源合理的调配与部署。

3. 资源业 ODI 的风险管理

从资源业 ODI 的特点出发，运用治理三角进行风险管理时，可以分从两个方面入手，其一是宏观层面的风险管理，探讨 ODI 企业如何基于控制—合作—独立三个维度来规避或管理宏观风险。其二是微观层面的风险管理，探讨 ODI 企业如何基于前述三个维度来应对微观风险。在中石油苏丹案例中，宏观风险主要表现在政治冲突与军事行动，汇兑风险、宗教文化冲突风险；而微观风险则集中于人身风险、资金风险、经营风险等。针对前述不同侧面的宏微观风险，如何设计相应的治理保障举措成为关键。

4. 跨国公司战略性社会责任

Lee Burke 和 Jeanne M. Logsdon（1996）提出了战略性企业社会责任（CSR），认为企业的社会责任—流程、政策和项目，可分解成五个维度：可见性、自愿性、前瞻性、专用性和一致性，具有战略高度，并且由此会为企业产生巨大的商业利益。这一观点后来又被 Bryan W. Husted, David B. Allen (2007) 中进一步发扬光大，进一步概括为修正的四种能力定义：专用性、可见性、一致性和前瞻性。Porter 与 Kramer（2006）指出战略性企业社会责任的提出，表明企业社会责任的探索已经突破了传统的回应性社会责任范畴，它将企业社会责任履行与公司战略能力利用，公司战略目标实现以及可持续发展等问题紧密相联，从而在更高层面与更广维度上推动着企业价值创造与目标实现。

在中石油苏丹案例中，我们可以基于前述战略性社会责任的四个维度对中石油进行比较分析，判断中石油推行的海外直接投资活动是否实施了 CSR。

从中石油进入苏丹，修建上千公里的输油管道，帮助建立一体化的石油工业，培训当地的石油工人，更好促进苏丹国家由对外依赖石油到自主出口石油可以看出，中石油在经营过程中实现了把社会责任和公司盈利发展融合在一起的目标，具有一致性。中石油是国内石油行业最早走出去的央企，在西方国家进入苏丹地区后又因当地风险大而撤出，但是中石油仍然坚守苏丹地区的投资运营来看，这一举措具有前瞻性。中石油针对苏丹地区石油资源丰富，但是勘探开采技术落后的国情特征，以跨国合资方式进入东道国，积极在苏丹地区建立系统而完整的石油工业体系，实现了苏丹石油产业的自给；同时即便在苏丹国家分裂后，中石油仍然坚守在两国边界地带供应石油，寄希望于两国之间最低限度的民生能源保障供应以及所在国家政府维持运营的最低投入要求，这些证明了中石油国际化业务模式的可见性。中石油进入苏丹，从一无所知的国际化到国际化当中高速发展，以及后期国际化中的二次创业，继续坚守东道国地区，这些实践做法具有一定的专用性。

六、建议课堂计划

本案例可以作为专门的案例讨论课来进行。如下是按照时间进度提供的课堂计划建议，仅供参考。

整个案例课的课堂时间控制在 80~90 分钟。

课前计划：提出启发思考题，请学员在课前完成阅读和初步思考。

课中计划：简要的课堂前言，明确主题（2~5 分钟）

分组讨论（30 分钟），告知发言要求

小组发言（每组 5 分钟，控制在 30 分钟）

引导全班进一步讨论，并进行归纳总结（15~20 分钟）

课后计划：组织感兴趣的同学，进一步研究跨国公司社会责任理论以及资源业对外直接投资与东道国环境保护之间的相关文献。

案例 4　中地海外非洲破冰之旅

引　言

中地海外是一家诞生于海外、成长于海外、专注于海外，深谙海外市场规则的跨国集团，2014 年 12 月，中地海外建设集团有限公司更名为中地海外集团有限公司。目前公司最大股东是中国石化集团新星石油有限责任公司（40%），公司经营管理层共同持股约占 30%。公司业务已拓展到非洲 30 多个国家，其战略也从传统工程承包为主发展成为集咨询策划、投融资、建设实施、运营管理等为一体的综合服务商，其最终目标是要转型为高度属地化和国际化的实业投资商。

中地海外集团在非洲的发展史，追根溯源要从 1983 年说起。那一年，一群黄皮肤的中国人为执行中国政府援助尼日利亚的打井供水工程来到尼日利亚，中国地质矿产部感到中非合作的广阔前景，随后在援外项目组的基础上成立中国地质工程尼日利亚公司（CGC NIG LTD)。2002 年 12 月，以中国地质工程尼日利亚公司为基础，中地海外建设集团有限公司正式成立，并随后发展成为一家混合所有制企业。时至今日，集团注册资本已升至 5 亿元人民币，2013 年经营额达 73 多亿元。从 20 世纪 90 年代后期到 2013 年前，属于中地海外集团在非洲高速发展的黄金时期。和早期被逼着走出去的国企天天围着国家要援外项目不同，中地海外集团凭着一群敢打敢拼的创业团队，通过在非洲跟当地政府、企业、民众摸爬滚打、高度融合的本土化经营，成为中国外经事业的领军企业，在国际承包商 250 强中排名 89 位。

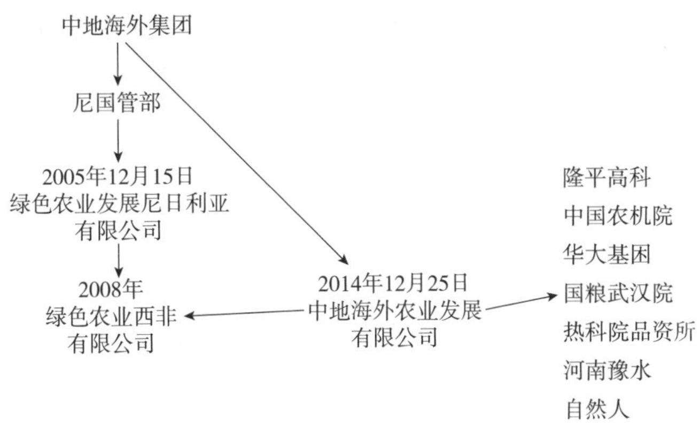

图 1　中地海外集团布局非洲组织结构图

1. 初涉尼日利亚

尼日利亚是非洲第一人口大国，截至 20 世纪 70 年代，它一直是一个传统的农业出口强国，具有良好的农业发展基础条件。之后，随着石油资源的开发利用，农业地位下降。现 70% 的粮食依赖进口。目前，尼日利亚的水稻种植面积仍占整个非洲的 40%，但产量低，可提升空间巨大。近年来，尼日利亚各级政府把农业开发置于高度优先的领域，在政策和资金等多个方面予以扶持。

在尼日利亚，中地海外集团成立了多家企业。2004 年底，中地海外在进行 KEBBI 州的在建项目时，KEBBI 州长恳切地邀请公司来投资和发展农业，并承诺给中地海外两千多公顷的农业用地，使用期限五十年。KEBBI 州政府还承诺提供进场道路的建设和电力线的架设，希望公司能进行农业种植带来中国的农业技术和品种。尽管 KEBBI 州不是尼日利亚经济重点大州，中地海外也从来没有涉足过农业领域，而农业又是一个专业性极强的领域，回报周期很长，跟做工程带来的利润无法相提并论，但是中地海外考虑到对方政府既然提出了这一要求，同时公司也想借此在 KEBBI 州工程领域市场有大建树，因此对这一农场的开发就势在必行。于是，从社会回馈的角度，中地海外集团与中国驻尼的南南合作农业专家一起对 KEBBI 州政府提供的 WARRA 灌区

（当时州政府在尼日尔河畔有一座废弃多年的英殖民时期遗留的农场，荒草遍地，只依稀有一些农场基础建设的模样）。进行了实地考察和调研，提出了公司在尼日利亚发展农业计划书，开始筹划布局在尼日利亚开展农业项目。

与此同时，尼日利亚联邦政府提出将2006年国民财政收入的20%用于农业及其配套的设施上，并在2007年发布禁止粮食进口的粮食贸易政策，大力发展和鼓励农业投入，相继出台了关于玉米禁止出口、投资58亿奈拉（约4500万美元）用于大米生产、鼓励木薯生产，政府提供优质种苗，成立木薯病毒病的防治中心，建立国际合作等。KEBBI州政府也提出在2006年度内将近50%投入农业及农机、农药、肥料和灌溉系统的建设上。

2005年12月15日，中地海外集团在尼日利亚首都Abuja注册成立绿色农业发展尼日利亚有限公司（英文名：GREEN AGRICULTURAL DEVELOPMENT NIGERIA LIMITED，简称：GRAD），一周之后，在尼日利亚KEBBI州WARRA灌区农场，KEBBI州州长和时任尼农业部长都出席农场投资建设奠基仪式，并在奠基仪式现场与GRAD公司签订了土地租赁合同。自此，GRAD获得WARRA灌区农场2025公顷土地99年的经营使用权，中地海外集团的农业发展之路就此正式走上历史舞台。

这里不得不提一句，从中国对外农业投资合作大事记里面看，中地海外的尼日利亚项目似乎有着惊人的巧合。就在GRAD成立四个月之后，2006年3月，中国商务部、农业部和财政部联合发布《关于加快实施农业"走出去"战略的若干意见》，这是从1992年江泽民总书记在党的十四大提出"要积极扩大我国企业的对外投资和跨国经营"走出去战略后，中国正式确立的农业"走出去"战略，鼓励扩大对外投资，加快国际经济技术的合作。中地海外集团在此后很多重要的时刻都和国家对农业战略布局休戚相关，在这一意义上说，中地海外集团农业发展的历程其实是中国农业"走出去"战略的一个缩影。

2. 农场建设

WARRA灌区农场开发之初，因为是中国企业第一次在尼日利亚搞大面积农业种植，加之中地海外集团跟尼日利亚政府有着千丝万缕的关系，尼日利亚前总统奥巴桑乔于 2006 年 4 月 11 日乘直升飞机来正在开发建设中的农场视察，对中国企业投资尼日利亚农业表示高度赞许①。尼日利亚现任的总统布哈雷将军，在十年前就跟中地海外集团高层有过接触，2016 年 5 月其访问中国的时候，一到中国就会见了中地海外集团的总裁，其农业部长、交通部长等政要访华期间都由公司全程陪同，非公务期间的活动基本都是中地海外集团在安排。

中地海外集团从 2006 年初开始进行农场基础设施建设和土地整治，现已完成超过 2000 万人民币的固定资产投资，包括农场的第一期基建工程（占地 18 公顷员工生活用房，办公室、仓库、水电设施、晒场、机修厂等）和 40 余台套农机设备。当年，该州有中尼农业南南合作的一个农业技术组，大约有七八个人，大部分都是南南合作派驻 KEBBI 的人马。公司在 WARRA 租赁了暂住点，4 人一间房子，上下铺。每天早晨 6 点起床，与当地工人一起坐在东风车里，来到农场地里指导工人干活，中午随东风车回去吃饭，晚上 6 点下班，到 WARRA 时就快 7 点了，早晚跟着月亮走，人累的晚上回去写完工作记录就倒头就睡。当时的中国农业专家组和尼日利亚农业部也支持发展起这个农场，因此，前后大约也调动了十几位技术人员到该农场工作，这些农业技术人员的参与对于中地海外项目起了积极作用。

WARRA 农场大部分土地没有灌溉设施，主要靠雨季自然降水进行水稻（种子）生产耕作。中地海外一直基于尼日利亚特殊气候条件进行雨季非灌溉条件下机械化水稻种植技术开发工作。刚开始，大家都不懂机械化种植，边摸索边学边干。按照中国的模式，大面积机械化种植水稻和玉米，只要打好了苗前除草剂，以后的草就好处理，结果发现不是那回事。这边的大田生产没有明水，也不能灌溉，是雨养农业，杂草是生产的主要矛盾。针对农场大田的杂草，公司的农业专家从市场上购买了不同的除草剂多次做实验获得成

① 据悉，奥巴桑乔家族有一家非常大的种子公司，由此可以猜测，KEBBI 州政府为什么如此恳切邀请中地海外集团投资农业，还答应进行基础建设投资等。这一迹象也说明，把准东道国政府和政要的需求也一直是中地海外集团在非洲多年来的经营之道。——编者注。

功后，才使杂草得到一定的控制。杂草是尼日利亚种植业的主要难点，对于大面积机械化生产，需要多次化学除草，辅助人工除草才能控制住，这是中地海外经过几年的实践得到的经验总结。

WARRA 农场有可灌溉土地约 50 公顷，公司在这里推广示范中国的育秧移栽水稻栽培技术，种植当地常规品种水稻，每公顷平均产量在 6 吨左右，是当地平均产量的 3 倍。公司在 2006 年和 2007 年两年内先后开垦 1000 多公顷土地，主要种植水稻和玉米，经过两年的努力，将以前荒芜的土地变成了充满生机的良田。2006 年和 2007 年主要种植了水稻和玉米，两年内收获粮食共计约 5000 吨，得到当地政府和民众的夸赞。

经过初级阶段的努力，中地海外集团已经有了将 WARRA 农场作为中国农业的示范样本的初步想法。这一时期中地海外对农业发展的思路，还是单纯从配合政府和回馈社会的角度出发，从农场建设入手，将农场的 2000 余公顷土地，根据土质、地势高低和现有植被的实际情况划分为种植区、养殖区和设施农业示范区。公司试图通过这些努力，改变尼日利亚农业领域基本处于空白状态以及当地单一种植商品粮的模式，提纯复壮当地的推广品种，争取将 WARRA 打造成在尼日利亚有影响的种子农场，逐步发展成为杂交水稻和杂交玉米的研发中心①。同时，利用农场部分区域牧草资源丰富的有利条件和尼日尔河的水域资源，发展养殖业和渔业。

3. 公司重组

2008 年，商务部和农业部牵头成立由 14 个部门组成的对外农业合作部际工作机制，农业部和中国进出口银行签署战略合作协议，共同推动农业走出去。在这一历史大背景下，一批有先锋意识的农业企业早已开始将目光转向国际市场，提前布局非洲这块世界农业的处女地。中地海外在非洲历经两年开发开荒，获得尼日利亚从总统到群众的交口赞誉。但从实际看，GRAD 农

① 在种子培育上，由于中国国内不允许种子亲本出口，集团只好从第三国进口一部分，导致 GRAD 的育种工作延误时间。到现在为止，还没有完全实现水稻种子的亲本配套。而尼日利亚又限制商品杂交种子的进口，也导致 GRAD 目前只好以繁育当地的商品种子为主业。

场运营的现状并没有实现商业化运作，纯粹是靠着中地海外其他产业来支撑。农业生产先期投入特别大，回报周期很长，实现盈利的时间比较漫长，这对中地海外 GRAD 公司的改变增添了更大的压力。由此，中地海外集团放眼国内，寻找专业化的农业公司作为战略合作伙伴，进行强强联合、优势互补共同进行海外农业开发。

中地海外集团负责农业口的领导，一人一部电话，挨个给国内的农业企业打电话，希望能寻求到合作的机会。但是，当时中国农业“走出去”刚起步，涉农企业大都很保守，而且农业企业商业化运作的成功案例也不多，更别说还是在非洲。中地海外集团在非洲名气大，但在国内当时跟那些大央企比还体量很小，所以大多数时候都被拒绝。

当时，恰逢中国对非洲农业援助较多，隆平高科作为中国农业的领军者在农业援非事业有一定业绩，当时隆平高科的一个副总裁在尼日利亚考察期间，看到中地海外 GRAD 公司一个名不见经传的非农业企业，在非洲的荒地上居然种出了收成不错的水稻，很受感动和鼓舞。恰好隆平高科在国家政策的号召下有“走出去”的任务和愿望，以此为契机，两家企业经过多次磋商，于 2006 年底基本确定了合作关系，双方于 2007 年元月签订合作备忘录，之后隆平高科派专家进驻农场进行了实地考察，对隆平高科现有水稻优良品种进行了试验种植，效果很好[①]。双方于2007年底达成合作开发非洲农业的一致意见，确定了项目发展规划。2008 年，经多轮商议，中地海外在 GRAD 和 WARRA 农场建设的投资前提下，合并投资 2100 万元，隆平高科投资 600 万元（其中，300 万元为技术无形资产），共同成立了“绿色农业西非有限公司”（以下简称“西非公司”）。

隆平高科的加盟，使中地海外农业项目的发展迎来新的发展高点，西非公司农业开发之路跟着隆平高科的传统优势开始转向种子业务开发。这一时期面临诸多问题和困难，如中国的生产模式不适应当地环境、当地工人的管理、自然灾害、当地法律、中国员工队伍稳定等。经过艰苦探索终于在 2010

① 2007 年，在隆平高科技术专家的指导下，在农场试种中国的新型杂交水稻获得了初步成功。每公顷产量接近 4 吨，比当地同条件种植的品种增产约 30%。

年取得阶段性成果：西非公司基本掌握适合当地环境条件的生产作业技术及应对当地自然灾害的办法，培养了一支稳定的员工队伍；收集了大量的当地种子资源和对当地主打水稻品种进行提纯复壮；获得尼日利亚联邦农业部种子委员会种子经营许可，对非洲农业开发有了较为深刻的认识。

2011 年，中地海外集团将农业列入战略发展业务。这之后两年，又持续探索业务发展和生产经营模式。由于尼日利亚单一种子产品市场狭小，生产成本高，销售网络不健全，当地公司缺乏核心技术等，以及涉及土地占用引发与当地社会的一系列发展问题。中地海外集团积极提高常规水稻种子质量扩大销售规模，并积极进行杂交水稻本地化开发，通过多方合作围绕当地种植结构进行多元化种子开发。除隆平高科外，中地海外集团逐步与国内农业领域农业企业和科研机构如山东登海种业股份有限公司、张家口农业科学院、中国热带农业科学院、华大基因等建立合作关系，进行水稻、玉米、谷子、高粱、花生等多作物种子开发；与国内农业装备企业、农化企业探讨农业装备农化产品贸易及农业工程项目实施；并积极与所在国政府、国际组织如 WAAPP 盖茨基金等合作，拓展市场和开展农业技术推广服务业务，重点与尼日利亚国家农业发展政策相结合，利用一切机会向中国和国际公司和机构宣传自己、并寻找合作机会。

2011 年，西非公司被尼日利亚农业部登记为种子公司，彼时 GES 项目没有启动（国家对农民补贴，每户农户免费提供 12.5~25 公斤种子，半价提供 3 包——50 公斤 / 包的肥料），西非公司的种子靠自己建立经销点到各个州政府推销。但到年底，公司还有 500 多吨种子没有销售，西非公司员工就自己出去找销路。在尼日利亚的南部和北部，每天驱车在崎岖的的路上走 500 余公里，经常晚上 7 点多钟还在赶路，走访了 10 来个州，留下了西非公司的种子信息。这期间除了长途跋涉的辛劳，还要冒着人生地不熟和治安环境不佳的危险，跑销售的农场人员出过车祸、挨过饥饿、顶过烈日、淋过大雨，吃、穿、住、行都很艰苦，这样一步步开拓业务。

2012 年西非公司成为尼日利亚农业部“粮食增长计划”（GES）项目水稻

玉米常规种子及水稻原种供应商[①]，公司种子供不应求，公司开始建立种子基地。为了更好进入市场，不让当地农民和业主觉得中国人在抢他们的地，中地海外一般会和当地德高望重的人（当地叫阿拉基）一起，通过公司加农户发展农业合作社的“订单农业”模式进行产品生产。积极探讨并确立了通过产业园区进行农业技术示范产品推广，以订单农业生产与代销服务网络相结合形成综合农业技术服务体系的经营模式，进而相继建立了 Argungu 基地、Zuru 玉米基地、Hadeja 水稻基地和 Kontagora 玉米基地。由于中地海外的种子收购价格高于粮食价格的 20% 左右，这样不但公司发展了，种植户也尝到了甜头，对中地海外公司感激不尽。进而中地海外与种植户负责人阿拉基们也结下了深厚的情谊，成为多年的好友。2013 年中地海外公司的基地种子生产量每季在 5000 吨以上，由于抓住了 GES 项目黄金时段，使中地海外公司终于开始实现盈利。

2013 年下半年，中国农业部韩长赋部长和陈晓华副部长先后携几位司长到非洲埃塞俄比亚、尼日利亚访问考察调研了中地海外，对中地海外借助 30

①GES 政策 (Agriculture Growth Enhancement Support Scheme) 由政府从种子公司手中收购合格的水稻、玉米、高粱、谷子种子，然后免费发放给农民栽种。积极鼓励本国及外国公司在本国进行种子生产和种子研发。该政策出台后，造成尼日利亚种子供应不能满足需求。在杂交水稻开发方面，2012 年中地海外公司通过隆平高科菲律宾杂交水稻研发中心，完成了杂交水稻亲本进出口手续，并在尼日利亚找到了两系不育系亲本繁育环境，为下一步在尼日利亚杂交水稻种子开发创造了条件。尼日利亚政府对公司在当地进行杂交水稻开发和推广寄予厚望。

年非洲经营经验和积累社会资源开发农业——“老树开新花”，与国内企业优势互补开展广泛合作——“抱团出海”，以及产业链经营和订单农业等经营模式给予高度评价，也给公司传达了中国政府对境外农业支持政策，对如何在非洲进行农业开发进行了交流，鼓励中地海外为中国境外农业做出更大贡献。

两位部长到访后，中地海外做出了西非以尼日利亚、东非以埃塞俄比亚为重点的国别和区域中心周边拓展和辐射非洲的战略布局，开始将相关业务向埃塞俄比亚、乍得、尼日利亚等国家拓展。同时结合自身经验，中地海外认识到中国农业在非洲开拓的迫切性——非洲的发展需求，巨大的可开发资源和市场空间，要想尽快取得成果，需要更多企业和力量参与，需要把中国农业走出去政策与所在国农业发展政策对接和连同起来。为此，中地海外公司结合自身优势，提出了搭平台、做服务，以咨询和投资引领中非农业产业化合作的新发展定位。

4. 多平台拓展

2014 年，李克强总理访问非洲四国时，特别关注了中地海外非洲农业领域开展的工作，并在尼日利亚见证了中地海外与尼日利亚政府两个农业方面协议的签署。同年 12 月 24 日，农业对外合作部际联席会议制度第一次全体会议在北京召开，发改委等国家各部委就近年来推进农业走出去工作进行汇报和建议。以此为契机，2014 年 12 月 25 日，中地海外携其近十年的境外农业探索经验和影响力，与袁隆平农业高科技股份有限公司、中国农业机械化研究院、国粮武汉科学研究院设计有限公司、中国热带农业科学院、深圳华大农业与循环科技有限责任公司、河南豫水勘查设计集团有限公司、中国杂交谷子发明人赵治海及公司经营层等自然人在北京设立了混合体制的“中地海外农业发展有限公司”（以下简称“中地海外农业”），以此作为与国内外资源和市场对接平台，致力于推动中国境外农业合作开发。

中地海外农业成立后，首先于 2015 年完成对绿色农业西非有限公司的收购，并在埃塞俄比亚进行绿色农业东非有限公司的注册工作。中地海外农业成立之初的经营宗旨是以市场为导向，通过商业模式，以效益为中心，以资本为纽带整合资源，产业化经营为核心，以国别地区为对象提供农业发展综合解决方案，服务非洲农业产业化转型，实现粮食自给与社会经济发展；服务中国农业走出去，获得市场和资源。

（1）农垦项目的深化

农业产业链涉及育种、种植（养殖）、加工物流、终端销售等环节，具有多环节的复杂性。经过近十年的摸索，中地海外农业基本确立的业务构架为抓两端、放中间、做服务。2014 年，中地海外农业给尼日利亚供应水稻原种 600 吨（占尼日利亚原种供应 50% 的份额），超过 50 万户农户受益，水稻玉米种子合计 6300 余吨，并已在尼日利亚组织了 6 个种子生产合作社，具备年万吨种子生产能力。此后，中地海外农业还陆续给尼日利亚提供自己培育的水稻、玉米、谷子、高粱及木薯优良种子种苗。当前，已有两个水稻品种（一个杂交品种，一个常规品种）通过尼日利亚国家谷物研究所两年的试验验证具有比当地品种 10% 以上的增产效果，这两个品种已提交给尼日利亚粮食增产项目局（NAFPP），进行大田生产试种。这两个品种在 WARRA 农场大面积机械化种植产量在 5 吨左右，超过尼日利亚全国平均产量的 2 倍，试验田最高测试产量达到 10.2 吨每公顷。

为了帮助尼日利亚农民脱贫致富，改善民生，中地海外农业与西非农业生产力项目局（WAAPP）合作开展了网箱养鱼和沼气池项目。网箱养鱼项目旨在通过培训向尼日利亚渔民传授网箱的制作和安装以及网箱养鱼的技术。经多方共同努力，2014 年 12 月 24 日圆满顺利完成拉各斯和尼日尔州两个项目点的现场示范和技术培训，共计培训 120 人，并发放证书。沼气池项目一共包括 12 个点，分布在尼日利亚全国各地。目前已经完成尼日尔州、奥多州、伊多州和阿布贾首都区四个沼气池建设并投入运行，其余 8 个州的沼气池项目正在建设中。该 12 个沼气池项目点将培训 130 名技术人员人，并颁发了沼气建设培训技术证书。通过现场讲解技术资料和“手把手”培训技术人员如何建池和每一步建池技术要点，培训人员已经掌握了沼气池建设技术。

中地海外农业位于 KEBBI 州尼日尔河畔 WARRA 机械化示范农场于 2006

年开始兴建，当前基础设施和配套功能初具雏形。中地海外农业在WARRA农场合作开发水稻、玉米、谷子、高粱种子及木薯种苗研发培育，WARRA农场成功向当地示范推广了中国的育秧移栽水稻栽培技术以及农作物机械化耕作技术。该农场将被打造成为一座集种子亲本及原种繁育、新品种开发、畜牧养殖及林业等为一体的绿色生态及机械化综合示范农场。同时，中地海外农业已经在尼日利亚完成草甘膦、莠去津、敌敌畏和丁草胺注册登记工作，取得尼日利亚食品与药品监督管理局注册登记许可号，并逐步建立了自己的经销商网络。

（2）米机项目

2008年底尼日利亚政府出台政策，预算100亿奈拉支持全国建25座大米加工厂，开始探讨大米加工厂投资和开始跟进成套设备供货，并拟定在全国稻米主产区分三期建设100座蒸谷米加工厂，逐步实现稻米自给，这里所指米机项目是指一期40座米厂的建设。一期项目金额3.84亿美元，由中国进出口银行提供优惠买方信贷，中地海外农业公司进行EPC总包。

2009~2010年尼日利亚农业部三次来中国考察（郴州粮机），确定中地海外农业公司为政府拟建12座5吨每小时大米加工厂成套设备供货商。2012年1月，尼日利亚前部长Adesina来中国考察设备制造厂和工厂，提出优贷100座大米加工厂项目。这之后，中地海外农业公司进行了一系列的商务操作，推动该EPC总包工作。

时　间	商务活动概要	其　他
2012年3~4月	尼日利亚与中地海外农业公司签订MOU。公司随后报请经参处获得项目支持函	（2014年12月按照进出口银行模板中地海外农业又向经商处申请了一次支持函，最终版的支持函是以2014年12月10日为准）
2012年7月	中地海外农业同武汉院、江西米业、郴州粮机专项技术研讨会，确立蒸煮米工艺初步方案	
2012年10月	尼农业部与中地海外农业签署项目商业合同。签署MOU，挑选考察设计院，选择武汉院为设计单位	

续 表

时　间	商务活动概要	其　他
2013 年 1 月	尼日利亚联邦财政部向中国进出口银行提交一期 40 座米厂贷款申请提交申贷函	同年 4 月 12 日，尼方正式向口行提交了项目可行性研究报告
2014 年 8 月	应口行要求提交项目实施方案和可研报告，该项目开始纳入口行评审序列	
2014 年 12 月 10 日	中国驻尼日利亚使馆经商处出具项目支持函	
2015 年 7 月（下旬）	口行优惠贷款部提交评审部评审	2015 年 12 月，口行行评审核通过
2016 年 4 月 26 日	口行与尼财政部签署项目贷款协议	
最新	等待口行向尼政府提出的 7 条生效条款完成和尼落实 15% 的配套资金来源	

中地海外农业运作米机项目整整花了至少 8 年时间，包括现在生效条款和 15% 的配套资金都需要公司自己上上下下去运作推进才会有进展。如果没有中地海外前期大量的资金、人力与商务支持，一个项目耗时 8 年已经得不偿失了，一般的农业企业很难承受。中地海外也意识到这一问题，多次在内部会议上强调，米机项目宁愿不赚钱也坚决不能做砸了，因为关系国家和企业的名声。目前该项目分商务和技术两个方向在紧锣密鼓的准备着，中地海外农业公司也先期投入 2000 万元在阿布贾产业园区建设一座米机实验厂，以保证 40 座米厂在技术等方面的有效建设。这是公司目前在农业方面最重要的一项工作。这一情形凸显了 EPC 合同复杂性与风险之大。当然另一方面也可以看出，米机项目的运作是中国企业通过两优（优惠出口买方信贷和援外优惠贷款）进行海外项目融资的一次新尝试。

（3）阿布贾产业园项目

阿布贾产业园项目源自 2010 年 10 月尼日利亚联邦首都区 Bwari 政府正式向中地海外农业公司提出发展当地农业的邀请，2012 年 6 月，获得联邦政府颁发的土地使用证。经过四年的筹建，2016 年基本完成农田水利灌溉、工艺围墙、园区部分道路硬化等园区基础设施建设。2015 年 5 月中国农业部韩长赋部长作为习近平主席特使出访尼日利亚时，到正在开发中的园区进行了实地考察，肯定了中地海外农业的合作开发模式，鼓励企业放长远目光，不断探索总结农业国际合作的路径方法，争取更大的成就。2016 年 1 月，中地海外农业公司代表中国农业企业参加在埃及举办的“中国高科技展”，展出公司在非洲研发的种子和阿布贾产业园规划模型，向习主席汇报了公司在非洲开发农业的认识和成果，得到了习主席的高度肯定。2016 年 7 月，商务部副部长钱克明一行莅临园区进行实地考察。钱部长充分肯定了中地海外在农业领域所取得的成就，并用八个“可喜可贺、可敬可佩”勉励中地海外为中非农业的合作发展继续做出更大的贡献。

从阿布贾产业园的发展历程和定位看，因为其地理位置的先天优势（尼日利亚首都附近），正好可以给来首都的相关单位和人员展示，起到了一个展示平台的作用。目前主要是引进和选择引进的各种农作物的种子进行试验，例如水稻（有三十多个品种）、玉米（有 3 个品种），还有部分蔬菜品种，大约 30 多个，以及 6 个大豆品种及 1 个豌豆品种等。这些试验，既为 WARRA 农场提供原种，又可进行试验选择，同时进行展示。中地海外农业公司拟将此园区建设成一个包括种子种苗研发及栽培示范、农资农装销售服务中心、园艺设施农业、观光休闲农业、种子加工、农产品流通加工、农业装备开发制造、新能源微网供电系统等一体产业园区，以及配套生活、科研办公、农技培训与服务、商务服务设施等为一体，体现中国农业文明与中国文化的综合农业高科技与农业产业开发经济技术开发园区。

另一方面，中地海外农业公司打算把阿布贾产业园运作成中非农业示范园或境外经济贸易合作区，这是公司正在开展的重点，因为园区获得了中尼双方国家高层的认可，在中地海外农业公司的宣传下，国内数家科研单位在此挂牌研究，近两年也吸引了数家国内种业、禽业、加工业等农业口企业前来园区实地考察。同时，中地海外农业公司也以尼日利亚稻米全产业开发项目申报了中国非盟共建“农业优质高产示范工程项目”，这一项目成为农业部农业走出去全国 13 个重点项目之一，阿布贾园区也作为商务部下一步在非洲设立的农业援外示范园正在考察审核中。和前面项目稍有不同的是，尽管阿布贾产业园受到商务部和农业部的高度重视，国家级考察接二连三，但项目运营到目前，并没有得到国家层面的具体支持，即便如此，中地海外农业仍然执着推进这一事业的发展。

5. 中地海外的未来

2015 年，中地海外农业公司成立之初，集团对公司的定位是中地海外的“绿色名片”，经过一年来随着农业“走出去”的号召越来越响亮和中非论坛中 600 亿的投放，集团在实际工作中尝到了农业先行的甜头，给中地海外农业的定位也上升到中地海外集团的“金色芯片”，希望通过农业这个芯片插入新开发市场进而带动整个中地海外产业的全面开动。

近两年随着集团在工程市场业绩萎缩得很厉害，集团要求中地海外农业自负盈亏。但是中地海外农业的经营也是举步维艰，除了米机项目和阿布贾产业园，中地海外农业公司目前没有做任何财务投资。根据集团的定位，农业公司在非洲主要定位两个国家：尼日利亚和埃塞俄比亚，尼日利亚主要发展以种业为基础的农业综合服务体系、以加工业为基础的农产品加工流通产业开发体系；埃塞俄比亚是以畜牧产业园开发为主（正在筹备中）。目前农业公司在业务开展方面分四大部分：种业综合农资供应服务体系（种业）、农业工程（米机、木薯加工）、PPP 等合作农产品加工流通投资运营、新能源农业开发微网系统，现在有项目的主要集中在前两项业务。由于农业公司正在运作的项目都是政府国家层面的，耗时长、费劲多，几乎很难短期见到盈利，但由于符合集团对农业的定位，因此农业公司也在持续推进着前述业务。可以说，中地海外这 10 年来在尼日利亚的农业开拓史，有无奈有心酸也有硕果，总体看来基本达到了初定的目的，实现了国家层面的影响力和巨大的社会效益，为企业形象的树立及业务开发的多元化也提供了一个可能和样板。但是展望未来，如何促进中地海外农业“走出去”的持续发展也是一个根本挑战。

案例 4　中地海外非洲破冰之旅
——使用说明

案例使用说明：

中地海外非洲破冰之旅的国际化案例具有以下几方面典型性：（1）一家以工程承包为主的企业，进入非洲市场却切入了完全陌生的农业领域，进而全力打造中国在非洲的“农业名片”，这种 ODI 的缘由是什么？能否成功？（2）农业属于非洲的基础核心部门，中国企业“走出去”到非洲开拓农业，是否属于典型的“以技术换市场”？对于交易双方（宏微观层面）来说又需要注意什么？（3）结合本案例中地海外“走出去”发展实际，探讨一下其面临的关键障碍是什么？农业领域的 ODI 活动具有自身怎样的特征？其风险管理需要注重哪些方面？这是本案例分析的重心。

一、教学目的与用途

1. 本案例试图在直接投资框架体系内，进一步探讨农业领域 ODI 的微观风险及其应对策略，尤其基于产业价值链的视角展开分析。主要适用于 MIB、MBA 的国际商务、国际企业管理课程，核心内容为中国农业企业“走出去”与弹性策略。

2. 本案例的教学目的主要有：（1）通过中地海外在非洲农业领域国际投资活动的分析，揭示农业类企业海外市场准入的一般性与特殊性，并剖析中国农业企业海外投资与东道国经济发展之间的内在联系；（2）通过案例重点讲解中地海外在非洲农业领域投资所受障碍及其应对的复杂性；（3）运用治理三角模型等工具探讨中地海外非洲投资如何整合资源，做强做大农业全产业链的治理对策，并评估不同治理对策所需情境及其可能影响。

二、启发思考题

1. 作为一家承包工程企业，中地海外进入非洲为什么要切入农业领域？

2. 引进外资对尼日利亚等非洲国家发展农业有何益处?

3. 中地海外进入非洲市场，其在农业领域投资面临哪些障碍与风险? 如何应对?

4. 总结中地海外在非洲“走出去”的发展策略，对于其他中国企业有何启示？

三、分析思路

本案例的分析重心在于帮助学生从中地海外集团对外投资与在东道国经营这两个背景入手，理解农业企业“走出去”背后所受复杂因素影响（自然地理与人文环境等），特别是第一产业“靠天吃饭”的独特情形，以此理解并评估中国农业企业“走出去”可能运用的交易策略与治理手段。（1）从中地海外自身切入农业领域的动机与行为入手，理解中国企业开拓海外市场的现实压力及其对机遇的把握;（2）从尼日利亚国家自身政策变化，探讨中地海外实际经营所需面对的各项挑战与应对策略管理;（3）围绕着中地海外集团在非洲“走出去”与“走进去”两个维度，深入剖析中非之间如何运用好来自中国的 ODI，在确保两国宏观比较优势得以发挥的同时，也促使微观企业活动可以持续稳定进行。

这里首先在 1 中展示教师引导学生进行案例讨论的基本逻辑线；然后在 2 中提出了每个步骤的关键讨论问题和问题的分析性答案。

1. 案例讨论的逻辑线（Step-by-step Logic Line）

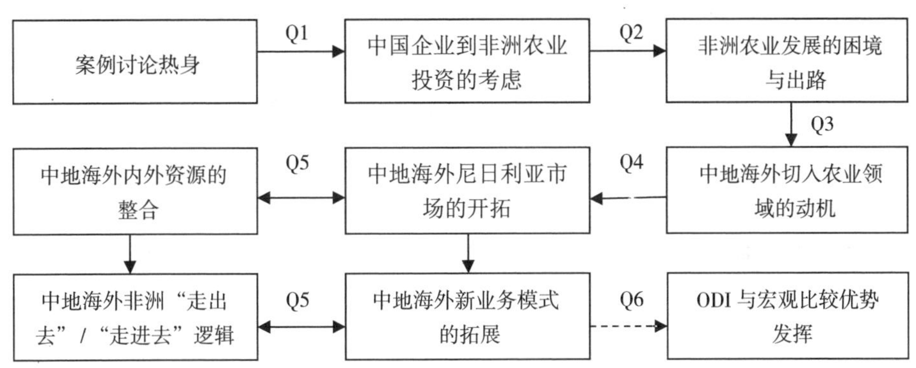

2. 讨论问题（Discussion Questions）

Q1：案例讨论热身（Warm up questions）（5 分钟）

请学生给出对中国企业到非洲开展投资动机的直观理解，可以结合最新的案例予以说明。在讨论热身的过程中注意提示学生结合中非两地国情特点展开分析。

Q2：中国企业到非洲投资农业的考虑（5 分钟）

从企业 ODI 的视角来看，有一派理论认为，微观企业的对外投资活动应该基于两国宏观比较优势的实现。按照这一逻辑，我们分析中国企业到非洲开展农业投资，其中一项最为重要的使命在于如何通过市场化手段保证中国国家粮食进口安全，通过非洲市场嫁接中国巨大的制造产能释放，同时也是更好帮助非洲国家提升自身资源开发利用效率，发展非洲农业经济，缓解其自身对粮食进口的依赖。

近年来，国际国内粮食价格和农副产品价格，尤其是国际市场价格在不断上升，粮食生产和加工及农业项目的投资开发开始受到更多企业的关注，农业投资也越来越具有商业价值。非洲地广人稀，大部分地区农业技术落后产量低，可供开发的土地资源丰富，开发潜力大，除北非沙漠外，大部分地区适合农业种植。大部分非洲国家粮食供给不足，采取鼓励农业发展和外来企业投资农业的政策，政府对企业参加本国的农业项目非常欢迎，土地资源的使用成本比较低。因此中国企业在非洲开发农业不仅有重要的社会意义，也具有商业价值。

到非洲开发农业，不仅是中非战略合作发展中非关系的需要，也是维护国家粮食供给安全，缓解国内土地资源压力的需要。中国人口基数大且持续增长以及由于人民生活水平日益提高带来膳食结构的改善，使粮食需求持续增加，会逐渐加剧国内粮食供给紧张的趋势。因此，中国需要从全球粮食供给的角度来考虑中国国家自身的粮食供给与安全问题。中国企业帮助非洲国家发展农业增加粮食供给，逐步实现粮食自给，进一步实现粮食出口，从而缓解了国际市场整体粮食供给日趋紧张的局面，进一步减轻中国粮食供给与安全的压力。

Q3：非洲农业发展的困境与出路（10 分钟）

非洲一度地大物博，自然资源丰富，尤其对于农业领域的发展，具备了较好的自然地理条件。但是“二战”后近半个多世纪的发展，非洲在获得民族独立后反而由原先资源禀赋丰富的国家倒退为全球经济欠发达地区。究其原因，撇开自身政治不稳定、人力资源欠缺等因素，这其中一个不容忽视的方面在于，非洲许多国家过于依赖国际组织或者外国政府的单方面援助，而援助本身是“输血”并非“造血”。有些对外援助相当于援助国“免费”产品倾销，久而久之，受援国自身的生产能力就被无形中耽搁了。而有些外国政府的援助，往往要指定受援国采购援助国家的某些特定产品设备，这实际上相当于援助国家变相的附加捆绑“销售”，从而也无助于受援国独立自主发展自身的能力。

当然，对外援助作为国际经济活动的三大模式之一，本身有其积极意义与可取之处。比如中国政府及其他国家政府和国际机构对于援助非洲农业发展所做的贡献，包括南南合作框架内的农业援助项目具有重要价值。但这种政府的直接援助，在援助项目执行期间可能会发生一定的作用，而援助项目一旦执行结束，随着援助人员的撤离，单一的援助项目就很难再继续发挥作用。这种直接援助缺乏可持续发展的长久的生命力。如果以企业为主体，采用商业化经营模式，结合具体农业项目进行商业化投资，通过企业经营维持企业的生存和发展，对于促进非洲的农业发展会更有长久的生命力。通过企业的商业化经营来促进非洲的农业发展，才是可持续发展的道路和途径，也是当下我们认为更值得探讨和实践的非洲农业开发的运作模式。

Q4：中地海外切入非洲农业领域的不同考虑（5 分钟）

中地海外是一个做承包工程起家的企业集团，开始对农业的开发纯粹是为了想凭借农业这个非洲薄弱的产业环节来赢得所在国的社会影响力和好感，进而更大一步的开拓工程板块市场和撬开新的市场。所以集团内部一直视农业板块为不赚钱的辅助环节，但是经过负责农业板块的领导和专家们的不懈努力，2013 年西非公司有了盈利，才在集团内部的农业板块慢慢受到关注。

同时，随着中国工程类企业走出去的越来越多，非洲基础建设市场参与的中国企业很多，而中地海外因为前期战略上的考虑，一直没有在工程援外方面有大的布局，渐渐地携国家援外进入非洲市场的中水、中土等大央企、国企把工程市场（特别是尼日利亚）挤压的比较严重，因为赚钱的大项目都是援外性质的（中国政府也有意识通过援外等手段将处于市场饱和状态的国企过剩产能引向非洲；同时，非洲国家随着近两年石油价格的低落，国家财政很薄弱，自己拿不出什么钱做基础建设）。中地海外发现在与各国政府谈合作时，自身拥有农业板块已经成了一个大亮点有别于其他企业，而且中地海外在尼日利亚又有已经现成的农业开发和投资的样板——西非公司，进而在集团近几年的对外宣传中，农业开发和投资一直是放在第一位的位置。

Q5：中地海外尼日利亚市场的开拓（15 分钟）

中地海外在尼日利亚农业领域的开拓，经历了从不熟悉到熟悉，从摸索到专业，从敲门砖到正式名片的转变。这个过程可以概括为以下两个方面的努力：

第一，抓住对方政府邀请先机，全力开展 WARRA 农场建设。

对于中地海外集团来说，进入非洲市场拓展当地工程项目是其重中之重。但是结合非洲国家发展实际来看，往往是所在国政府资金不足，亟待外资带来资金、技术并开拓市场。对于一般企业来讲，如果切入非洲当地政府的工程市场，不仅需要前期大量垫资，而且后期能否如期拿回款项也存在较大变数。有鉴于此，往往是与东道国政府关系熟稔、实力强大的大企业或者有着外国政府援助背景的企业才敢进入这一市场。对于中地海外来说，当 KEBBI 政府邀请其投资和发展农业，并给予优惠政策支持时。其释放的两个潜在信号在于：其一是当地政府对农业发展非常迫切，农业领域存在较大发展空间及市场空白；其二是满足当地政府的需求，日后有助于公司深度切入当地工程项目的建设。显然，这是一个意外之中的机遇，能否抓住直接关系到中地海外对尼日利亚市场的准入。同时，与一项完全陌生的项目不同的是，对于 WARRA 农场的开工建设，是有一定前提铺垫的：正好该州原先有个中尼农业南南合作的技术组，组员七八人；而且中尼两国农业部门高度重视对 WARRA

农场的建设。因此当中地海外启动该项目时，这批早期技术人员的加入推动了公司朝正确方向发展，边摸索边试验，在完全陌生的农业领域通过干中学得以立足。

第二，充分整合内外部资源，深入开拓当地农业资源。

对于中地海外集团来说，尽管切入农业领域使得公司在当地获得了较好认知，但是毕竟农业领域是全新的挑战，公司一旦承诺了，就是新的压力。如果做不好，不仅项目本身无法交代，而且对于中地海外拓展尼日利亚市场也是一个不利的影响。因此对于中地海外来说，如何在有限资源背景下推动这样一个项目如期实施，就变成公司决策层反复斟酌的事项。从中地海外实际运营来看，公司采取了以下几点举措：其一是引进国内顶尖农业技术合作伙伴——隆平高科，从种子领域进行突破。双方以 GRAD 和 WARRA 农场建设为标的，合资成立西非公司，并探索成功了适合当地的生产作业技术以及种子提纯复壮，也获得尼日利亚当地种子经营许可。其二是发展多元化合作伙伴，拓展农业产业链合作。与国内农业产业链的诸多强手建立合作关系，针对尼日利亚当地农业进行产业链上下游的开发合作；同时与国际基金等组织进行合作，推广技术服务。其三是深化与当地伙伴合作，推广综合农技服务模式。中地海外与当地德高望重的人一起，通过“订单农业”将保障性生产与销售服务紧密捆绑，通过综合农技服务模式来抵抗农业的自然与市场风险，最终获得理想结果。

Q6：中地海外尼日利亚新业务模式（15 分钟）

随着中国农业“走出去”的步伐加快，中国政府宏观层面上也加紧了对农业“走出去”的政策指导。2014 年 12 月 24 日，农业对外合作部际联席会议制度第一次全体会议在北京召开，以此为契机，中地海外也推进了自身混合制改革步骤，于次日在京联合农业产业链上下游企业发起了“中地海外农业”混合制平台企业，并对原先布局于尼日利亚等国的农业企业展开了并购重组，以投资平台模式重新在非洲等地进行资源战略配置。这一投资平台的建立，分三个层面对其非洲农业业务进行了纵深整合：其一是对农垦项目的深化。公司构建了从水稻原种种子到多样化品种种子的培植能力，并具备大田作业化生产能力。以此为基础，又拓展了网箱养鱼以及沼气池项目，在农业综合化试验方面迈出了可喜的步伐。其二是米机项目。利用中国进出口银行的优惠贷款，致力于尼日利亚国家农业加工环节的完善。其三是阿布贾产业园项目。公司将在非洲拓展的农业全产业链环节进行展示，致力于全产业链技术 + 服务模式的推广，也使其成为中国农业部与商务部海外重点示范项目。从新业务模式可以看出，中地海外农业在非洲的布局，已经初步完成了从多样化种业种植——农业深加工生产——农业技术服务的全产业链化解决方案供应这样一个布局，公司也由单纯第一产业种植提供商全面转型为横跨一、二、三产业，以大农业为根基的农业闭环全产业链平台服务商。

四、理论依据及分析

1. 中地海外非洲进入的障碍与风险

对外直接投资进入时，面临东道国的不同环境，通常分为自然环境风险与社会环境风险（后者包括了政治、经济与法律风险等）。就农业领域 ODI 来说，其面临的主要风险包括：自然环境风险（特别是地质与气象异常引发的风险，这在农业全生命周期中尤其普遍），经济风险（不仅源于自然环境的不利影响，更由于农业投资周期长，见效慢，这使得农业企业经营风险陡增），政策风险（由于农业关系到国计民生，所以不少非洲国家在发展农业过程中，首先便是强调粮食自给，包括本地选种等严苛要求，这给外来农业投资企业提出了额外的技术保障要求）。此外，对于第三世界国家来说，比如非洲，由于所在国政治经济的不稳定，农业领域的宏观政策支持即便有，通常也是杯水车薪，对于外来投资的吸引力并不大。但在另一方面，非洲地区的农业投资有其自身便利之处，包括广袤而肥沃的土地，非洲极其诱人的青壮年劳动力，非洲市场对农业主粮的依赖与市场巨大缺口。也因此，许多外国农业投资企业在权衡利弊之后，最终还是选择了将农业作为非洲长远投资事业加以推动。

从中地海外进入非洲尼日利亚市场拓展农场项目到后期开展农业平台化

发展来看，其间主要面临的障碍与风险涉及：一是从工程承包领域切入完全陌生的农业领域，容易出现资源不匹配的风险，所谓“隔行如隔山”；二是农业是“本地化”适应产业，即对当地的自然地理要素禀赋具有非常强的嵌入性依赖，这使得中地海外在前期开拓当地市场时，必须扎根当地实际，反复在田间试验与研究，投入周期拉长会对企业抗风险能力（比如资金、人员前期到位等）提出更高的要求；三是非洲市场地广人稀，对于公司前期种子经销会有一定障碍，同时人生地不熟，治安环境并非理想也加大了公司在当地实际经营的困难。

2. 海外市场进入的 3L 模型

Mahthews（2006）基于亚太地区的龙跨国公司（Dragon Multinationals）国际化典型特征，提出了 3L 分析框架（Linkage-Leverage-Learning Framework）。3L 模型重在对新兴经济体跨国公司切入国际市场行为的分析。

Linkage（外部资源联系）包括两个层面：其一是与外部宏观层面的联系，特别是来自东道国政府的资源链接；其二是与外部微观层面的联系，即指与跨国公司建立战略联盟或者建立合资企业获得联系。在中地海外案例中，面对东道国尼日利亚 KEBBI 政府提出开发当地农业市场，给予优惠政策支持动议时，中地海外反复斟酌后认为，尽管公司对农业领域不熟悉，但是考虑到东道国这一邀请可能带来公司日后参与该市场工程建设领域的契机，最终还是承诺开发，从而建立了与尼日利亚本地政府资源的链接（Linkage）。

Leverage（杠杆利用）重在探讨企业对内外部资源的杠杆化操作与应用。在中地海外建设 WARRA 农场过程中，面对自身缺乏农业领域经验，公司首先是充分利用好中尼农业南南合作小组的技术支持，基于当地自然条件实践，边探索边开发，逐步掌握了当地农业自然地理条件的规律；其次是公司联手国内顶级农业种植企业——隆平高科，在当地成立合资企业西非公司，将合作伙伴的优越种子种植技术引入当地进行开发利用。与此同时，中地海外拓展了农业产业链的合作，与国内外农业上下游关联企业 / 个体展开战略合作，建立一体化的农业产业化合作来规避农业本身的风险与不确定性，并拓展建立了不同的生产基地，最终获得盈利。

Learning（学习效应）是指对资源联系与杠杆效应的应用过程，通过这一应用过程，形成三者之间的自我加速。具体来看，有如下表现：其一是整合性农业平台公司的成立。2014 年底，中地海外在京成立混合制平台公司，形成国内农业产业链知名公司强强合作模式，共同开拓非洲市场。依此为契机，该农业平台公司收购了尼日利亚的西非公司，并在埃塞俄比亚也注册成立新公司，致力于产业化经营来推进服务非洲农业市场。自此，中地海外由原先在非洲分散布点实现了有效整合（这也使得公司原先学习过程中分散的经验得以系统化），并以农业投资平台公司的名义对资源进行了战略部署。其二是推进了三大项目：农垦多样化项目——米机项目——阿布贾产业园项目，致力于打造大农业种子来源——粮食深加工——农业全过程技术服务的全产业链系统方案提供商。自此，我们可以看到，中地海外农业已由早先的农业灌溉种植供应商逐步转型成为农业科学系统方案服务供应商，从而表明公司的核心竞争力已经从产品端衍生到服务端，对农业知识的学习也由第一产业的种植技术升级为第三产业的农业技术服务，实现了农业 IP 产品的规模深化、范围拓展乃至 IP 固化与一体化三个阶段的进阶。

3. 中地海外“走出去”与“走进去”的逻辑

从一国“走出去”逻辑来看，可以分为“交易型”走出去与“援助型”走出去，前者又可进一步细分为贸易、许可经营以及直接投资等若干种不同风险程度的“走出去”。从中地海外案例分析，其走出去应该属于先“援助型”走出去——再“交易型”走出去，即最早由中国地矿部援助尼日利亚打井供水项目而在海外成立的企业。这之后，中地海外公司在非洲跟当地政府、企业、民众摸爬滚打、高度融合的本土化经营，使得 20 世纪 90 年代后期到 2013 年，成为中地海外在非洲快速发展的黄金时期。公司总体经营额也高达 73 亿元，在国际承包商 250 强中排名 89 位。

尼日利亚的农业项目对于中地海外来说，完全是一个偶然的机会，是 2004 年底中地海外在进行 KEBBI 州的在建项目时，时任 KEBBI 州长恳切邀请公司来投资和发展农业。因此，对于中地海外来讲，公司面临一个是否“走进去”发展当地农业市场的机会 / 挑战。从中地海外最终选择接受该项目以及持续投入将其发展为公司在非洲的“绿色名片”与“金色芯片”地位来看，中地海外的农业板块“走进去”是比较成功的。尽管我们从案例中无法直接获得其经营绩效数据，但是相关信息表明，这一“走进去”逻辑具有非常自身强大的支持：其一是 2013 年中地海外的西非公司开始盈利，并成为尼日利亚政府指定种子供应商。其二是公司嫁接成功了国内外资源，打造了在非洲拓展农业全产业链的投资平台，这一投资平台的建立，使得公司自身转型为综合农业技术服务供应商，从而摆脱了前期单一种植业的产品销售商地位，可以多业务点盈利来平衡公司在非洲的农业经营。

其三是 2014 年开始，中地海外整合国内外农业资源，设立了中地海外农业投资平台，并从农垦项目深化——稻谷深加工——农业综合产业园区的建设三位一体来推进公司海外农业全产业链的商业模式服务，这表明公司农业闭环初步形成，这对公司在非洲市场的发展提供了很强的保障。

五、关键要点

1. 农业对外直接投资的策略选择

农业对外直接投资如何“走出去”与“走进去”，本案例提供了一个可供实际分析的视角。从中地海外的投资策略发展我们可以看到，这其中牵涉一个很重要的“两难选择”就是资源与战略的平衡。中地海外进入非洲市场，主营业务是从事工程承包，但是在接受尼日利亚当地政府邀请后，决定进入农业市场，自身是完全资源匮乏，而且也是跨越行业，因此，公司面临自身资源狭窄的背景下如何通过战略设计，来获取内外部有效资源支撑，反映在中地海外后来一系列的操作中，我们可以清晰地看到公司如何对此进行平衡。

2. 国际化中的 3L 模型改进

尽管 Mahthews（2006）提出 3L 模型对于亚太地区跨国公司的国际化行为做了精准的描述，但是这一模型更多的是关注企业利用外部资源建立联系，进而通过杠杆撬动，进而达到学习效果。但是中地海外案例中，我们看到的是中地海外“走出去”过程中，首先是凭借自身的利用能力“走进去”（借助中尼南南合作项目小组的有限人员指导，深入现场不断试验改进），在此基础上，感动了隆平高科副总，才有了与隆平高科合资西非公司的开始。而在与隆平高科合作后，中地海外又进一步探索在当地如何提纯复壮本地化种子，以及基于本地化的栽培种植技术等，最终使得 WARRA 农场目标得以实现。也就是说，中地海外从头至尾一直在联系中学习，在杠杆中加速学习，并且在打造统一的海外农业投资平台后（中地海外农业成立），又从种植业——深加工——产业园区三位一体来拓展在非洲当地的农业经营模式，这种综合经营模式的形成，使得中地海外的动态竞争力变得相当突出。也因此，我们认为在传统的 3L 模型中，应该加入双元能力以及基于双元能力构筑的商业模式这两大重要维度，以此勾勒中地海外的国际化经验。

3. 小岛清理论的应用

除了前述所探讨的理论，在中地海外案例中，我们还可以看到比较清晰的小岛清理论的适用。即当微观企业对外直接投资时，如果能够遵循两国比较优势的发挥，则最终会达到企业微观竞争优势与两国宏观比较优势的契合。经过中地海外的努力，尼日利亚、埃塞俄比亚等国农业种子自给，主粮种植供应有了很大的提高，上述国家农业的比较优势也获得了较大的发展。而对中国来说，通过中地海外嫁接的农业“走出去”平台，使得中国农业富余技术能力可以输出指导，同时通过进口非洲地区更廉价农产品，减少自身农业主粮生产的比较劣势（中国基本上东北地块适合农业主粮大规模耕作，广大中西部地区并不适合）。同时基于农业全产业链的开发，中国农技装备与技术可以在非洲获得更大范围的应用，在培育当地农业比较优势产业同时，也促进了两国国际贸易的发展。

六、建议课堂计划

本案例可以作为专门的案例讨论课来进行。如下是按照时间进度提供的课堂计划建议，仅供参考。

整个案例课的课堂时间控制在 80~90 分钟。

课前计划：提出启发思考题，请学员在课前完成阅读和初步思考。

课中计划：简要的课堂前言，明确主题（2~5 分钟）

分组讨论（30 分钟），告知发言要求

小组发言（每组 5 分钟，控制在 30 分钟）

引导全班进一步讨论，并进行归纳总结（15~20 分钟）

课后计划：组织感兴趣的同学，可以进一步比较优势的跨国公司理论，并将战略管理的相关内容引入农业类企业“走出去”活动中。

案例5　汇源收购案的“反垄断”阴影

引　言

2008年9月3日，香港上市企业汇源果汁(01886.HK)发布公告称，荷银将代表可口可乐公司全资附属公司Atlantic Industries以约179.2亿港元（作价约24亿美元）收购汇源果汁集团有限公司股本中的全部已发行股份及全部未行使可换股债券，可口可乐计划以现金全面收购汇源果汁，提出的每股现金作价为12.2港元。根据规定，如果此次交易完成，汇源果汁将成为Atlantic Industries的全资附属公司，并将撤销汇源股份的上市地位。

受可口可乐收购消息刺激，9月3日中午汇源果汁在香港联交所股价大涨168%，权证涨了199倍。与8月29日汇源果汁成交4009万相比，截止到9月3日中午12:14，汇源果汁成交17.95亿，成交量放大了44.77倍。这一消息也一度引发行业内外震动。一则广为热议的国内网民投票结果（在67787名网友参与的这项调查中）显示，68.49%的人认为可口可乐收购汇源果汁会形成产业垄断。而汇源果汁的老总朱新礼则呼吁，“应该把它看作就是一个商业行为，不要打上太多的民族色彩……”，并表示，汇源“太早出嫁还不够成熟，太晚了年龄又大了，只有选择合适的时机去合作，对于汇源来说才是最合适的”。

1. 交易双方简介

（1）可口可乐（COCO-COLA）

可口可乐公司总部位于美国亚特兰大，它起源于美国佐治亚州亚特兰大城一家药品店，自1886年创立以来，历经122年长盛不衰。是全球最大的饮料公司，拥有全球48%市场占有率以及全球前三大饮料的二项(可口可乐排名第一，百事可乐第二，低热量可口可乐第三)。可口可乐在 200 个国家拥有 160 种饮料品牌，包括汽水、运动饮料、乳类饮品、果汁、茶和咖啡，亦是全球最大的果汁饮料经销商 (包括 Minute Maid 品牌)，在美国排名第一的可口可乐为其取得超过 40% 的市场占有率，而雪碧 (Sprite) 则是成长最快的饮料，其他品牌包括伯克 (Barq) 的 root beer(沙士)，水果国度 (Fruitopia) 以及大浪 (Surge)。

可口可乐公司于 1927 年进入中国，因故撤出后于 1979 年重返中国，并且成立了可口可乐 (中国) 有限公司。30 多年来，可口可乐 (中国) 有限公司取得了卓越的成绩，已成为软饮料销售市场的领袖先锋，被视为同行业的标本和典范。

（2）汇源果汁

北京汇源饮料食品集团有限公司于 1992 年创立，是主营果蔬汁及饮料、农产品加工和种植的大型现代化企业集团，已成为中国果汁行业第一品牌。汇源集团果汁业务于 2007 年 2 月在香港联交所上市，目前汇源品牌在中国的 100% 果汁市场和中浓度果汁市场稳占领导地位，其中在 100% 果汁市场的占有率超过五成，而在中浓度果汁市场的占有率亦超过四成。汇源品牌在世界品牌价值实验室 (World Brand Value Lab) 编制的 2010 年度《中国品牌 500 强》排行榜中排名第 77 位，品牌价值已达 79.31 亿元。

2. 可口可乐的收购动机

作为中国饮料细分市场的龙头，汇源果汁的价值在本次收购中得到了较大的体现，这是因为：可口可乐是按照股市股价的近 3 倍开出收购条件，而股价本身对于公司的资产还有溢价，因此这样的收购价格已是很高。而对于汇源果汁来说，在其细分市场已经饱和，在往其他的市场发展缺乏资源。此外，对于可口可乐来说，一旦决定要入主这一细分市场，并不见得是一件很困难的事情（除非有专利等知识产权的壁垒），因此本次收购活动的发生并不意外。

可口可乐中国公关负责人李小筠透露，此次收购动机是“看好中国果汁饮料的发展潜力”。为了可口可乐的整体发展，公司希望不含汽饮料有很好的发展，汇源果汁将与美汁源、果粒橙、原叶茶等，共同丰富可口可乐饮料的品种。而可口可乐方面也表示，公司将致力于全方位发展饮料业务的，包括茶、水、果汁以及带汽饮料，以供消费者有更多选择。为配合这一发展策略，可口可乐公司计划通过此项收购加强饮料业务。收购成功后，凭借可口可乐全球的资源整合能力，将使消费者享受更好的果汁产品。

“中国的果汁市场在蓬勃快速增长。这次收购将为我们的股东带来价值，并为可口可乐公司提供一个独特的机会以增强在中国的业务。此举进一步表明我们对中国市场的承诺，为中国消费者提供饮料选择以迎合他们的需求。”可口可乐公司首席执行官及总裁穆泰康如是说。

3. 商务部的否决

2008 年 9 月 11 日，商务部发言人在厦门召开的中国国际投洽会上接受新华社记者采访时表示，关于可口可乐申请收购汇源果汁一案，商务部将坚持市场经济的原则依法行事——反对市场垄断，但支持正常的市场行为。2009 年 3 月 18 日，商务部就可口可乐收购汇源果汁反垄断审查做出裁决，发布公告决定禁止此项经营者集中。

面对商务部的公告裁决，可口可乐公司于当日宣布，“由于中国商务部公布了不批准对汇源果汁业务建议收购的决定，因此可口可乐公司将不能继续有关收购行动”。而汇源集团的声明则表示尊重中国商务部关于可口可乐公司收购汇源果汁 (1886HK) 要约申请的批复。

但是商务部围绕着并购案件所作的审查工作与裁决，仍然存有诸多值得探讨之处，特别是在反垄断法实施细则尚未出台（即法律还没有操作的标准和具体依据）的背景下，管理当局的自由裁量空间可大可小，从而可能导致对“垄断”行为的界定与裁决分寸也不一样。从商务部整体审查过程分析，焦点集中在以下几方面：

（1）当事人的申报权利

商务部在公告中介绍：“2008 年 9 月 18 日，可口可乐公司向商务部递交了申报材料。2008 年 11 月 20 日，商务部对此项申报进行立案审查，并通知了可口可乐公司。”根据《反垄断法》第二十条、第二十一条的内容，汇源与可口可乐的并购应当属于经营者的合并，本次收购是 100% 的汇源股权发生变化，这里可口可乐与汇源都是经营者，按理这一申报应当是双方联合申报，但是商务部的申报中却只有可口可乐，把汇源排除在外，这种做法的原因是什么，其中是否存在歧视？

反垄断法第五十三条规定，对反垄断执法机构依据本法第二十八条、第二十九条作出的决定不服的，可以先依法申请行政复议；对行政复议决定不服的，可以依法提起行政诉讼。一个相关联的问题是：如果汇源被排除了当事人身份，那么一旦执法当局只考虑可口可乐单方的利益而损坏另一方利益时，汇源在法律上的救济手段有没有？

（2）审查中的实体正义

商务部公告中表示，“……在审查的同时，也通过书面征求意见、论证会、座谈会、听证会、实地调查、委托调查以及约谈当事人等方式，先后征求了相关政府部门、相关行业协会、果汁饮料企业、上游果汁浓缩汁供应商、下游果汁饮料销售商、集中交易双方等多方面意见”。尽管商务部进行了大量调查工作，但是这里存有一个关键问题就是对于商务部调查的结果，当事人要有质证质疑的机会。如果申报中排除了汇源只有可口可乐，实体正义问题就变得非常突出。

（3）审查中的程序正义

《反垄断法》有如下内容：“第二十五条国务院反垄断执法机构应当自收到经营者提交的符合本法第二十三条规定的文件、资料之日起三十日内，对申报的经营者集中进行初步审查，作出是否实施进一步审查的决定，并书面通知经营者。国务院反垄断执法机构作出决定前，经营者不得实施集中。国务院反垄断执法机构作出不实施进一步审查的决定或者逾期未作出决定的，经营者可以实施集中。”商务部 2008 年 11 月 19 日收齐申报材料，20 日正式立案调查后，在 30 日内要作出是否进一步立案调查的决定，如果这个决定不作出，在30日后可口可乐就已经可以并购汇源了。

而实际的情况是，当时我们看到这个“进一步调查”的决定没有作出，因为商务部的审查过程披露没有，相关公司的公告也没有（对于进一步进行审查的决定，由于当事人是上市公司是应当公告的，尤其是汇源一定应当公告。因为这个信息会极大地影响公司的股价，对于可口可乐来说也如此）。所以到2008年12月20日商务部没有否决，按照反垄断法就应当视为通过了。而事实上商务部是在2009年3月18日公布的否决，这一时间远远超过法律规定的初步审查的时间。这样的政策操作，连同考虑对股票市场的影响，是否会埋下日后巨大的国际诉讼风险？

4. 收购被否的影响

就在可口可乐收购汇源交易被否之后，也在同一年，中国资源企业在澳洲的收购也遭到澳洲政府的否决，其理由也是冠冕堂皇。唯一区别在于：澳洲否决的是中国企业热切希望进行的并购，而中国否决的却是外资殷切希望毁约的并购。汇源收购一案被否，也同时带来一个非常有意义的问题探讨：当前外资企业普遍在中国享有“超国民待遇”实质的背景下，汇源果汁尽管已在海外上市，但是按照我们的规定其控股人在国内还属于中国内资企业，政策上本来就吃亏于外资；如果我们的反垄断不让它被收购，但是假使最后汇源果汁被外资企业打败，等这个品牌荡然无存的时候，我们反对收购的管理部门又将该承担什么责任？我们的国家又得到了什么？中国新生的反垄断机构，在否决这一案件的决策中，对于汇源又作了哪些合理的补偿？……

附件一：中华人民共和国商务部公告

〔2009 年〕第 22 号

中华人民共和国商务部收到美国可口可乐公司（简称可口可乐公司）与中国汇源果汁集团有限公司（简称中国汇源公司）的经营者集中反垄断申报，根据《反垄断法》第三十条，现公告如下：

一、立案和审查过程。2008 年 9 月 18 日，可口可乐公司向商务部递交了申报材料。9 月 25 日、10 月 9 日、10 月 16 日和 11 月 19 日，可口可乐公司根据商务部要求对申报材料进行了补充。11 月 20 日，商务部认为可口可乐公司提交的申报材料达到了《反垄断法》第二十三条规定的标准，对此项申报进行立案审查，并通知了可口可乐公司。由于此项集中规模较大、影响复杂，2008 年 12 月 20 日，初步阶段审查工作结束后，商务部决定实施进一步审查，书面通知了可口可乐公司。在进一步审查过程中，商务部对集中造成的各种影响进行了评估，并于 2009 年 3 月 20 日前完成了审查工作。

二、审查内容。根据《反垄断法》第二十七条，商务部从如下几个方面对此项经营者集中进行了全面审查：

（一）参与集中的经营者在相关市场的市场份额及其对市场的控制力；

（二）相关市场的市场集中度；

（三）经营者集中对市场进入、技术进步的影响；

（四）经营者集中对消费者和其他有关经营者的影响；

（五）经营者集中对国民经济发展的影响；

（六）汇源品牌对果汁饮料市场竞争产生的影响。

三、审查工作。立案后，商务部对此项申报依法进行了审查，对申报材料进行了认真核实，对此项申报涉及的重要问题进行了深入分析，并通过书面征求意见、论证会、座谈会、听证会、实地调查、委托调查以及约谈当事人等方式，先后征求了相关政府部门、相关行业协会、果汁饮料企业、上游果汁浓缩汁供应商、下游果汁饮料销售商、集中交易双方、可口可乐公司中方合作伙伴以及相关法律、经济和农业专家等方面意见。

四、竞争问题。审查工作结束后，商务部依法对此项集中进行了全面评估，确认集中将产生如下不利影响：

1. 集中完成后，可口可乐公司有能力将其在碳酸软饮料市场上的支配地位传导到果汁饮料市场，对现有果汁饮料企业产生排除、限制竞争效果，进而损害饮料消费者的合法权益。

2. 品牌是影响饮料市场有效竞争的关键因素，集中完成后，可口可乐公司通过控制“美汁源”和“汇源”两个知名果汁品牌，对果汁市场控制力将明显增强，加之其在碳酸饮料市场已有的支配地位以及相应的传导效应，集中将使潜在竞争对手进入果汁饮料市场的障碍明显提高。

3. 集中挤压了国内中小型果汁企业生存空间，抑制了国内企业在果汁饮料市场参与竞争和自主创新的能力，给中国果汁饮料市场有效竞争格局造成不良影响，不利于中国果汁行业的持续健康发展。

五、附加限制性条件的商谈。为了减少审查中发现的不利影响，商务部与可口可乐公司就附加限制性条件进行了商谈。商谈中，商务部就审查中发现的问题，要求可口可乐公司提出可行解决方案。可口可乐公司对商务部提出的问题表述自己的看法，并先后提出了初步解决方案及其修改方案。经过评估，商务部认为可口可乐公司针对影响竞争问题提出的救济方案，仍不能有效减少此项集中产生的不利影响。

六、审查决定。鉴于上述原因，根据《反垄断法》第二十八条和第二十九条，商务部认为，此项经营者集中具有排除、限制竞争效果，将对中国果汁饮料市场有效竞争和果汁产业健康发展产生不利影响。鉴于参与集中的经营者没有提供充足的证据证明集中对竞争产生的有利影响明显大于不利影响或者符合社会公共利益，在规定的时间内，可口可乐公司也没有提出可行的减少不利影响的解决方案，因此，决定禁止此项经营者集中。

本决定自公告之日起生效。

附件二:《反垄断法》相关规定

……

第二十条经营者集中是指下列情形：

(一)经营者合并；

(二)经营者通过取得股权或者资产的方式取得对其他经营者的控制权；

(三)经营者通过合同等方式取得对其他经营者的控制权或者能够对其他经营者施加决定性影响。

第二十一条经营者集中达到国务院规定的申报标准的，经营者应当事先向国务院反垄断执法机构申报，未申报的不得实施集中。

而相关司法解释为：

《国务院关于经营者集中申报标准的规定》指出，经营者集中达到下列标准之一的，经营者应当事先向国务院商务主管部门申报，未申报的不得实施集中：

(一)参与集中的所有经营者上一会计年度在全球范围内的营业额合计超过 100 亿元人民币，并且其中至少两个经营者上一会计年度在中国境内的营业额均超过 4 亿元人民币；

(二)参与集中的所有经营者上一会计年度在中国境内的营业额合计超过 20 亿元人民币，并且其中至少两个经营者上一会计年度在中国境内的营业额均超过 4 亿元人民币。

第二十五条国务院反垄断执法机构应当自收到经营者提交的符合本法第二十三条规定的文件、资料之日起三十日内，对申报的经营者集中进行初步审查，作出是否实施进一步审查的决定，并书面通知经营者。国务院反垄断执法机构作出决定前，经营者不得实施集中。

国务院反垄断执法机构作出不实施进一步审查的决定或者逾期未作出决定的，经营者可以实施集中。

第五十三条对反垄断执法机构依据本法第二十八条、第二十九条作出的决定不服的，可以先依法申请行政复议；对行政复议决定不服的，可以依法提起行政诉讼。

对反垄断执法机构作出的前款规定以外的决定不服的，可以依法申请行政复议或者提起行政诉讼。

案例 5　汇源收购案的“反垄断”阴影
——使用说明

可口可乐收购汇源是中国《反垄断法》通过后遭遇的第一单反垄断审查案，更由于发生在 2008 年金融危机的背景下，使得这一单反垄断审查案例具有典型标的研究价值。从逻辑上分析，主要体现在以下三个方面:（1）从案例被并购时间段分析，双方谈成的时间是在 2008 年 9 月 3 号，但是在等候中国商务部反垄断审查期间，2 周之后随着雷曼兄弟的倒闭，世界性金融危机拉开序幕，这时并购的国际市场环境发生了急转直下的情形，这对本案并购双方的利益是否产生了致命不利影响，进而引发新的动机，这成为本案例要分析的第一个焦点问题。（2）本案例属于国际并购，100% 的经营者合并，那么双方并购的原始动机是什么？本次并购的理论依据是什么，能否产生 1+1 ≥ 2 的协同效应，这是案例分析要解决的第二个问题。（3）对于中国新生的反垄断机构，在《反垄断法》实施规则尚未出台之际，如何本着程序合法与主体合法的理念进行理性裁决具有非常重要的意义。本案例在展示中国商务部的反垄断调查行为与裁决结果时，不仅给我们提供了研究反垄断执法的细节，而且也从中可以引申关于法与经济政策效率之争的诸多命题。

一、教学目的与用途

1. 本案例主要适用于 MIB、MBA 的国际商务、国际企业管理课程，核心内容是跨国并购动机与反垄断法实施。

2. 本案例的教学目的旨在帮助学生理解不确定性条件下反垄断法执行的挑战，并提高学生对国际交易活动特征的甄别与判断。

3. 运用治理三角理论，我们可以围绕并购这一事件，对于卷入其中的利害相关方的行为动机做出更深入的分析，因而本案例提供了一个考量垄断现象特征以及透视反垄断法执行的恰当现象。

二、启发思考题

1. 如何评价可口可乐对汇源的收购动机？

2. 可口可乐收购失利，是中国贸易保护主义还是其他原因引致？

3. 从反垄断法的角度，如何看待这一收购案件？

4. 从交易契约的角度，如何分析这一案件？

三、分析思路

教师可以根据自己的教学目标（目的）来灵活使用本案例。这里提出本案例的分析思路，仅供参考。

本案例的分析重心在于帮助学生从跨国并购与反垄断法这两个背景入手，理解跨国并购的交易特征，并评估反垄断法实际执行的效果与可能的潜在风险。主要思路可以分为以下三大部分：

第一，从当下跨国公司进驻中国所处的国内外环境入手，理解可口可乐并购汇源的动机与意义；

第二，从金融危机的爆发入手，探讨跨国并购活动与交易环境之间的动态联系；

第三，围绕着反垄断法执行的基本原则与交易活动的不同特质，探讨中国反垄断机构行为的规范性与灵活性。

以下我们通过框架图展示教师引导学生进行案例讨论的基本逻辑线；然后进一步提出每个步骤的关键讨论问题和问题的分析性答案。

1. 案例讨论的逻辑线（Step-by-step Logic Line）

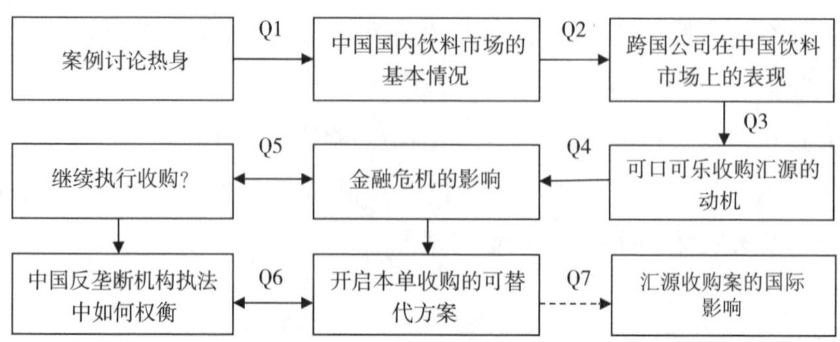

2. 讨论问题（Discussion Questions）

Q1：中国国内饮料市场及结构划分（10 分钟）

在谈及国内饮料市场及其结构划分，可以分从这样几个角度提请学生思考：其一是询问学生对超市饮料的选择与观察，以及对身边家人与朋友聚会所点饮料的观察。其二在涉及跨国公司入主饮料市场，可以就知名跨国公司的饮料产品进行分析，比如可口可乐的含气饮料，娃哈哈的多样化饮料，王老吉现象等。在比较不同企业饮料产品过程中，给出关于饮料市场的分类及其基本竞争特征。这里可以重点讨论一下可口可乐与汇源两家饮料企业在国内市场的表现。

对饮料市场的另一结构分析就是所在产业链的关系，可以从上游果品种植到深加工乃至下游销售终端，探讨一下这其中所涉及的产业链不同运作的特征。

Q2：可口可乐收购汇源的动机与金融危机的影响（20 分钟）

从并购现象分析，有不同的理论来说明交易双方为什么要进行并购，比如基于效率理论视角，基于税务安排，分散化风险等。在可口可乐收购汇源一案中，由于是经营者合并，双方要成为一家人，因此我们可以基于双方的资产融合视角来展开分析，即双方的资产在本次收购中，到底是重叠、互补还是其他关系？这是可以关注的一个重点。其次是双方对市场的分析，即国内市场还是国际市场？两者之间是否是打通？存在一个怎样的序列发展，先国内市场后国际市场，还是先国际市场后国内市场，抑或是两个市场同时启动？收购后的品牌会怎样运营，是雪藏中方的品牌，还是主打外方的品牌？是双品牌策略，还是过渡性安排等。以上这些视角的提出，有助于我们更深入理解本单收购案背后的逻辑。

对于可口可乐收购汇源的动机，另一个值得注意的时间点是 2008 年 9 月中旬雷曼兄弟宣告破产事宜，这之后举世震惊的金融危机正式拉开大幕。金融危机不期而至引发了诸多连锁反应，其中流动性偏紧，甚至现金为王的情形非常突出。考虑到这一突发重大事件，因此我们对可口可乐收购汇源一案的动机分析可以区分两个阶段，并购宣布之前的收购动机以及双方交易的利害关系，并购宣布之后雷曼兄弟倒闭事件出现收购动机以及双方交易的利害关系。只有明确了两者的关系与影响，我们才能更深入理解面对中国反垄断审查过程中围绕交易双方所出现的系列事件的合理解释。

Q3：中国反垄断执法机构如何权衡对本单收购案的审查（20 分钟）

这是本案例的分析重点与难点所在。这里我们仅提示以下几个方面的考虑：其一是对于交易双方来说，到底是“两情相悦”还是“貌合神离”？如果是前者，只要不触犯基本原则，按理应该是促成的；如果是后者，到底是谁对谁起了“负心”动机，其表现的手法是什么？如何基于契约的精神来理性判定哪一方应当承担的责任，并给予受损害方合理的补偿与救济。其二是对于本单合并案例，如果把利害相关方进一步拉长，至少有两个维度：一是产业链上下游的维度，可以通过详细地调查了解这单收购到底是给产业链带来了“垄断式捆绑”，进而导致了市场不公，还是这单收购本身开启了产业链高效的整合，促使上下游可以基于多元化合作方式更好繁荣这一市场。二是围绕并购双方的拓展关联方，即消费者、政府所看重的舆情、民族品牌以及国内市场等。在这单并购案例中，舆情上的一边倒（认为国内饮料市场的民族品牌即将不保），新生的政府反垄断机构自身尚处摸索阶段，《反垄断法》缺乏执行条例与细化规则等都成为实际问题分析时要考量的复杂影响因素。

四、理论依据及分析

1. 跨国并购（M&A）理论与“外向国际化”

在跨国并购活动中，并购动机理论探讨与并购方式选择是其重要方面。而在并购动机理论中，并购的效率视角是主流分析工具（包括并购正负净收益、协同效应及托宾的 Q 比率等）。在本案例中，可口可乐以 100% 的现金收购汇源果汁，但与传统分析视角相异的是，我们将“外向国际化”概念引入，从而站在全球的效率视角探讨这一收购活动的真实动机。

通过剖析汇源果汁有价值的资产，我们发现如下特征：首先是生产线等固定资产，这只占收购价格很小的一部分，由于可口可乐本身生产线并不见得饱和，因此这部分资产价值收购意义不大；其次是汇源果汁的销售渠道，无论是直销还是代理渠道，当下可口可乐在中国国内拥有非常庞大的网络，汇源果汁的渠道不仅比不上，而且与其产生重合，因此这部分资产的价值也不足；最后是汇源果汁的无形资产——品牌，《中国品牌 500 强》认为汇源果汁的品牌价值达到 79.31 亿元人民币，这一评估先不说是否为国际跨国公司承认，对于可口可乐来说，要想重建这样一个品牌，尽管花费巨大，但绝对不需要也没必要投入上百亿资金。

由此可见，可口可乐斥巨资收购汇源果汁，一定存有其他更为隐蔽的“宏大目标”。这一“宏大目标”分析起来，是将汇源品牌国际化。对于在国内细分市场已经接近饱和的汇源品牌来说，可口可乐的收购兴趣绝不限于国内这一细分市场。这是因为：在中低浓度的果汁市场竞争中，汇源没有形成优势，而可口可乐的“美汁源”品牌已经初战告捷，因此可口可乐不会依赖收购一个中高端品牌来介入低端市场；如果可口可乐收购汇源的目的，是想通过“汇源”与“美汁源”两个品牌全面垄断国内果汁市场，等待它的将是中国《反垄断法》的大棒，可口可乐没必要花费上百亿让中国政府进一步去肢解它，而且这一细分市场空间也不具有如此大的投资诱惑。至于国内网民担心的可口可乐收购汇源后再“雪藏”这一品牌，理论上更是说不通——可口可乐怎会无故耗费上百亿资金然后再让它“消失”？因此在国内市场等诸多理由解释不通的情况下，唯一可能的解释就是让汇源品牌“走出去”。而“走出去”无论是到发达国家还是发展中国家，凭借可口可乐的全球运作能力与网络资源，汇源品牌的价值提升空间将是无限的，这才是可口可乐收购汇源果汁的长远目标，也是本单收购的“精彩点”。正因为有如此长远辉煌的目标，在“资本故事制胜”的时代，股市的存在相应带来了可口可乐另一个“巨大”的短期目标：借由汇源收购的概念炒作股票，可口可乐公司高管们的股票期权将给管理经营层带来巨大财富。因此在金融危机到来之前，可口可乐收购汇源的案例实质上是一个多方共赢的结果。

2. M&A 的宏微观影响

企业在进行 M&A 活动时，往往会基于预期的稳定的交易环境拟订相应的并购安排，这里的“稳定”假设包括市场出现正常的波动。但当市场出现重大逆转时，完全超乎 M&A 计划所设定的背景条件时，企业的 M&A 活动价值就需要重新评估。在本案例中，由于金融危机的突然爆发，完全打乱了可口可乐原先的并购部署，因此导致可口可乐强烈的毁约动机。

具体剖析，在双方刚刚达成协议后，雷曼兄弟公司就申请了破产，这次历史上最大的经济危机开始了，所有的股票的股价都大幅度下跌，这样当初达成的交易价格就显得非常的高昂，股市上完全可以收购到更加便宜的标的，可口可乐想要借机炒作股市的愿望也随之落空，而在金融危机中，“现金为王”的原则显得十分珍贵。由此我们看到，可口可乐存在巨大而急迫的毁约动机是不言而喻的。

3.《反垄断法》的执行

在中国《反垄断法》实施细则尚未出台的背景下，对本案例适用反垄断法的执行将面临巨大的挑战。反垄断法执行机构不仅要注重实体正义，更要尊重程序正义，同时要尽可能规避监管工作的“被俘获”。

在案例正文中，我们已经提及几个非常重要的细节：比如程序正义中，对于当事人的申报权利，根据《反垄断法》的规定，为什么不是由可口可乐与汇源公司同时申报相关材料，而是由可口可乐公司单方面进行？商务部在根据《反垄断法》规定对申报立案到最后批复，有没有在规定时间做出？这样做的结果导致对企业、对股票市场乃至对第三国日后同等案例的审查影响到底如何，这些都是我们在分析这一案例过程中非常关键的地方。同样在实体正义中，商务部在广泛调研产业链上下游企业与客户过程中，有没有听取汇源公司本身对调查结果的质证质疑？显然，对于中国新生的反垄断机构，在《反垄断法》实施细则尚未出台之际，对于这样一桩交易背景急剧变化，充满复杂性的国际并购案的审查，是需要多方佐证、尽心尽责，同时应有战略性眼光与细致入微的推理逻辑方能从容解构。

五、关键要点

1. 在国际并购活动中，面对交易对手的不同行为特征与假设，选择一个适宜的交易治理结构非常重要。在本案例中，我们可以将这一思路引入反垄断法的执法活动中，即针对可口可乐并购前后的不同动机与相应行为，在适用反垄断法的考量中予以具体问题具体分析。

2. 在缺乏反垄断法实施细则的前提下，反垄断法执行机构更应该注重其行为的规范性与公开性。在本案例中，保障当事人的权利，尊重实体正义与程序正义是确保反垄断法执行到位的重要原则。

3. 对于可口可乐并购汇源这一重大商业案件，新生的中国反垄断机构更应谨慎操作，以防产生不利的国际影响，以免授人以柄。但是我们现在看到的结果很可能与之相反。按照国与国之间外交对等的原则，这样的反垄断裁决很容易落为外国的口实并被加以利用，“以彼之道，还施彼身”，从而成为他国日后效仿并用于中国企业海外并购的一道“杀手锏”。

4. 对于反垄断法执行机构来说，当其作出否决一项交易的裁决时，一个较好的判断与衡量原则在于：对于现有的交易安排来说，该项否决导致的结果是否产生了更为合理又可行的新交易安排，并由此带来了额外的收益，否则，原有的交易安排就应该看作高效率的。

六、建议课堂计划

本案例可以作为专门的案例讨论课来进行。如下是按照时间进度提供的课堂计划建议，仅供参考。

整个案例课的课堂时间控制在 80~90 分钟。

课前计划：提出启发思考题，请学员在课前完成阅读和初步思考。

课中计划：简要的课堂前言，明确主题（2~5 分钟）

分组讨论（30 分钟），告知发言要求

小组发言（每组 5 分钟，控制在 30 分钟）

引导全班进一步讨论，并进行归纳总结（15~20 分钟）

课后计划：组织感兴趣的同学，进一步研究法与经济学相关理论与知识点，并将 TCE 理论运用于该案例中，同时建议同学可以同时收集本案发生时香港资本市场的反映以及汇源在香港市场上发布的相关文件公告。

案例 6　展讯通信海外并购中的跨文化管理

引　言

2008 年 1 月 16 日，纳斯达克上市公司展讯通信有限公司（股票代码：SPRD，以下简称“展讯通信”）宣布已完成对美国圣地亚哥市二次加工半导体公司 Quorum Systems 的收购，展讯通信为此付出了 5500 万美元的现金加上 1500 万美元的股票；如果两年后 Quorum Systems 的业绩令人满意，展讯通信还将额外支付 600 万美元的现金。这一大手笔的收购立即在业内引起波澜，按当时市场价值估值，Quorum Systems 应该在 4000 万 ~5000 万美金之间，展讯通信显然进行了高溢价收购！ 而此前展讯通信在美国纳斯达克首次公开发行股票（2007 年 6 月）筹资总额也不过 1.2 亿美元。“这次收购势必进一步提高展讯的研发实力和长期战略地位”，展讯通信总裁兼 CEO 武平博士表示。如果说上市实现了展讯通信第一次飞跃，收购 Quorum Systems 能够成就展讯通信的第二次飞跃吗？……

1. 公司简介

（1）并购双方概况

展讯通信创立于 2001 年 4 月，在开曼注册，公司总部设在上海。在上海、北京、天津和美国的圣地亚哥设有研发中心，在深圳设有技术支持中心，在韩国、中国台湾和印度设有国际支持办事处。公司主要创办人武平、陈大同都毕业于清华大学，是我国培养的第一批半导体学科博士，20 世纪 80 年代末他们分别赴欧美留学，此后在国际著名高科技公司担任高级技术职务。展讯通信致力于无线通信及多媒体终端的核心芯片、专用软件和参考设计平台的开发，为终端制造商及产业链其他环节提供高集成度、高稳定性、功能强大的产品和多样化的产品方案选择，是中国领先的手机芯片供应商之一。根据2007年投行美林的报告，联发科、德州仪器（TI）、展讯通信、ADI和NXP分列2006年中国大陆手机基带芯片市场前5位，其中展讯通信以10%的份额与ADI并列第三。

美国射频芯片公司Quorum Systems成立于2003年1月，是一家专业设计高度集成CMOS射频接收机的二次加工半导体公司。Quorum Systems创始人波塞于1992年在布鲁内尔大学获得电子学博士学位，波塞曾就职于数家进行模拟和射频集成电路设计的大型半导体公司。1998年，波塞创立无线通讯公司IW，并担任该公司的首席执行官，IW主要为客户开发蓝牙和无线局域网解决方案。2000年，IW被国家半导体(National Semiconductor)收购。Quorum Systems自2003年创立以来，已经开发出从GSM/GPRS/EDGE到WCDMA和3G HSDPA应用以及最新宣布的TD-SCDMA平台的多带接收器设计。Quorum Systems具有提供单芯片的射频芯片技术，拥有这项技术为其在国际市场的领先地位打下了雄厚的基础。

（2）并购动机

——展讯通信动机

近年来，高集成度已经成为芯片行业的发展趋势。从结构上看，手机芯片主要包括基带芯片、应用处理器、射频芯片、电源管理芯片和内存储芯片5大部分。虽然展讯通信已经能够完成对基带、应用处理器芯片和电源管理芯片的集成，但是由于缺乏射频技术，一直无法完成对射频的集成，射频是展讯通信相对薄弱的技术。为此，作为基带芯片厂商的展讯通信采取了与射频芯片提供商合作的方式，共同推出手机芯片解决方案，射频芯片厂商Silicon Laboratories是展讯通信最重要的合作伙伴。

2007年以来，芯片行业的外部竞争环境发生了很大变化，整合基带和射频业务似乎成为全球芯片厂商的共识：2007年2月，基带芯片厂商恩智蒲半导体（NXP）支出 2.85 亿美元的现金收购 Silicon Laboratories 公司的蜂窝通信业务，使展讯通信与该公司的合作受到影响。NXP 投资的天碁科技有限公司（T3G）也成为展讯通信在 TD-SCDMA 手机芯片上的主要竞争对手。与此同时，英飞凌出资 3.67 亿欧元收购 LSI/Agree，联发科也以 3.5 亿美元的代价收购 ADI 手机芯片部门，ADI 同样拥有很强的射频芯片研发能力。自此，展讯通信要在自己的竞争对手处购买产品，主动权完全被控制。对方对价格的稍微调整，就可能影响到公司整个业绩与发展，这将展讯通信置于非常被动的位置。如果展讯通信自己内部投资，研发出射频芯片至少需要 3~4 年的时间，时间成本太高；同时，等研发出自己的射频芯片时，市场上又会出现更多的竞争者与更新升级的产品。基于前述背景，展讯通信的创始人开始将目光转向同行寻觅新的合作伙伴以及收购目标。

——Quorum Systems 动机

2003 年 1 月，波塞创立 Quorum Systems，并担任该公司的首席执行官。有着很强技术背景的波塞在研发上有着卓越的成绩，而作为首席执行官去管理公司也一直不逊色。与此同时，担任 Quorum Systems 首席技术官的凯瑞在射频芯片研究领域有着很高的威望，在 Quorum Systems 内部的影响力也非常大。

在过去，射频芯片的集成度较低，一般都需要发送、接收和时钟三颗芯片，而 Quorum Systems 能够提供单芯片的射频芯片，高集成射频收发器适用于 GSM，WCDMA 以及 TD-SCDMA 手机市场，对于 Quorum Systems 而言，拥有这项技术为其在国际市场的领先地位打下了雄厚的基础，可是凭借这一单一技术，在多元化的市场发展潮流中，公司能否保持持续的增长依然面临挑战，当时的 Quorum Systems 由这一单一技术带来的收益率远不能达到投资者的期望。而在同一时期，同行业射频芯片厂商 Silicon Laboratories 于 2007 年 2 月被恩智蒲半导体（NXP）以 2.85 亿美元收购，2007 年 8 月 LSI/Agree 的 WCDMA 产品线被英飞凌出资 3.67 亿欧元收购，2007 年 9 月，ADI 手机芯片部门被联发科以 3.5 亿美元收购。这三家世界排名靠前的射频芯片提供商被收购案在同一年，几乎连带的发生，对 Quorum Systems 有着重要的影响，使得

Quorum Systems 也开始思考并寻找机会。

2.“硅谷—大陆”运营模式

展讯通信虽然最早在海外成立，并在美国加州成立子公司，后来在上海成立总部，但是公司创始人总裁兼 CEO 武平、首席技术官陈大同和运营副总裁范仁勇却是地道的本土中国人。2006 年展讯通信 400 多名员工中，科技人员占 85%，其中从美国硅谷回国的留学生创业团队 40 余人。公司主要创办人武平、陈大同都毕业于清华大学，是我国培养的第一批半导体学科博士，20 世纪 80 年代末他们分别赴欧美留学，此后在国际著名高科技公司担任高级技术职务。他们两人都有在美国硅谷创办及管理高科技公司的经验。整合全球资源，构筑美国硅谷和祖国大陆两地优势互为嫁接的“硅谷—大陆”运营模式是展讯通信的发展理念。展讯通信正是通过把两者完美嫁接，创造了一次次自主创新的“奇迹”。展讯通信创始人武平说，展讯通信在起步之初就有一个全球化的眼界和思路——利用全球人才资源库、利用全球不同地区的政策优势、利用全球不同地区的技术优势，让展讯通信迅速成长壮大。展讯通信初创时的几十名员工大多是在美国硅谷著名企业工作过的、有丰富技术经验的留学生，启动资金是来自海外的风险投资，公司的现代化企业管理运作模式也是取自硅谷。此外，展讯通信在硅谷设立的分支机构既能获取最新的科技进步信息，同时也成为展讯通信日后向全球展示和销售产品的窗口。武平说，虽然展讯通信的创业团队都是在硅谷或国际大公司有多年工作经验的芯片设计领域的精英，但他们都不会把掌握的技术藏起来，而是鼓励员工尽量快而多地学走他们的技术。这种企业文化促成了展讯通信在几年内培育起了一支能够和国外芯片设计巨头抗衡的技术人才队伍。

作为战略发展需要，展讯通信决定通过收购射频芯片厂商来完成公司对资源整合的需求，从而增加自己的竞争力。他们在海外搜寻了多家公司，并且对每家公司的综合实力都作了评估，最后他们将选择范围逐渐缩小，锁定几家，而当时的 Quorum Systems 是他们的重要目标。展讯通信最初考虑对 Quorum Systems 进行调查及评估的时候，也是小心翼翼，怕对方感觉到而对自己抵触，让调查无法进行下去，所以他们在调查评估过程中和 Quorum Systems 提前做了很多沟通，比如表达自己对他们技术的认可，以及加大加深合作的意向，由于都具有同样技术背景，且前去的调查人员也有在硅谷工作创业的经历，这使得展讯通信对 Quorum Systems 的评估调查进行的很顺利。

虽然 Quorum Systems 在此之前考虑过很多种方式去抢占市场份额，增加竞争力，获取更多收益，但被收购绝对是他们未曾想到的。在一开始他们不太接受这一提议及想法。Quorum Systems 如果被中国的展讯通信收购将会面临如下问题：（1）股东是否同意。展讯通信收购 Quorum Systems 在股东那边最初并没有通过。因为股东投资回报尚未达到他们的期许，在经过几轮投资后，6000 多万美金的投资并未收回。当时 Quorum Systems 并未上市，如何估值，股东的利益如何保障是个焦点问题。（2）公司人员何去何从。收购也意味着重组，而这也代表公司整个组织架构，人员配备都会有变动，并做出相应调整。至 2007 年，Quorum Systems 有员工 50 多人。其中技术研发团队 30 多人，员工在收购完成后在公司的去留是否还能由现有管理者决定？目前的管理高层是继续留任，还是以其他形式罢免？……员工是企业发展的动力，Quorum Systems 的技术实力，也是由它十年的技术团队创造的。如果这些人员在收购后，离开公司，那么也意味着 Quorum Systems 的软实力被削弱，从而导致硬实力失去支撑。（3）文化差异。展讯通信虽然是海外注册成立，但是其实是一家由中国海归人员创立的公司，不同的文化背景会在沟通，管理模式上产生差异从而引发矛盾。而这些矛盾完全可以让一个企业未老先衰，走下坡路，甚至可能产生更坏的后果。

3. 收购后资源整合

展讯通信最终还是通过高溢价完成了对 Quorum Systems 的收购，自此，展讯通信成为业界唯一一家两颗芯片打天下的厂家，在 2G、3G、RF、基带、物理层软件、协议和应用等多个无线市场领域内的竞争力显著增强。而收购后对 Quorum Systems 的资源整合也成为展讯通信面临的一项艰巨任务。

（1）初期整合

展讯通信通过收购 Quorum Systems 获得了一个经验丰富的射频芯片工程师团队，团队由 24 位工程师组成，平均从业经验都在 10 年以上。团队的核心灵魂人物——首席技术官凯瑞对 Quorum Systems 射频技术研发起到举足轻重的作用。团队成员戏称，凯瑞就是他们的精神支柱、精神领袖。这样一个无比强大及团结的技术研发团队，整合好无疑会让展讯通信如虎添翼。对于这些团队成员，是将他们继续留在美国的研发中心，还是抽调到中国，或者将中国的工程师抽调到美国，掌握到核心技术之后，再进行大换血……这些都成为展讯通信思考的问题。最终展讯通信选择将这些原有的工程师继续留在 Quorum Systems 的研发中心。因为他们是 Quorum Systems 的核心成员，掌握核心技术，如果进行抽调或者大换血，势必会人心背离，引起内部员工信心动摇，工作积极性衰减，而技术研发正是 Quorum Systems 最大的价值所在。

Quorum Systems 管理团队成员主要是首席执行官和首席技术官，他们有着丰富的技术背景，对行业很了解，懂技术。Quorum Systems 在波塞的管理下，规模逐渐壮大，研发的射频芯片技术在国际同行业中也是居领先地位。收购后是保留 Quorum Systems 的原有管理团队，还是从展讯通信这边派人过去换掉现有管理层？如果保留 Quorum Systems 现有的管理团队，展讯通信收购完成后会否无法掌控 Quorum Systems？由于地理上的距离，如果不安插展讯通信中方人员，是否会出现管理不及时，或者信息有偏差，沟通效率降低的问题……经过考虑，展讯通信将常驻在展讯通信硅谷分公司的销售副总裁 Wang 空降到 Quorum Systems 美国研发中心作为“钦差大臣”协助管理。周承云也是技术人员出身，有着很强的技术背景；除此之外，Wang 对行业动态也很了解，市场敏锐度强，同时他在美国工作生活多年，展讯通信认为派 Wang 去协助管理 Quorum Systems 是最佳选择。与此同时，波塞仍继续担任首席执行官，凯瑞担任首席技术官。展讯通信希望通过此次对 Quorum Systems 管理团队人事变动，促进两家公司收购后更有效的沟通与糅合。展讯通信人员在 Quorum Systems 管理团队的加入，并不会让展讯通信对 Quorum Systems 的管理无法掌控而失控；另外，展讯通信也希望周承云的工作背景及经历能帮助 Quorum

Systems 进一步拓展市场，使得对 Quorum Systems 的收购能够促进展讯通信的发展，带来附加值。

Quorum Systems 是一个典型的美国社会缩影的初创型公司，聚集了各种族的员工，并且员工以技术型为主，公司没有特定的组织架构。Wang 上任后，对公司进行一系列改革：将其销售职能免去，销售主要由硅谷分公司和上海公司完成，而 Quorum Systems 主要致力于技术研发。Wang 出于提高工作效率，有效监督的出发点提出下级要向上级汇报工作及进度，任务由上级派发。同时，对于上班时间也做出明确规定，员工不可以迟到早退，研发的项目要由公司提出，进度安排也要根据公司的节奏安排。此外，Wang 将展讯通信的企业精神、企业道德、领导观念和思维方式全盘灌输到 Quorum Systems，比如展讯通信企业精神是奉献精神，永远把自己利益放在最后，先企业后自己，先大家后小家。Wang 作为展讯通信的"钦差大臣"，对 Quorum Systems 的很多层面都涉足，尽职尽责，在 Wang 看来，如果不能全面进入 Quorum Systems 各层面的治理，凭自己一人之力将无法掌控管理 Quorum Systems。

表 1　展讯通信的文化体系

展讯愿景	让全世界都能享受自由沟通的快乐
展讯使命	以持续的创新与服务，成就行业领先；以优质的产品与合作，提升客户竞争力；以良好的环境与团队精神，促进个人发展
展讯价值观	学习 创新 责任 承诺；正直 诚信团队 协作； 沟通 尊重 专注 激情

（2）文化差异显现

展讯通信与 Quorum Systems 虽然都是技术研发型企业，员工也大多为技术人员出身，且展讯通信成立时的第一支团队也是由海外留学及创业人员组成，对美国文化及美国企业文化有过接触了解，但是在实际并购后，文化差异在展讯通信与 Quorum Systems 的整合中逐渐显现，带来的经营管理困难主要有以下几点：

①两家企业的职员有不同的需求和期望。Quorum Systems 的原有员工有着

自由的工作时间，对于工作的完成，他们通常自己给自己设定目标，不需要老板太多的监督，大多是互相间的信任，工作按时按质完成，没有太多严谨的条条框框去约束。而展讯通信的员工，自己也给自己设定目标，但是会以老板的要求为目标，习惯对员工进行监督，用制度去约束规范行为，对工作时间有着严格要求。同时，在工作、生活态度上，美国的员工更会开心工作，享受生活，不会因为生活而疲于工作。而中国的员工大多以工作为中心，生活围着工作转，无暇顾及享受生活。在他们看来，美国员工这种工作态度是散漫，甚至是不尽心负责的。

②来自两家企业的经营管理人员难以达成一致协议。虽然展讯通信空降Wang协助管理，但是Quorum Systems的创始人及执行总经理波塞及其他高层管理人员仍留任。因此，在对公司做一些决策的时候很难达成一致。Wang有着很强的销售业务能力，在展讯通信担任销售副总裁，他的能力是得到公司上下一致认可的。展讯通信之所以将其空降到Quorum Systems，也是看重其在销售上的业务能力，希望他能带领收购后的Quorum Systems开拓更宽广的国际市场，提升业绩。Wang处事干练，工作狂热，对下属要求也很严格。然而在对Quorum Systems后面如何开拓市场，如何发展增加销售业绩等一系列问题上，Wang与波塞的意见经常产生分歧，很难达成一致。

③两家企业的职员对决策方案和管理制度理解不同或执行程度不同。Quorum Systems一直以来对工作人员尤其是技术研发部门的工作人员的工作时间没有严格的要求，每个人只要把自己手里的任务完成，每天在公司工作几个小时，上下班时间都很自由。但是这在中方人员看来是无任何制度，自由散漫的，这样无法形成一个良好的企业文化，并且也很难对公司运营做很好的掌控。Wang针对这一情况给Quorum Systems制定了严格的考勤制度，决心整治Quorum Systems散漫的工作风气。在对公司内部制度做出调整的同时，Wang也参与到技术研发部门的事务中，对研发方向及其他技术问题提出意见。在Wang看来，这是不负展讯通信的期望，努力将Quorum Systems提升到另一阶段，对Quorum Systems的管理方式做出调整从而更加有效地将Quorum Systems软硬件糅合到展讯通信的平台上。但是，这一系列制度及举动，并未

能获得 Quorum Systems 本土员工的认同，他们已经习惯了自由的工作时间，不受监督的工作方式，即使这样，他们一样可以把工作完成的很好。这些新增加的条条框框，无疑显示了对他们的不信任，甚至是不尊重。这样不仅不能提高他们的工作效率，反而降低了工作效率和工作积极性。

（3）新管理模式的冲突

Quorum Systems 按照 Wang 新的管理模式运营后，问题开始逐渐显现。Wang 发现很多他想表达的意思，往往说出来后会让员工脸色由晴天变阴天，有些员工甚至公然反驳他，比如 Wang 惯常喜欢用很多的“Must”“Cannot”这些词去表达自己的想法，但在员工看来是 Wang 在展示炫耀他的权威，发号施令。有次在 Quorum Systems 会议中，波塞建议将研发任务分工，指定给不同的研发小组时，对首席执行官凯瑞开玩笑的说：“伙计，你比我更懂，这个交给你，我可以去度假了。”而在一旁的 Wang 立刻很严肃地对波塞说：“身为首席执行官的你怎么可以这么不把公司的事情当一回事，现在正是关键时刻，你怎么还能想到给自己放假，去度假呢？你必须把这件事情做好了。”波塞很诧异，同时也觉得 Wang 说话的语气以及强硬的态度让人很难接受，波塞只是和凯瑞调侃一下，他的目的是想让大家放松，同时也突出凯瑞的重要性和专业性，并不是置之不理，在波塞看来这反而是公司管理中，大家平等的一个重要表现。

——创始人出走

2008 年 9 月 Wang 回展讯通信上海总部开会，会上展讯通信将未来的战略目标做了规划，同时给圣地亚哥的研发中心 Quorum Systems 分配了任务，研发与展讯通信新产品匹配的性能更稳定的芯片。2008 年是全面检测 TD 产业的一年，各家竞争激烈，而 TD 的稳定性、功能、成本也成为业内各家争夺的核心竞争力。Wang 会后回到圣地亚哥 Quorum Systems 立即召开大会，将波塞与凯瑞及另外几位技术骨干召来，会上他将研发任务分给凯瑞及其他几位技术骨干，让他们每月向自己汇报一下研发进度，而此项工作要在 11 月底 12 月初完成。波塞先生在会上的态度与平时有很大变化，他一直坐在一旁，一言不发，少了平时的爽朗、幽默，目不转睛地看着手中拿着的研发任务时间进度表。凯瑞打破会上的沉默，问 Wang，“为什么要做这个研发项目，为什么时间那么紧张，我们可不可以换成另一种模式，目前这个芯片产品还不稳定”。Wang 有些急躁地回答说：“没有为什么，这是任务，你只需要知道的一件事情就是完成它，按时按量按质完成，仅此而已。”凯瑞很生气地说：“我们需要知道自己在做什么，而不是没有大脑，不会思考，随便任人摆布。”凯瑞的态度，让 Wang 觉得自己的权威受到了挑战，如果不震住他，以后在 Quorum Systems 他将无法立足，更不要说管理这个只有 30 人的研发中心了。于是，Wang 说，“如果有什么不满，公司尊重你，你可以不接受这次任务”。凯瑞和波塞都吃惊地看着 Wang。

这次会议后，过了一个多月，Wang 发现每天早晨他是第一个到公司的，没有人准点到公司上班，大家都是快到中午时才陆续到公司。Wang 很生气，这样涣散的工作态度让他觉得自己没有做好自己的工作，是他管理上的失职。于是他找来波塞质问他，“为什么公司员工都不准点上班，大家上班和度假一样，这样的态度怎么工作，何况目前手里的研发项目交付工作迫在眉睫。作为首席执行官，对于这种情况怎么可以不予处理”。波塞没好气地说，“大家最近都在很努力的工作，最后只要任务完成交给你就好了，我们一直都是这样，没有严格的考勤制度，大家各司其职，最后把事情做好就可以了。我觉得有个轻松愉快的工作环境比这些循规蹈矩的框框条条更重要，而且你也是技术出身，应该知道搞研发最不能受到约束，我们的思维，灵感如果被这些框住，我们的价值是没法体现的。我是公司的 CEO，我知道我在做什么”。

Wang 对波塞的态度及回答很不满意，他没考虑波塞的想法，第二天，他召开全体公司会议，要求员工按时上班，如果任务不能在上班时间完成，只能说明他们在上班时间没有认真工作，效率低下。与此同时，他给研发部的项目攻关组制定了每日进度表，并且要向他汇报。

这一举动在 Quorum Systems 内部顿时掀起轩然大波，他们觉得自己没有被尊重，他们早已习惯了之前的工作方式，虽然他们没准点到，但是他们也经常熬夜完成攻关，努力完成工作，他们的付出并不少。一直以来，Quorum

Systems 员工都把公司利益看得很重，因为他们知道公司发展了，自己也很自然的从中获利，他们和公司是绑在一起的，波塞和他们一直都是平等的，虽然他是首席执行官，但是在工作中他们是平等的，Quorum Systems 的自由平等的工作环境，让每一个员工都感觉很舒服，但是自从被收购后，新上任的“钦差大臣”的一系列做法，让他们越来越不满意。

波塞对 Wang 的这一举动很生气。从一开始 Quorum Systems 被收购，他内心的附属感越来越强烈，而骨子里创业家的那种冲动，激情在被一点点消磨，他现在 Quorum Systems 属于被架空的位置，这家公司虽然是他一手创立的，但是现在让他也觉得很陌生，甚至有被抛弃的感觉。与 Wang 在工作上的摩擦，让他更加坚定自己要离开的想法。2008 年底，波塞递交辞呈，毅然决然地离开 Quorum Systems。波塞的离开，让展讯通信的高层很诧异，但他们一直认为是因为波塞是创业起家，他需要不断挑战自己，是他自身的原因，因此，波塞的离职并没有引起展讯通信高层太多的重视。但是展讯通信也隐隐感觉到似乎有什么不对劲。

——凯瑞的离职

波塞走后，Quorum Systems 的灵魂人物首席技术官凯瑞成为员工的主要支撑点。然而，此时凯瑞的情绪也非常不稳定，Wang 在波塞走后，对公司的日常管理有了更多的参与及渗入，而一直在技术研发独挡一面的凯瑞此时也经常面对 Wang 的指导。为了配合基带芯片，提高 TD 技术的稳定性，射频芯片的更新换代任务一直是凯瑞要面对解决的，凯瑞非常专注于此，然而他的工作成果及付出往往不被肯定与认可。因为收购后的 Quorum Systems 不再是单独一个射频芯片制造商，而是要配合展讯通信开展战略发展的一个研发部门，Quorum Systems 的职能已和以往不同，Quorum Systems 的研发更多是在战略角度上与展讯通信的基带芯片融合，提升到另一个台阶。对于这一点，展讯通信很清楚，而 Quorum Systems 的员工却一点也不清楚，因为他们未从 Quorum Systems 这里得到明确的告知或说明，他们仍然按照自己之前的思维方式，研发模式在工作，而在 Wang 看来是 Quorum Systems 顽固不化，没有听从指示，不积极配合公司的战略发展规划，没有考虑公司利益。Wang 认为

Quorum Systems 的所有员工应该从被收购的一开始就知道要配合展讯通信的战略规划。

2009 年 3 月，凯瑞将新的产品任务研发工作完成交给 Wang，Wang 看完后，大发雷霆，因为凯瑞并未按一开始的要求去完成设计工作，Wang 质问凯瑞为什么不按要求做，凯瑞反问 Wang，“我比你更懂这款芯片，我知道什么设计能让它性能更好体现，稳定性更好，需要你教我吗？”Wang 非常生气地说，“但是你这样设计就无法与我们现有的芯片匹配，会出现问题的”。凯瑞反问到，“可是，你并没有告诉我，为什么要设计这样，需要匹配他什么性能。我想你应该想想，是不是你的问题，你不能每次都这样画好框，再把我们填进去，我们有自己的想法，如果你真的需要我们设计匹配你的产品，那请你说清楚，你这样我没有办法再与你共事”。一个月后，凯瑞递交了辞呈，紧随其后，相继几位技术研发骨干也递交辞呈离开了公司。Quorum Systems 立刻陷入一片混乱，人心惶惶，大家对自己在这家公司的未来充满疑惑，很多员工已经思考是否要离开另谋高就。

这一次的突发事件对展讯通信无疑是晴天霹雳，因为人是 Quorum Systems 最宝贵的财产，在设计研发人员占公司总人数 80% 的公司，这些员工大脑里装的设计想法，图表是最值钱的，Quorum Systems 自有的固定资产不值多少钱，这点展讯通信深深意识到，所有的设计方案都在人的脑子里，没有了人，也便失去了这些财产。而离开的是 Quorum Systems 最重要的核心灵魂人物。这次事件引起了展讯通信高度的重视。

4. 走出困境：本土化融合

Quorum Systems 两位创始人以及其他几位技术骨干的相继离职，让展讯通信意识到了问题的严重性。当时，展讯通信请了一位美国人菲格先生作为 Quorum Systems 的总经理去管理，而将 Wang 重新调回展讯通信硅谷分公司。菲格在中国工作生活过多年，对中国文化十分了解，可以说是位中国通，到 Quorum Systems 后，菲格开始对 Quorum Systems 发生的情况进行了解，在经过了解后，菲格针对这些情况作了相应的解决方案，这些方案也得到了展讯通信高层的支持和认可。

菲格将之前 Wang 制定的一些改革取消，恢复到 Quorum Systems 收购前的状态，菲格担任 Quorum Systems 总经理半年后，又找来 Quorum Systems 前 CTO 凯瑞，与他进行了一次深入的谈话，请凯瑞再次回到 Quorum Systems 担任首席技术官兼总经理。凯瑞接受邀请，再次回到 Quorum Systems，这对 Quorum Systems 员工是个很大的鼓舞，无疑打了一针强心剂，紧随凯瑞之后，之前离职的几位技术骨干也回到了 Quorum Systems。菲格将展讯通信上海总部的技术研发部几位骨干成员以及首席技术官请到圣地亚哥，与 Quorum Systems 的技术研发人员进行沟通，将展讯通信以后的发展战略规划，设计研发思路与方向做了彻底的沟通，让 Quorum Systems 的人了解到他们的思路要转变，因为公司的目标已经变了，Quorum Systems 已经不再是收购前独立设计研发射频芯片的公司，只专注自身这块领域，如今的 Quorum Systems 是展讯通信的一个重要组件，影响着展讯通信的整个战略全局，Quorum Systems 以前给自己设定的目标现在需要改变。

经过这次彻底有效的沟通，Quorum Systems 上下达成共识，认识到转变目标能带来更大的收益，能让公司的价值得到最大发挥，自己的利益也会随之增加。事实最终也得到验证,Quorum Systems 被收购两年内，业绩非常突出，Quorum Systems 很自然的得到了展讯通信当初“对赌协议”承诺的 600 万美金奖励。同时，展讯通信每年会定期将上海总部技术研发部的员工派到圣地亚哥的 Quorum Systems 培训交流学习，而 Quorum Systems 的研发技术人员每年也会交换来到上海总公司学习培训。展讯通信同时加大了对员工语言的要求，奖励主动提升语言水平的员工，给员工创造更多的机会，定期送员工进行英语培训，同时也鼓励美国 Quorum Systems 的员工学习中文，并且对语言提升快的员工给予奖励，两家公司保持着良好的沟通。作为研发中心的 Quorum Systems 独立的按照自己的方式管理经营，没有任何被约束控制的感觉。展讯通信将 Quorum Systems 作为自己不可或缺的研发中心，对其技术设计研发动态非常了解，而对其管理也没有要控制的想法，因为双方的目标明确一致，这比任何的控制管理方法都有效。

案例 6　展讯通信海外并购中的跨文化管理
——使用说明

在中小型高科技企业跨国并购中，围绕双方核心团队的技术对接与管理协调往往成为并购整合的关键，也是跨文化管理重点关注的焦点。本案例介绍了一家创新芯片制造商——展讯通信海外并购的发展历程，描述了展讯通信收购整合中遭遇的跨文化管理困境，其推行的新管理模式在不同文化冲突中怎样进行适应性调整，从冲突走向融合，直至最终取得并购后的突出绩效。本案例展示了一家高科技企业在跨国并购活动中对跨文化管理问题的思考全貌。具体来看，对本案例的把握可以从以下三个方面着手：（1）通信行业跨国并购的国际背景以及案例主体展讯通信海外并购的动机；（2）展讯通信海外并购后的整合与跨文化冲突；（3）展讯通信海外并购如何通过跨文化管理消弭跨文化冲突。

一、教学目的与用途

1. 本案例试图用基于制度文明的冰河模型来解释展讯通信海外收购中的跨文化管理实践，主要适用于 MBA 学生、本科生的“战略管理”“跨文化管理”等课程，也适用于其他工商管理类别的课程教学和管理培训。

2. 本案例的教学目的主要有：（1）通过展讯通信海外并购的过程分析，展示中小型高科技企业运用外部增长战略的一般思考路径；（2）通过案例重点讲解基于 Scott 制度理论的跨文化管理新框架“冰河模型”；（3）通过案例演示文化冲突过程中成功的文化整合与不同全球战略之间的关系。

二、启发思考题

1. 展讯通信对 Quorum Systems 顺利并购的影响因素有哪些？

2. 为什么海归企业展讯通信对 Quorum Systems 整合时会出现文化冲突？

3. 如何评价 Wang 的新管理模式？

4. 菲格“恢复原状”方针与展讯通信的随后举措为何能促进 Quorum Systems 的绩效?

三、分析思路

以下首先在 1 中展示教师引导学生进行案例讨论的基本逻辑线；然后在 2 中提出了每个步骤的关键讨论问题、问题的分析性答案。

1. 案例讨论的逻辑线（Step-by-step Logic Line）

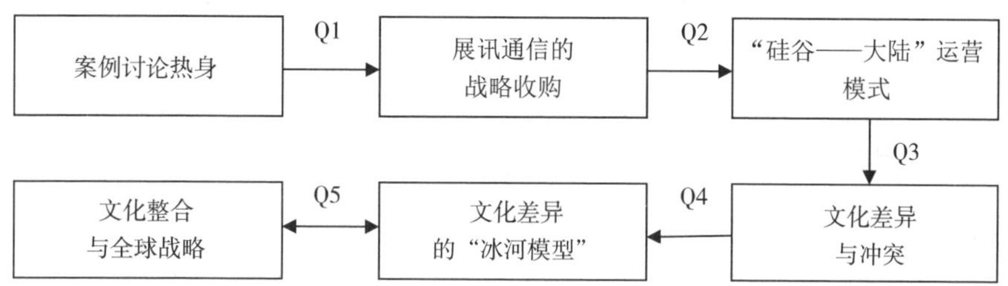

2. 讨论问题（Discussion Questions）

Q1：案例讨论热身（Warm up questions）（**5 分钟**）

请学生讨论一下：在高科技领域，海归创办的企业与国内企业相比，走出国门开展跨国收购活动有何优势？归纳大家的看法，可能包括：国际人才优势、熟悉本土与国外文化、追踪技术前沿、熟悉国际惯例、语言沟通优势等。

Q2：展讯通信采取了哪些措施顺利收购 Quorum Systems？（**10 分钟**）

结合展讯通信所在芯片行业发展趋势与竞争格局可以看出，通过外部增长机会（战略联盟或并购）获取互补性资源成为展讯通信重要的发展战略，也是其并购主要驱动力。我们可以沿用“清晰的发展战略——正确的目标选择——事前尽责调查——双赢的交易结构”来分析展讯通信的这次收购：

展讯通信需要通过收购射频芯片厂商完成公司对资源整合的需求，Quorum Systems 具有提供单芯片的射频芯片，但因自身单一技术可能存在持续增长的担忧也在努力寻求机会，可见 Quorum Systems 符合展讯通信“寻找与自己高集成度研发方向匹配的公司”这一标准，因而展讯通信展开对 Quorum

Systems 的并购属于战略驱动并购，双方具有很强的战略协同效应。展讯通信在调查评估过程中和 Quorum Systems 提前做了很多沟通，由于具有同样技术背景及在硅谷工作创业的经历，这使得展讯通信对 Quorum Systems 的评估调查进行的很顺利。由于展讯通信更看重 Quorum Systems 的软件——平均超过 10 年的 CMOS 射频半导体研发经验的技术团队，宁愿多花钱，也要收购最好的技术，最好的团队，因此展讯通信最终设计了一个双赢的交易结构：高溢价的要约获得 Quorum Systems 股东支持顺利将 Quorum Systems 并购，同时以"对赌协议"方式给予 Quorum Systems 管理团队更高的激励，这使得 Quorum Systems 上下士气大振，并购初期双方对接比较顺利。

Q3："硅谷—大陆"运营模式成功的关键与可能风险？（10 分钟）

展讯通信初创时的几十名员工大多是在美国硅谷著名企业工作过的、有丰富技术经验的留学生，启动资金是来自海外的风险投资，公司的现代化企业管理运作模式也是取自硅谷。此外，展讯通信在硅谷设立的分支机构既能获取最新的科技进步信息，同时也成为展讯通信日后向全球展示和销售产品的窗口。展讯通信上述国际化优势使得展讯通信在起步之初就具有一个全球化的眼界和思路——利用全球人才资源库、利用全球不同地区的政策优势、利用全球不同地区的技术优势，让展讯通信迅速成长壮大。也因此，整合全球资源，构筑美国硅谷和祖国大陆两地优势互为嫁接的"硅谷—大陆"运营模式成为展讯通信的发展理念。展讯通信正是通过把两者完美嫁接，创造了一次次自主创新的"奇迹"。

分解展讯通信的"硅谷—大陆"运营模式内涵，其关键要素包括以下几个（见表 2）。这其中，基于中国企业主导文化下的海归精神的融合是关键。

表 2 "硅谷—大陆"运营模式的关键要素

要素一：主导文化 + 海归精神	中国企业文化（集体主义、长期导向） + 自我管理，国家荣誉
要素二：高科技人才可获性	硅谷云集了众多行业高端人才，且易流动
要素三：创新技术可获性	硅谷是全球 IT 技术创新集散中心
要素四：市场支持	中国大陆庞大内需市场

但在另一方面，随着展讯通信整合全球化资源的深入，尤其是将 Quorum Systems 收入囊中，这时展讯通信面临的是中美两国不同企业文化的碰撞与对接。来自中美两国企业的管理人员由于不同的价值观念、思维方式和习惯等方面的差异，对企业经营的一些基本问题会产生不同的态度。在经营目标、管理方式、处事作风及变革要求等方面如果双方激烈冲突，不能从文化融合的角度寻求出路，就会导致企业并购后整合的困难乃至夭折。“国内企业（管理）看制度，国际企业（管理）看文化”越来越成为管理领域的普遍共识。

Q4：如何评价 Wang 的新管理模式？其引发的公司管理冲突与员工震荡背后深层次的原因是什么？（45 分钟）

Wang 的新管理模式实际上是基于霍夫斯坦特的文化洋葱模型中的行为整合与精神整合两个方面进行的。这一新管理模式对文化整合的内容并不复杂，可以说比较单一，但它存在的问题在于，对于两个有着不同文化背景的公司来说，跨文化管理中文化整合的模式并非照搬照套就能见效。Wang 的新管理模式并没有有效跨越两家企业之间的文化鸿沟，反而带来更多的文化冲突。其原因在于，Wang 没有辩证地看待文化差异，没有认识到对于不同类型的文化差异需要采用不同的措施去克服。如：因管理风格、方法或技能的不同而产生的冲突可以通过互相传授和学习来克服；因生活习惯和方式不同而产生的冲突可以通过文化交流来解决。Wang 是采用直接移植文化基因的方法将展讯通信的行为文化与精神文化注入 Quorum Systems，从而在 Quorum Systems 中造成了很大的冲突与隔阂。此外，Wang 的新管理模式没有充分认识到跨文化管理的关键是对人的管理，要实行全员的跨文化管理。由于无法将来自展讯通信的文化根植于 Quorum Systems 所有成员之中，自然也就无法通过 Quorum Systems 成员的思想、价值观、行为来达到跨文化融合的目标。最后，Wang 虽然也是旅居海外的华人，但毕竟没有完全融入东道国（美国）的文化，从语言技巧到文化管理等诸多方面显示，他并非理想的具有文化整合能力的经营管理人员，这也影响了其新管理模式的有效性。

四、理论依据及分析

基于制度理论视角来研究跨文化比较管理学是当前学界的一个热点，对制度理论研究比较流行的分析框架主要是 Scott（2001）的理论，它涉及制度的管控性、规范性和国家文化的认知性三个角度，三者共同构成制度文明的基础，进而对一个企业的管理模式以及管理特质产生影响。国内学者范徵（2010）基于 Scott 理论框架的精髓进行拓展提出了一个跨文化管理新框架——文化的“冰河模型”，本案例以下部分使用“冰河模型”展开分析：

（1）文化冲突的三层模型（截面分析，25 分钟）

根据文化的“冰河模型”，每个企业都代表着一条文化的冰河。跨国公司是在母国特定的外部环境下成长起来的，企业文化深受母国文化的影响。基于母国文化特定的信仰和社会认同感，跨国公司形成自己的价值观和治理制度，形成一条暗藏母国水流的冰河。东道国企业与跨国企业的情况类似，基于所在国家的社会认同感和信仰，形成一条暗藏东道国水流的冰河。跨国公司并购东道国企业，使得两条冰河相互交汇，如果跨国企业的母国文化和东道国文化存在较大的差异，并购后的新企业就会显现出巨大的文化冲突。利用“冰河模型”理论来解释展讯通信整合 Quorum Systems 的文化冲突，可以分为三个层次讨论（图 1）。

——积雪层的冲突

积雪层的冲突是两条冰河融汇时最直接的表现。展讯通信作为对外投资企业，原先具有自己的管理制度和对员工的考核标准，而被并购的 Quorum Systems 在成为展讯通信的一个分支以前，也存在自己的管理制度和员工考核标准。在两个不同的制度环境下，两家企业的员工和管理者养成了不同的行为习惯和工作模式，当两个企业合并以后，被并购企业的员工与投资企业派驻的管理者之间的习惯和模式差异被表现出来。如果两个企业原先的制度存在较大差异，那么管理者和员工就会表现出截然不同的行为习惯和工作模式，这种差异导致双方难以相互理解，最终产生了积雪层中标示的三个文化制度差异问题。

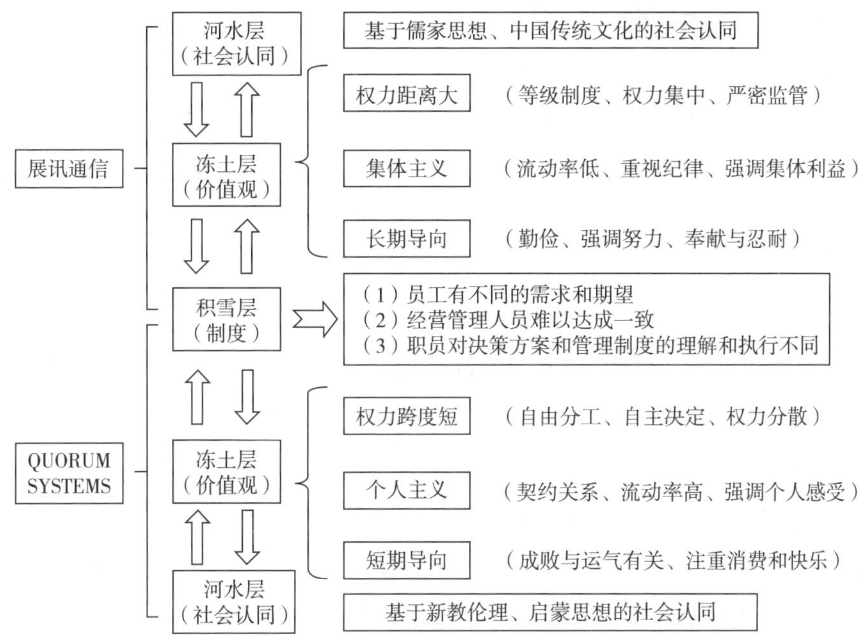

图1 基于“冰河模型”的案例公司文化冲突

——冻土层的冲突

冻土层的冲突是价值观层面的，依据著名跨文化管理大师霍夫斯坦特（1980，1991）提出的理论，可以用五个维度对不同的文化形成的价值观进行评定。《文化与组织：心理软件的力量》一书中对世界74个国家的测量结果显示，中美两国在“权力距离远近”“个人主义与集体主义”和“长期导向与短期导向”这三个方面存在十分显著的差异（表3）。这种价值观的差异是导致来自不同国家的企业在管理制度和考核标准等方面存在分歧的原因。

表3 中美文化维度测量结果的比较

文化维度	权力距离	个体主义	阳刚气质	不确定规避	长期导向
得分					
中国	80	20	66	46	118
美国	40	91	62	30	29

——河水层的冲突

河水层是文化的最深层，相当于文化洋葱理论中的内核，是文化中根深蒂固、难以改变的部分。中国人的信仰和社会认同源自传统的儒家思想，强调“忠孝仁义、长幼有序、礼乐仁和”；美国人的信仰和社会认同源自新教伦理和启蒙思想，强调“天赋人权、自由平等”。这种基于不同的历史条件形成的社会认同感的差异又是两国不同价值观背后的深层原因。

在跨国企业并购后的文化整合过程中，我们观察到的仅仅是两种文化表面的积雪层冲突，但是由于上述连贯的决定关系，这种冲突背后还暗含着两种文化价值观的冲突和更为深层的信仰与社会认同感的冲突。如果冲突的双方对各种现象背后的深层矛盾没有清晰的认识，那么即使进行沟通也无法做到相互理解。制度层面的冲突是在价值观差异和社会认同差异的挤压下形成的，而制度层面冲突产生的压力又会反向作用于价值观和社会认同感层面，就如同投入水中的石子，溅起的波纹不断扩散，冲突的规模也不断扩大。这就是案例中文化冲突的实质内容。

（2）文化冲突的三阶段模型（动态分析，20 分钟）

从两个公司并购接洽到最终完成整合，文化冲突可以划分为三个阶段（图 2）：

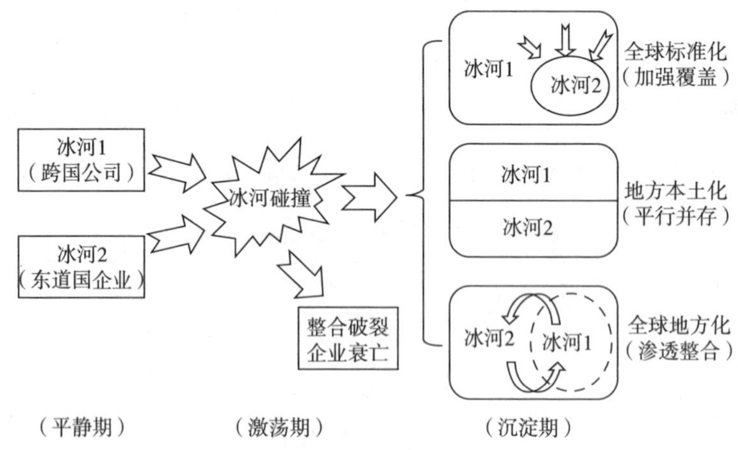

图 2　文化冲突的阶段模型

——平静期

在平静期，双方正在进行并购之前的接洽和调查，虽然双方可能已经意识到文化差异可能带来的冲突，但是因为实际的整合还没有开始，双方只能各自进行准备。在本案例中，展讯通信考虑最初在对 Quorum Systems 进行调查及评估的时候，也是小心翼翼，怕对方感觉到而对自己抵触，让调查无法进行下去，所以他们在调查评估过程中和 Quorum Systems 提前做了很多沟通，比如，表示自己对他们技术的认可，传递加大加深合作的意向，派去有技术背景、有硅谷工作创业经历的调查人员等，这使得展讯通信对 Quorum Systems 的评估调查进行的很顺利。

——激荡期

激荡期出现在双方的并购完成后不久，此时投资企业与被兼并企业之间的文化差异开始显现，各种文化冲突的表现开始出现，此时双方的关系就如图 1 文化冲突模型的截面分析所示，浅层现象的背后隐藏着复杂的关联机制，最终的推手是投资国与东道国不同的社会认同感与信仰。在本案例中，展讯通信并购整合 Quorum Systems 表现出的三大浅层文化制度差异冲突包括：来自不同文化背景的职员有不同的需求和期望；来自不同文化背景的经营管理人员难以达成一致协议；来自不同文化背景的职员对决策方案和管理制度理解不同或执行程度不同。这一浅层文化制度差异冲突背后，正是两家企业所受中美文化冻土层的价值观以及更深层次——河水层的社会认知与信仰方面的差异所致。

——沉淀期

大多数的并购活动都没能通过文化激荡期的考验，因为两个企业的文化难以相容而走向衰亡。成功的文化整合最终体现为三类不同的全球战略：

第一类是“全球标准化战略”，此时投资企业的文化处于绝对的强势地位，对处于弱势的东道国文化进行挤压和覆盖，要求被并购的企业接受自己的行为模式和管理制度，按照全球统一的标准进行生产经营活动。

第二类是“地方本土化战略”，此时被并购企业往往能保持相对独立的行为模式和管理制度，投资者虽然在股权上控制了被兼并的企业，但是不对其进行过多的干预和渗透，双方保持一种“举案齐眉”的关系。这种情况下，能够平行运作的海外分支一般在跨国公司的战略格局中有极其重要的地位，保证其独立有效的运作是跨国公司全球竞争力的有力支撑。

第三类是“全球地方化战略”，此时投资企业和被兼并企业的文化相互渗透，被兼并企业一方面保留着部分原先的行为模式，另一方面也受到投资企业的影响作出一定的调整。这种情况下，被兼并企业一般处在跨国公司主营业务的上游或下游，同时又面对着极强的地方竞争压力。

从文化维度的角度来看，霍夫斯坦特的分析认为，权力距离大、集体主义浓厚的中国文化下形成的组织对“规范化”的目标有极高的效率，也就是当上级明确的告知一个任务后，能够在较短的时间内有效的完成；权力距离短、个人主义浓厚的美国文化下形成的组织对“开放式”的目标有较高的效率，而创新活动正是典型的开放式任务。因此，从文化特征的角度考虑，展讯通信应该让 Quorum Systems 更多地保存其现有的行为模式和管理方式，这有利于让研发人员在轻松的氛围下发挥自己的想象力，探索新的技术成果。

从跨国公司全球战略的视角看，Quorum Systems 是展讯通信重要的竞争力来源，可以说占据了新时期展讯通信 50% 的核心竞争力。在这种情况下，平行并存的“地方本土化战略”应该是展讯通信的优选策略，让 Quorum Systems 保持相对独立的运行，可以维持其原有的活跃创新能力，保持知识产品的高质量产出对于展讯通信今后的发展具有重要的意义。这也是深谙中美两国文化差异的菲格执掌 Quorum Systems 总经理后采取“恢复原状”措施的重要考虑，菲格采取了包容的管理方式，运用了本土化及文化相融的管理策略，这对 Quorum Systems 的人事管理产生了积极影响，重新吸引了凯瑞先生以及核心技术骨干的回归。

虽然并购后的 Quorum Systems 需要考虑自身产品和展讯通信产品的匹配问题，但是通过技术上的统一标准和协调完全可以解决，无须在具体的工作流程上进行过多的干涉。比如，菲格安排展讯通信的总部研发人员与 Quorum

Systems 研发团队进行彻底沟通，传递 Quorum Systems 组织转变的愿景及使命，促使 Quorum Systems 员工明确自身发展目标并达成共识。

反观 Wang 在进入 Quorum Systems 后的做法，明显倾向于“全球标准化战略”，而这并不符合通过理论分析得出的最优方案。首先，Wang 希望向 Quorum Systems 灌输展讯通信的东方文化，但相比之下其原有的基于西方文化的行为模式更加有利于创新产品的出现，Wang 的做法是反其道而行之。同时，中美文化难分轻重，寄希望于对美国文化进行加强覆盖、实施“全球标准化战略”是不合时宜的做法，扩大文化冲突引起的研发效率下降反而危及到展讯通信自身的发展和竞争力。之所以产生这样的问题，就在于 Wang 没有深刻地认识到“冰河模型”所揭示的文化冲突的三重性，没有意识到文化冲突种种表象的背后是两种文化价值观和社会认同感的深层矛盾，试图通过自身强势压制制度层面的各种反抗只会导致深层矛盾的激化和爆发，最终导致 Quorum Systems 两位核心人员的离职。

最后，从展讯通信与 Quorum Systems 之间开展的双边技术培训与语言学习等活动来看，双方不仅希望保持良好沟通与合作，而且试图在公司融合方面采取更为有效的文化创新策略。基于跨国研修等形式的跨文化培训，可以造就一大批核心人员，这种文化学习的方式是友好、高效且能保持各方文化优点传承的一种策略。

五、关键要点

1. 展讯通信的战略收购与发展理念是案例分析的初始重点。展讯通信作为一家海归创办的中国企业，有其国际化的综合优势，在对 Quorum Systems 的并购前期活动中，可以清晰地看到展讯通信如何基于战略并购的动机，采取了一系列清晰可控的操作步骤，从而顺利实施了对 Quorum Systems 的收购。展讯通信对 Quorum Systems 的成功并购，既有战略上的成功，也有跨文化管理上的成功（平静期的合理举措），针对硅谷外资高科技企业的并购对于展讯通信维持“硅谷—大陆”发展模式的有效运转具有重要意义，但同时也隐含一定的整合文化冲突的风险。在对本案例分析初始，可以让学生就展讯通信顺利并购 Quorum Systems 以及“硅谷—大陆”运营模式之间的有机联系展开分析讨论。

2. 如何评价新管理模式是本案例分析的重心。对于两家文化背景不同的企业，展讯通信派出的高管空降后推行的新管理模式却在事实上导致了 Quorum Systems 的大幅震荡。利用本文提供的文化“冰河模型”所做截面分析表明，这一震荡实质在于两种文化差异不同层面属性的冲突，展讯通信派出的高管 Wang 由于对文化冲突现象背后的深层矛盾没有清晰的认识，因此其推行的新管理模式从一开始就在制造文化制度层面的冲突（积雪层的冲突），更由于 Wang 本人并非理想的具有文化整合能力的经营管理人员，因此文化冲突的深层次矛盾只能被进一步激化，由此 Wang 推行的新管理模式只能走向失败。

3. 展讯通信启用美国人菲格代替 Wang 是案例并购整合分析的一个关键转折点。深谙中美文化差异的菲格的出现，使得并购整合中的文化冲突走向文化融合成为可能。菲格的“恢复原状”方针吻合霍夫斯坦特基于中美文化维度下的比较建议：Quorum Systems 更多地保存其现有的行为模式和管理方式是美国文化下组织创新活动的高效保障。进一步来看，利用本文提供的文化冲突阶段的动态模型分析可以发现，Wang 的新管理模式与菲格的“恢复原状”方针，代表着不同文化整合下的战略适用，但是适用的结果却是，新管理模式所倾向的“全球标准化战略”导致了文化整合的失败；而“恢复原状”和进一步沟通所倾向的“地方本土化战略”则促成了文化整合的最终目标：整体上提升了展讯通信与 Quorum Systems 的更好融合与预期绩效。

六、建议课堂计划

本案例可以作为专门的案例讨论课来进行。如下是按照时间进度提供的课堂计划建议，仅供参考。

整个案例课的课堂时间控制在 80~90 分钟。

课前计划：提出启发思考题，请学员在课前完成阅读和初步思考。

课中计划：简要的课堂前言，明确主题（2~5 分钟）

分组讨论（30 分钟），告知发言要求

小组发言（每组 5 分钟，控制在 30 分钟）

引导全班进一步讨论，并进行归纳总结（15~20 分钟）

课后计划：组织感兴趣的同学，进一步研究高技术企业对外投资涉及的跨文化管理战略、组织与文化冲突等问题，并注意给出该类企业的独特性分析。

第2部分

适应本地化

下半部分包含了七个适应本地化的国际商务案例：

在 SDZ 公司案例与 BMW（宝马）中国案例中，我们特意探讨了市场竞争服务与公益竞争服务对于跨国企业本土化的影响。SDZ 公司案例从市场竞争的角度审视了一家进入中国市场未达到预期目标的跨国企业的困惑，并基于蓝海战略的运营给出了本地化策略的思考。宝马中国案例则基于公益服务的视角，探讨了基于东道国市场的战略性 CSR 对企业本土化适应的重要意义。达能与娃哈哈合资案例则从跨国公司本土化成功合作之后出现的组织分歧视角探讨了适应本地化的动态变化与战略治理的重要性。

气象传媒龙头华风集团的案例揭示了一个本土行业头牌型企业如何更好地实施战略转型的故事。这一案例揭示了一家国企在二次战略调整过程中，面临事业单位改革与外资竞争压力下如何协调与上级事业单位关系，应对外资对手邀约以及相应的制度设计。这里关注的焦点包括企业的行政性垄断资源如何转化为企业核心的市场竞争力，无疑，这一转化过程牵涉不同性质的交易活动，因此选择一个合适的交易治理结构非常关键。华风集团这一案例还显示，中国背景下国企的战略转型是否有效很大程度上依赖于治理结构方面的制度设计。与之相适应，中卫国投案例则从健康服务新兴市场启动的视角探讨了一家创业企业如何扎根本土行业特性，破解医疗市场内在“不稳定三角”进而获得更好适应本地化的优势。

最后，我们还选取了两家中国制造业的工匠，来探讨其卓越的本地化适应性变革。乐凯案例从转型的视角审视了一家在内向全球化竞争中成长的中国企业，当其所在行业与对手发生重大转折变化时，企业如何捕捉转型机会并顺应这一趋势。乐凯案例将读者关注焦点进一步带入微观竞争对手的转型世界。这其中，技术供给与延续、需求突变与创新、企业跨界行径等更为复杂的交易影响因素，无一不在展示着全球化竞争氛围下内资企业转型之路的艰辛与迷茫，乐凯转型过程中如何构建有效的治理组织并确保战略方面的灵活反应是这一案例研讨的亮点。方太案例则从本地化儒学文化视角研究了中国制造业缔造的业绩传奇，在方太案例中，我们不仅试图揭示中国本土企业战略转型时的决策困境，而且还就家族企业这一独特制度情境下如何通过文化与组织治理，达到企业卓越绩效表现进行深入探讨。方太的案例也表明，国际化的经验与制度学习，更需要经由本土化的文化基因融合与吸纳，只有这样，中西合璧才能浇灌出独特竞争力之花。后面四个案例探讨的适应本地化都是基于中国本土型成长企业的视角所做的分析。

不出读者意外，这里我们仍然运用了威廉姆森提供的分析思路与工具。在一个充满不确定性的世界里，跨国企业的本土化意味着更多的关系型合约的产生，并且资产专用性也更多的与专有地点等便利因素产生了联系。在这一意义上，重视对中国市场的环境，特别是制度与文化的分析自然成为跨国企业本土化的重要“利器”。

案例 7　SDZ 的中国市场战略

引　言

2011 年 4 月一个春光明媚的下午，在北京金融街气势恢宏的 A 号写字楼 12 层的办公室里，SDZ 中国公司的执行总监 Phil 先生正若有所思地推开窗户，面对金融街上车水马龙的喧嚣景象，Phil 先生此刻的思绪也有点茫然：SDZ 进入中国市场已有 3 年多，但总公司对 SDZ 中国公司的业绩并不满意。除了增长率达不到要求以外，更深层的原因似乎在于：尽管经过了 3 年的尝试，但 SDZ 中国公司至今还没有找到一个能看到希望的、适合中国市场发展的非专利药销售模式……为此，Phil 已经承受了很大的压力，在接下来的 2 年中，他必须带领中国公司尝试更大的突破并取得明确的绩效。想到此，Phil 先生的眉头拧得更紧，当他把目光从窗外移至办公桌上时，彼得·德鲁克的战略丛书似乎触动了他的某处心弦，他慢慢踱至桌前，一边若有所思，一边在纸上开始勾勒着……

1. 背景

（1）SDZ 中国公司

SDZ 中国公司成立于 2007 年 1 月，是知名跨国制药企业 XX 集团的非专利药部下属子公司，总部设在上海，2007 年 12 月收购了南方某市的制药厂，注册资金 2500 万美元，投资总额 4000 万美元，占地面积 60000 平方米，拥有现代化的生产和包装设备以及完善的质量体系，以此作为其在中国的生产基地。目前在华员工约 500 人，SDZ 中国公司的愿景是“根植中国，德济万家”，致力于为更广大的患者提供高品质、合理价格的产品，成为中国医师、药师和患者的首选。

（2）组织架构

自 2007 年 SDZ 中国公司成立至今，它的组织架构先后经历了 4 次变动，至 2010 年，最新的组织架构如图 1 所示。

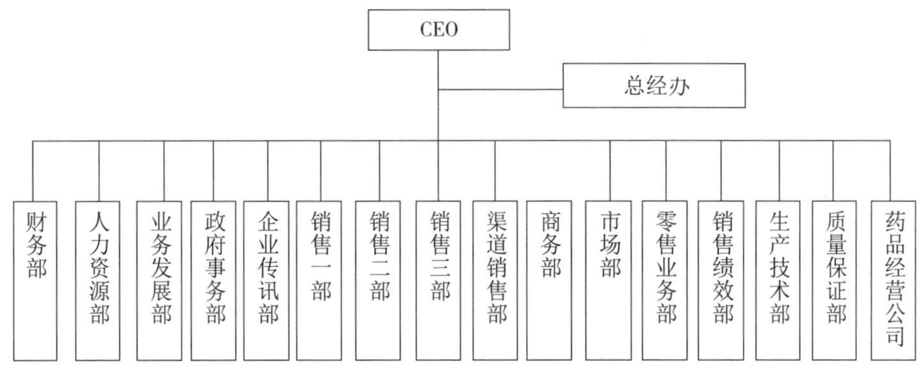

图 1　SDZ 中国公司的组织架构图

资料来源：公司文件

（3）产品

目前 SDZ 中国公司的产品仅涉及临床医学的部分领域，例如抗生素、中枢神经系统、消化、心血管和激素类等，主要产品包括善宁（奥曲肽）、善龙（奥曲肽）、索尼特（单硝酸异山梨酯）、迪克乐克（双氯芬酸钠）、安普索（盐酸氨溴索）、莱得怡（阿莫西林克拉维酸钾）、金思平(盐酸司来吉兰)、PePP 清醒咀嚼片、赫宁(醋酸生长抑素)等。以口服片剂为主，从上市品种看，SDZ 中国公司的核心制造技术得到了充分的体现，与同类产品相比效价比高，有的产品的疗效甚至超过其原研产品，具有明显优势。

2. 行业与市场

（1）医药行业发展

根据 IMS Global Pharmaceutical and Therapy 的统计，2003~2007 年全球的

药品市场增长率为 21.6%，2009 年全球药品销售额超过 8200 亿美元。虽然欧美发达国家市场上升已趋缓，但由于主要新兴市场国家将持续保持两位数的增长，所以预计到 2020 年，全球市场总额将达到 1.3 万亿，总体增长趋势维持在 4.5%~5.5%[①]。中国、印度、巴西、俄罗斯等新兴市场国家将继续保持两位数增长，并占到全球市场的 1/5 以上[②]。

中国医药市场近十年来一直保持 20% 以上的增长率，2007 年中国药品市场总额是 200 亿美元，主要是非专利药，约占销售总额的 93%，药品生产企业超过 5000 家。预计 2010 年中国处方药品市场规模将超过英国，成为世界第五大处方药市场[③]。2009~2012 年，中国药品市场总额预计会保持 20% 的年增长率，按照这样的增长趋势，预计到 2050 年中国医药市场将会成为世界第一的医药市场。

（2）非专利药市场容量

2005~2015 年是全球专利药品专利到期的高峰时期，仅 2007 年，全球就有 35 种重量级药品专利到期，市场容量高达 800 亿美元[④]。2008 年到 2012 年，欧美发达国家以及日本每年都有数十个重磅炸弹药物专利到期，其中 2012 年左右数量达到高峰（见附表 1）。据估计，仅 2011 年专利到期的药品将会释放大约 600 亿美元的市场空间[⑤]。因此，这一段时期是非专利药企业大发展的黄金年代，同时也是竞争最为白热化的时期。

据 IMS Health 估计，2008 年全球药品市场总额为 7263 亿美元，比上年增长 5.1%。中国在全球前 10 位的医药市场中排名第九，总量为 182 亿美元，占全球市场份额的 2.5%。虽然销售总量不高，但增长率是前十名市场中最高

①Jim Miller.CMOS must face new realities.Pharmaceutical[J]. Technology Europe, 2008, (10):17-18.

②Shyama. Possibilities for integration of biotechnology in the Indian pharmaceutical industry[J]. International Journal of Biotechnology, 2001,(11):95-115.

③Amanda Chater. 2007 generics report[J]. Drug store news, 2007, 29(2): 23-40.

④徐君，张继稳，邵蓉 . 2008 年专利到期药品数据分析 [J]. 中国医药技术经济与管理，2007，12(1)：59-65.

⑤Sergio Garcia.Emerging Trends in Biotech\Pharmaceutical Collaborations[J].The Licensing Journal, 2008,(10):1-6.

的，达到 27.4%，见下表 1。

表 1　全球排名前 10 位药品市场

	销售额（亿美元）	市场份额	增长率
全球市场	7263	100%	5.1%
美国	2907	40.0%	1.2%
日本	654	9.0%	4.4%
法国	431	5.9%	4.1%
德国	418	5.8%	5.9%
意大利	260	3.6%	4.3%
英国	234	3.2%	2.4%
西班牙	225	3.1%	8.3%
加拿大	194	2.7%	6.1%
中国	182	2.5%	27.4%
巴西	128	1.8%	11.6%

资料来源：IMS Health, MIDAS, MAT Sep 2008.

（3）市场结构

1980 年 8 月，日本大冢制药株式会社在中国成立合资公司，成为中国第一家中外合资的制药企业，其后百时美施贵宝、罗氏、辉瑞等世界知名制药企业纷纷涉足中国市场，目前，全球前 20 位的制药企业都已在华投资建厂。截止到 2009 年底，我国已有合资和外资制药企业约 1500 多家，占我国制药企业总数的 30% 左右。在市场占有率方面，外资企业的销售额占了我国整个医药市场份额的 27% 左右。在大城市中，外资药和进口药已占据 60%~65% 的市场份额，有些特殊药品的市场几乎被外资产品所垄断。医院市场是外资企业主攻的终端领域，汇集了几乎所有的外资制药企业。2002~2009 年，外资制药企业在我国医院市场的销售增长率平均达到 25%，高于国内企业的增长率，显示出强大的市场竞争力。

中国目前生产的药品中，专利药市场基本被外资制药企业的产品占据。在政府主导的历次降价中，以生产仿制药为主的国内制药企业的品种价格普降 50% 以上，而外资制药企业的专利药降价幅度则只有 20%。

但是随着外资企业产品专利到期后，将面临众多国产仿制品的竞争，其原有的市场份额将被竞争对手所蚕食，而新产品的开发则越来越困难，难以及时填补专利到期后的产品市场空间。而且其高昂的价格，也越来越受到医保政策的制约。因此，专利新药发展速度放缓，而非专利药市场快速发展，使各大外资制药公司都认识到非专利药市场将是医药产业的重要增长领域。

3. 中国医药市场竞争

中国 2009 年总人口数达 13.4 亿，年人均收入约为 3600 美金，而 1995 年这一数据约为 685 美金。中国具有世界上最大的非专利药消费市场，尤其从 2009 年开始，中国的医改进入实际操作阶段，新医改方案中强调的五大重点中的四点都是有关保障居民基本卫生服务的。2009 年新基本药物目录的公布、医疗保险药品报销目录的修订都预示着非专利药品将继续在中国占领主要市场份额，并且随着中国医药市场的快速增长而继续增长。目前中国国内医药市场竞争呈现以下特点：

特点之一：本土制药企业依托价格、原料资源与政策支持等优势，在低端市场数量众多且占一定优势。

目前，我国是全球原料药第二大生产国，除了可以满足国内制药企业的需求外，还可以大量出口。中国的劳动力成本非常低廉，企业的基础设施建设、环保成本也很低，本土制药企业研发投入很低（自主开发专利产品不足 3%），因此生产非专利药品的成本价格可以控制在很低的水平。但这一情景也决定了我国众多的制药企业创新能力差或基本没有创新能力，只能低水平重复别人的产品，产能极度过剩且利润率低，仅为 5%~10%，远远低于国际上的平均利润率 30%~60%[①]。目前，我国 5000 多家制药企业中，90% 为小型

① 胡奕，兰小筠 . 我国发展非专利药的对策探讨 [J]. 中国药业，2005，14(3)：15-17.

企业。制剂工艺水平落后，绝大多数药品缺乏差异性[①]。一个原料的制剂种类，发达国家通常在 10 种以上，我国仅有两三种。制剂和原料药的附加值相比，发达国家为 10 倍以上，我国仅为 3 倍。制剂产品的数目，美国有 150000 种，德国有 60000 种，而我国只有 5000 种[②]。

特点之二：药品流通市场秩序混乱，质价双优的产品难以在市场得到区分。

改革开放以来，随着经济转型，我国仍然保持计划经济体制下的药品流通模式。同时由于政府监管和市场调控的失灵，致使“以药养医”的办医模式成为医疗机构的常态。在现有的流通模式和医疗体制下，追逐利润成为流通环节的各个部门的最大目标。其中医疗机构及处方医生由于具备位置优势，成为了最大的利益获得者。同时，制药企业在同质化严重的产品结构中，采取的价格竞争和贿赂销售，导致非专利药企业的产品平均利润率只有 6% ~ 8%。长期以往，一些质优价廉的好药被挤出了市场。

特点之三：人才和技术的匮乏导致药品质量差、层次低，难以进入国际市场。

我国制药企业普遍缺乏既懂技术，又懂管理、法律、外语的复合型人才，到目前为止，我国制药企业还不能像印度一样在国外建立自己的药厂[③]。

特点之四：药监部门的管控也存在着一些问题。

2002 年 –2006 年，我国批准上市药品的数量激增，仅 2005 年就达到 13001 个之多，呈泛滥之势。直到 2007 年药监部门重新修订了《药品注册管理办法》，严格控制药物审批，药品审批数量才骤然下降到 2007 年的 2781 个和 2008 年的 1502 个，见下表 2。

---

① 刘国恩．我国非专利药市场存在的问题及进出口 [M]. 北京：中国医药产业白皮书第二稿，2008.

② 严中平，陈玉文．我国非专利药市场存在的问题与制药企业的市场发展策略探讨 [J]. 中国药房，2005，16(19)：1452-1454.

③ 刘国恩．我国非专利药市场存在的问题及进出口 [M]. 北京：中国医药产业白皮书第二稿，2008.

表 2　非专利药品历年批准上市数量

年份	非专利药批准上市数目
2002	1400
2003	6400
2004	8000
2005	13081
2006	10013
2007	2781
2008	1502

数据来源：SFDA 新药审评中心 2009

4. SDZ 中国公司经营困境

自 2007 年开展中国业务以来，虽然 SDZ 中国公司的销售额每年都有超过 25% 的增长，但距离总公司的期望值还有一定的差距（2007 年当年完成销售额 3.2 亿元，2008 年完成销售额 4 亿元，比上年增长 25%；2009 年完成销售额 5.04 亿元，比上年增长 26%；2010 年全年指标是 6.8 亿元，但实际完成销售额为 6.4 亿元，仍未能达成年度目标），甚至达不到行业 30% 的平均增长率。而在其他新兴市场国家如俄罗斯、巴西、印度等，销售的增长速度都远远超出了本地市场的平均增长率，对总公司的贡献也远远超过中国。因此，3 年多来总公司对中国公司的业绩并不满意。除了增长率达不到要求以外，更深层的原因可能是经过了 3 年的尝试，还没有找到一个适合中国市场发展的非专利药销售模式有关。这也是困扰 SDZ 中国公司执行总监 Phil 先生的最大问题。

（1）经销

由于 SDZ 是第一个进入中国的全球性的非专利药企业，其在海外有成熟的销售模式，但对于中国市场，外资的非专利药企业应该怎么做，并没有一个现成的方法可以作为参考。因此，自公司成立以来，一直在探索适合公司发展的模式，但历经几次变动，都没有取得理想的效果。

首先按照普遍采用的国内外资制药企业的经销模式，即专利药企业的经销模式。以学术推广为主，举办各种类型的学术会议、活动，邀请相关的著名专家、学者参加，以达到宣传产品、扩大影响的效果，进而带动销量的增长。这种模式对于专利产品来说，具有非常好的效果，可以很快地扩大影响和知名度，而且对于临床医生和患者都具有很大的价值。但对于非专利药品，因已经在临床使用多年，疗效和作用机理都比较明确，所以并不能引起那些著名的专家、学者的更大兴趣，在临床使用上，并没有比其他竞争品具有更大的价值，不能引起临床医生的关注。

其次参考了国内一些制药企业的销售模式，将部分产品承包给经销商经营。存在的问题一是价格被压得很低，几乎没有利润，二是由于这些产品没有知名度，经销商虽然以低价促销，但仍然竞争不过本土的其他制药企业。到最后不仅没有提升市场销量，连医院市场也逐渐萎缩。

（2）产品

造成中国公司业绩不佳的另一个主要的原因是产品结构的不合理，SDZ 中国公司全年销售额的 90% 都是由一个产品贡献的，增长也是这一个产品带动的，其他的几个产品在这 3 年多的时间里，不仅没有增长，市场份额反而越来越萎缩。比如公司有一个解酒剂 PePP，有解酒清醒护肝的作用，效果确实不错。公司把这个产品的定位放在饮酒的客户群上，专门组建了一支销售队伍（即组织架构图中的零售业务部），派出销售员到酒廊、酒吧、KTV 等场所上门推销，结果发现有好几个竞争对手在场内了，作为最晚的一个进入者，与其他产品竞争没有任何优势，经过了 1 年多的时间，公司投入了巨大的营销费用，销量却看不到任何增长的迹象，最终被慢慢地逐出了这个市场。

事实上，SDZ 进入中国 3 年来，没有一个新产品上市。到 2009 年，中国公司管理层发现这个问题的时候，为时已晚，因为一个新产品的引进时间至少需要 2 年，2009 年开始引进的产品，要到 2011 年末或 2012 年新产品才能上市。于是公司开始在国内购买已上市的品种，但是一个好的产品，是很难在短时间内就能买到的，而且也将付出巨大的代价。SDZ 的海外总公司有很多的产品和优质资源，但中国公司却没有很好地利用起来。如果在公司成立伊始，就重视新产品的引进工作，那么到 2008 年底，第一批的引进产品就可在中国上市，而且每年都可以上市 5~10 个新产品，这将对公司的发展起到非常重要的作用。

（3）组织

由图 1（P167）的组织架构图可知，一个 500 人左右的公司，一级部门达到 15 个，外加一个药品流通公司，目前公司的一线销售人员约 300 人，而支持部门的人员却达 200 人之多，机构严重臃肿，有些部门的功能是重叠的，完全可以合并或取消，如政府事务部和企业传讯部，渠道销售部和商务部、零售业务部等。

5. SDZ 中国公司的未来发展

尽管面临压力很大，Phil 先生对于 SDZ 中国公司未来发展却充满着信心。作为一家领先跨国制药企业在华子公司，SDZ 中国公司在非专利药领域内拥有竞争对手难以企及的实力与资源，而中国市场又提供了非常难得的施展舞台，对此 Phil 先生坚信不疑。但是 SDZ 中国公司过去 3 年在华的销售业绩表现又不尽人意，这当中一定存在着某些没有触及的症结。

Phil 先生脑海里一边思忖着管理学家德鲁克先生关于企业愿景的“三个是什么”问题，一边在纸上勾勒着经典的营销 4P 模型，他希望通过梳理 SDZ 中国公司的过往做法能够找到一些有益的思路。渐渐地，他发现在 4P 模型这一广为熟知的营销理论后面，其实掩藏了一些长期为 SDZ 中国公司所忽略的东西：

比如对 SDZ 中国公司来说，当它进行销售时它的真正客户是谁？到底关注点应在医生身上还是病人身上？当 SDZ 中国公司推出产品（Product）进入市场时，它考虑过自身产品的可替代性 / 可选择性有多大？购买的客户又到底在哪里（Place）？ SDZ 中国公司在促销（Promotion）时，顾客购买时眼中的价值究竟是什么？ SDZ 中国公司在实施其产品定价（Price）时，究竟应该如何考虑客户的购买决策以及竞争对手的反应等？……在 4P 模型框架中，当 Phil 先生按照德鲁克的战略思维进行层层抽丝剥茧分析时，他惊奇地发现 SDZ 中国公司的过往做法似乎根本没有认真探究过这些问题，而对这些问题的关注又似乎让他感受到其背后的一些非常重要的规律亟待发现，于是 Phil 先生一下子又变得非常兴奋，他的整个心思这会儿全部陶醉在纸张上的沙沙声中……

案例 7　SDZ 的中国市场战略

——使用说明

本案例探讨了一家进入中国的跨国非专利药企业——SDZ 中国公司所面临的困惑与市场挑战，在经过对中国市场 3 年多的辛勤耕耘后，SDZ 中国公司发现其销售增长率一直未能达到原有目标。SDZ 中国公司亟待改变这一局面，但它对新的市场战略发展思路仍然不是很清晰。在本案例分析中，有三个方面的问题可以提请思考：其一是 SDZ 所在中国医药市场的竞争格局与特征；其二是 SDZ 进入中国市场所采取的战略，这一战略在实际市场竞争中表现如何；其三是 SDZ 面对中国医药市场发生的重大变化，应如何基于企业本身的资源进行重整设计。本案例提供了观察跨国医药企业进入中国市场如何适应本地化的样本。

一、教学目的与用途

1. 本案例主要适用于 MIB、MBA 的国际营销课程，也适用于战略管理课程。

2. 本案例的教学目的旨在帮助学生掌握营销理论与战略理论的融合，并提高学生制定营销战略的技能与水平。

3. 对于 MIB 学生来说，本案例提供的另一个思考视角是：对于一家跨国企业，当其进入东道国市场后，如何有效开展本土化经营活动。

二、启发思考题

1. 假定你是 Phil 先生，你是否有信心在未来两年内扭转 SDZ 中国公司的不利局面？ 请简要说明理由。

2. 从营销管理角度，请判断中国非专利药市场到底有无增长的机会？

3. 在传统的 4P 营销模型中，是如何考虑顾客行为？

4. 彼特·德鲁克关于企业愿景的“三个是什么”问题为何吸引了 Phil 先生？

三、分析思路

教师可以根据自己的教学目标（目的）来灵活使用本案例。这里提出本案例的分析思路，仅供参考。

本案例的分析重心在于帮助学生从传统的营销模型中找到战略决策的切入点，并理解营销理论与战略理论的融合。

1. 从营销管理 4P 模型入手，总结 SDZ 中国公司目前陷入困境的表层原因。

2. 探讨 4P 模型与德鲁克关于企业愿景的“三个是什么”问题之间的联系，进而理解 SDZ 中国公司销售困境背后更深层次的战略原因。

3. 对 4P 模型背后涉及的战略因素进行深入挖掘与重新组合，提炼并形成指导 SDZ 中国公司的“蓝海”市场战略框架。

四、理论依据及分析

1. 4P 模型

4P 模型作为经典的营销理论工具，它包括 Product（产品）、Price（价格）、Place（渠道）与 Promotion（促销），企业针对顾客的所有营销设计必须考虑到这四项因素的组合影响。

2. 德鲁克关于企业愿景的“三个是什么”问题

第一个问题——“本企业是个什么企业”？ 答案在于：由顾客来决定！应执行由市场开始的分析路线。包括：谁是真正顾客？ 你的顾客在什么地方？（Client/ 跨越买方群体）如何选择合适渠道又快又省为顾客服务？（Place/

跨越产品 / 服务范围）顾客购买决策是如何考虑的？顾客眼中的价值是什么？（Product/ 跨越功能 – 情感导向）应该如何定价来吸引你的顾客？（Price/ 跨越战略集团）……

第二个问题——“本企业应该是个什么企业”？答案在于应重点关注有些什么机会已经显现？还有些什么机会可被我们开拓？如何通过企业的改革，来达成企业的宗旨和使命？（跨越互补性产品和服务）

第三个问题——“本企业将是个什么企业”？答案在于对动态（跨越时间）变化的影响分析，这其中，人口分析是个值得高度重视的现象，特别要关注人口结构的变动和人口的动态。

3. 蓝海战略的“六条路径框架”

表 3　开创蓝海

	硬碰硬的竞争	蓝　海
产业	专注于产业内的对手	跨越他择产业看市场
战略集团	专注于战略集团内部的竞争地位	跨越产业内不同的战略集团看市场
买方群体	专注于更好地为买方群体服务	重新界定产业的买方群体
产品或服务范围	专注于在产业边界内将产品或服务的价值最大化	跨越互补性产品和服务看市场
功能 – 情感导向	专注于产业既定功能 – 情感导向下性价比的改善	重设产业的功能与情感导向
时间	专注于适应外部发生的潮流	跨越时间参与塑造外部潮流

五、关键要点

1. 战略的本质在于理解企业如何在一个特定的时间段内最佳配置资源，使其在赢得客户方面区别于竞争对手。4P 营销模型的本质则是如何成功打动最终客户，实现消费者剩余最大化。战略与营销的本质应该在基于客户的价值实现这一点上取得共识，因此在 4P 模型中，天然内嵌着与战略之间的有机联系。这也是本案例分析中，为什么要把 4P 模型与德鲁克关于企业愿景的

“三个是什么”问题进行联系阐述的原因。这是一个需要强调的关键点。

2. 蓝海战略的本质在于面向消费者实现价值创新，4P 模型的宗旨也是成功向消费者递送战略所创造的价值资源。因此我们可以从传统的 4P 模型中提炼出蓝海战略的基本框架，同时也可以将蓝海战略成功运用于 4P 模型中进行拓展。

3. 对于本土化适应这一目标来说，战略与营销活动都传递了重要的信息与实现工具。在本案例中，本土化适应的关键在于环境适应——能力调整——与策略跟进。

六、建议课堂计划

本案例可以作为专门的案例讨论课来进行。如下是按照时间进度提供的课堂计划建议，仅供参考。

整个案例课的课堂时间控制在 80~90 分钟。

课前计划：提出启发思考题，请学员在课前完成阅读和初步思考。

课中计划：简要的课堂前言，明确主题（2~5 分钟）

分组讨论（30 分钟），告知发言要求

小组发言（每组 5 分钟，控制在 30 分钟）

引导全班进一步讨论，并进行归纳总结（15~20 分钟）

课后计划：如有必要，请学员采用报告形式给出更加具体的解决方案，包括具体市场战略。

附表 1 世界各国重磅炸弹药物专利到期目录

国家	2008	2009	2010	2011	2012
美国	Casodex, Fosomax, Prograf, Risperdal, Seroxat, Valote	Alna/Flomax, A 华风 ien CR, Arimidex, Cellcept, Keppra,Imigran, Prevacid, Topamax, Valtrex	Aricept, Cozaar, Gemzar, Hyzaar, Lamictal, Levaquin, Lipitor, Protonix, Taxotere	Actoos, Oxycontin, Plavix,Seretide, Seroquel, Zyprexa	Avandia, Diovan, Lexapro, Singulair, Viagra, Xalatan, Zeldox, Zometa
法国	Casodex, Effexor	Cozaar, Gemzar, Pantozol, Progaf, Topamax, Valtrex	Actonel, Arimidex, Cellcept, Hyzaar, Keppra, Lovenox, Nexium, Sy 华风 icort, Taxotere	Actos, Diovan, Lipitor, Xalatan, Zyprexa	Aricept, CyMBAlta, Nasonex, Pariet, Zometa
德国	Casodex, Effexor, Plavix	Cozaar, Gemzar, Pantozol, Progaf, Topamax, Valtrex, Wllbutrin	Actonel, Arimidex, Hyzaar, Keppra, Nexium, Sy 华风 icort, Taxotere, Zometa	Actos, Cellcept, Diovan, Lipitor, Lovenox, Xalatan	Aricept, Blopress, Detrusitol, Nasonex, Pariet, Seroquel, Singular
英国	Casodex, Effexor, Seretide	Cozaar, Gemzar, Pantozol, Prograf, Topamax, Valtrex	Actonel, Arimicex,Cellcept, Hyzaar, Keppra, Nexium, Sy 华风 icort, Taxotere	Actos, Diovan, Lipitor, Lovenox, Xalatan, Zyprexa	Aricept, Blopress, Betrusitol, Nasonex, Oxycontin, Pariet
日本	–	–	Insulin aspart, Risedronate sodium, Salmeterol xinofoate, Tacrolimus	Atovastatin calcium, Pioglitazone hydrochloride, Pramipexole dihydrochloride	Anastrozole, Losartan potassium, Quetiapine fumarate, Rabeprazole sodium, Raloxifene hydrochloride, Telmisartan, Zoledronic acid

资料来源（Resource）：IMS Health, MIDAS, Market Segmentation Feature, MAT Sep 2008; Thomson Reuters, 2009.

案例 8　宝马中国：缔造社会责任的文化

引　言

2011 年 10 月底，小史在宝马中国公关部半年的实习工作即将结束，在收拾文件、告别同事、交接工作的那些日子里，小史内心时时刻刻都在洋溢着对这家跨国企业的留恋：半年的实习时间紧张却又充实，她去过西部偏远山区，见证了专家学者对当地教师的培训支持；她聆听过同事投身社会公益活动的激情表白，也手把手地把公司对关爱与帮助传递给每一位需要的人……在宝马中国实习的那段日子里，每天对于小史来说都是不一样的，都让她感受到生命的充实与意义。宝马带给她心灵激荡的不只是这家世界一流企业的闪光业绩，更让她切身体会到了作为一个企业公民，宝马中国在履行社会责任过程中那些实实在在的努力，看似平凡，但却如和风细雨般点点滴滴潜入每一个人的心灵，然后又如水面上的涟漪，迅即在无声无息中一圈圈荡漾开去……。

1. 宝马中国公司

宝马公司始创于 1916 年，创始人是卡尔 · 拉普和马克斯 · 弗里茨。公司全称是“Bayerische Motoren Werhe AG”（BMW），总部设在德国慕尼黑。作为一家以生产豪华汽车、摩托车和高性能发动机闻名的汽车公司，宝马名列世界汽车公司前 20 名，其业务遍及全世界 120 个国家，是国际高档汽车生产业的先导。宝马公司历来以重视技术革新而闻名，不断为高性能高档汽车设定新标准。同时，宝马公司十分重视安全和环保问题。宝马在“主动安全性能”和“被动安全性能”方面的研究及其 FIRST（整体式道路安全系统）为公司赢得了声誉。

宝马集团的产品在20世纪80年代开始出现在中国市场上。1994年4月，宝马集团设立北京代表处，标志着宝马集团正式进入中国大陆市场。2003年，宝马集团在中国的发展进入一个新里程，从单纯的进口商转变为在本地设厂的生产厂商。2003年3月，宝马集团与华晨中国汽车控股有限公司签订合资企业合同，并于7月份正式成立华晨宝马汽车有限公司，生产厂位于沈阳。2004年11月1日，宝马集团为大中华区市场成立了一个独立部门，负责包括中国大陆、香港、澳门和台湾的业务，这标志着宝马集团将进一步强化其在中国的业务。2009年6月，宝马与奔驰两大豪华车进入中国中央政府公务车采购清单。宝马CEO将宝马的亚洲战略目标定为“把亚洲地区发展成宝马全球业务的第四大支柱市场，使其与德国、欧洲和北美市场齐头并进”，至此中国已成为宝马亚洲战略的重点。

2. 宝马中国的公益战略

（1）企业社会责任概况

作为世界顶级汽车制造商，BMW非常重视在中国的发展，积极融入中国的和谐社会建设，并将可持续发展作为企业在中国长期发展的核心战略之一。BMW推出的“中国企业社会贡献”系列活动关注人类社会发展的过去、现在和将来，在过去几年，该系列活动在文化促进、教育支持、环境保护和企业文化建设等方面取得了丰硕的成果，体现了BMW对中国市场和中国社会的长期承诺。除了建立中华慈善总会宝马爱心基金之外，BMW还继续推进以下主要项目：以“保护文化遗产，守护精神家园”为主题，旨在呼吁全社会共同关注和保护中国非物质文化遗产的“BMW中国文化之旅”；赞助辽宁省芭蕾舞团在东北三省四市的专场演出——宝马艺术之夜；与宋庆龄基金会共同设立的为期5年的“BMW中国优秀大学生奖励基金”项目及获奖学生代表暑期实习项目；在全国主要城市推广的针对4~6岁幼儿园小朋友的项目BMW儿童交通安全训练营；等等。BMW相信，大爱无界，每一个人和企业公民都有责任，让这个世界变得更美好。

（2）中华慈善总会——宝马爱心基金

除了与其他优秀企业相似的企业社会责任项目之外，宝马中国还拥有一个纯公益性质的活动团队——宝马爱心基金。2008 年 6 月 5 日，宝马中国和华晨宝马捐资 1000 万元人民币作为启动资金，连同中华慈善总会，设立中华慈善总会宝马爱心基金。宝马与中华慈善总会本着公开、实效和参与的原则共同使用和管理宝马爱心基金，并通过双方途径对外公布基金的筹集、管理和使用情况，统计并定期公示所有捐款人的明细信息。基金执行财政部《民间非营利组织会计核算制度》，每年度应邀请资信良好的会计师事务所进行审计，并公布审计报告。

不同于一次性的简单捐款，宝马爱心基金为厂家、员工、经销商、车主和宝马爱好者提供了一个汇聚爱心的平台，将众人的支持与爱心源源不断地输送到灾区；同时，宝马也投入相当的财力、物力和人力，在未来短期主要为灾区的教育和文化重建扎扎实实地做些有意义的事情，并将作为 BMW 一个长期的爱心平台，辐射到更为广泛的需要帮助的地区。作为团队领导人的张颖女士，早期曾在可可西里从事多年的志愿服务工作，在公益领域以及企业社会责任领域有一定的个人影响力和个人魅力，并号召了许多优秀的公益人士参与到宝马的公益活动中，作为爱心的主要负责人，她坚持纯粹的公益理念，影响了一大批人。

3. 宝马中国的公益活动

BMW爱心			
λ 教育支持 BMW 儿童交通安全训练营； BMW 优秀大学生奖励基金； 宝马爱心基金教育支持项目	λ 环境保护 高效动力 清洁能源； 与其它项目结合的环保行动（如环保袋推广）	λ 文化促进 BMW 中国文化之旅； BMW艺术之夜 宝马爱心基金文化保护及交流项目	λ 企业文化 员工关系； 员工爱心活动： 员工俱乐部、工会、ASR项目 宝马员工志愿者活动
宝马“中国企业社会贡献”系列活动			
中华慈善总会宝马爱心基金平台			

（1）教育支持

——BMW 儿童交通安全训练营

2005 年，宝马首次在中国推出“为了儿童请减速”安全教育项目。2006 年，宝马通过多方合作，在北京及天津的幼儿园开展“六一交通安全天使在行动”活动，并出版儿童交通安全教育读物《安娜、保罗和贝贝鼠》。2007 年，BMW 儿童交通安全训练营在 15 个城市开展，受益儿童达到 2000 名。2008 年，宝马与中国儿童中心合作，在各地少年宫开展主题为“过马路要走斑马线”的训练营活动，向 500 家幼儿园发放“交通安全大礼包”，并开发出“BMW 在线儿童安全游乐场”，超过 10 万名儿童及家庭从项目中受益。2009 年儿童交通安全训练营 5 岁时，全国 18 个城市的青少年宫及儿童中心，共有来自全国超过 250 个幼儿园的 6000 名儿童及家长参加现场活动。此外，BMW 还在成都开展“地震灾区爱心专场”活动，迎来了地震灾区安县 4 所幼儿园的 20 名小朋友。

——BMW 优秀大学生奖励基金

设立于 2006 年，“宝马优秀大学生奖励基金”由宝马中国、华晨宝马和中国宋庆龄基金会联合创办，是一项为期 5 年，针对杰出当代大学生的奖助计划，旨在促进和维护教育公平，培养富于创新精神和社会责任感的新一代社会中坚力量。本着公开、公正的原则，宝马优秀大学生奖励基金的标准和审核程序信息均在宋庆龄基金会的网站上进行公示。5 年中，“宝马优秀大学生奖励基金”已经通过中国宋庆龄基金会，对 500 名从全国 10 所知名大学中甄选出的来自低收入家庭的优秀大学生予以助学奖励，这笔奖助基金不仅帮助这些家庭贫困的大学生缓解了经济压力，更是对他们刻苦努力、奋发向上的肯定和鼓励。在“宝马优秀大学生奖励基金”5 年的持续资助下，一些荣获过该奖助金的大学生已经步入社会，在自身的领域大展拳脚；还有一些选择继续深造，在专业学术上精益求精，奖助成绩斐然。

2010 年，宝马推出了沈阳工厂实习生计划，参加实习项目的 10 名大学生是从 2010 年“宝马优秀大学生奖励基金”的 100 名获奖学生中经过严格选拔而产生的。他们分别来自全国 10 所知名理工大学的相关理工科专业。华晨宝马承担 10 名学生实习期间所需的全部费用。在为期 30 天的实习当中，同学们参观并了解车身车间的具体运转情况，在总装车间亲身体验 BMW 轿车的生产全过程，并和工厂的员工们并肩工作和学习。为了丰富大学生们的实习生活和进一步了解 BMW 品牌及企业文化，同学们还参加了每周一次的培训或参观活动。除了 BMW 历史讲座，华晨宝马产品知识培训，BMW 中国企业社会贡献讲座，参观 BMW 授权经销商等相关活动，BMW 还将邀请 10 名大学生与沈阳工厂的员工一起加入探望福利院老人等一系列员工社会责任活动，以此激励大学生塑造全面的成才观，培养社会责任意识，让大学生们在实践专业知识的同时，更深层次地领略 BMW 企业文化的根基和内涵，特别是 BMW 所积极倡导的责任之悦。

（2）环境保护——绿茵行动

“BMW 绿荫行动”作为一项旨在提高广大 BMW 和 MINI 车主绿色环保意识的大型公益活动，自 2011 年 4 月正式启动，并邀请了具有国际影响力的成龙先生作为形象大使，认捐了活动的第一批树苗。活动开展以来已吸引了车主的广泛参与。随着首批 BMW 绿化基地的建立，1200 亩绿树率先在长江流域昂立成林。同时 BMW 号召更多车主积极加入活动中来，与 BMW 共同努力，力争在未来五年内建立近万亩的 BMW 绿化基地。

（3）文化促进

——BMW 文化之旅

2007 年河西古道开启文化探访之旅，有经销商代表、BMW 员工加入，全程行驶超过 2600 公里，为 12 项中国文化遗产及非物质文化遗产进行捐赠，总计 100 万元。“BMW 中国文化之旅”被列为中国“文化遗产日”的系列活动之一。2008 年“京杭逸韵”探寻中国流动的历史，由文化专家、国内媒体、宝马志愿者车主组成的车队全程行驶超过 3500 公里，捐赠款 100 万元。2009 年车队从成都出发，深入走访绵竹、都江堰等重灾城市和汶川、茂县等羌族聚集区。BMW 将通过中华慈善总会宝马爱心基金向沿途 11 项非物质文化遗产项目进行了总额 100 万元的捐助。在连续三年的旅程中，"BMW 中国文化之旅"共探访超过 100 项物质和非物质文化遗产，捐助物质及非物质文化遗产 28 项，累计捐资超过 300 万元。2009 年 12 月 15 日 ~23 日，BMW 文化之旅三年成果展集中展示 BMW 中国文化之旅三年来捐助及探访过的非物质文化遗产项目，并邀请 20 余项非物质文化遗产传承人现场展演，同时对 40 余项非物质文化遗产进行现场展示。

——BMW 艺术之夜

2007 年开始，BMW 启动了"宝马艺术之夜"项目，并连续 3 年赞助辽宁芭蕾舞团的演出，该项目致力于促进中西方文化、艺术的交流和发展。2007 年、2008 年连续赞助辽宁省芭蕾舞团在四个城市的演出：大连、长春、哈尔滨、沈阳；为宝马首创并为北京 2008 年奥运会献礼的芭蕾剧目"太极"，融入了中国典型舞蹈艺术和太极武术之美。2009 年，"宝马艺术之夜"与"德中同行—走进辽宁·沈阳"系列文化活动交相辉映。作为其重要组成部分，通过演绎《二泉映月》这类创新的本土化艺术剧目，对中德两国不同文化之间建设性的碰撞与交流添上了点睛一笔。

（4）宝马爱心基金

——教师奖助

2009 年 12 月 8 日，宝马教师奖助项目正式启动后，宝马爱心基金教师奖助项目向来自四川、甘肃、陕西的 500 名教师提供了每人 3000 元人民币的奖励，以感谢他们多年来对教育事业的默默奉献，奖助金总计 150 万元人民币。宝马爱心基金和志愿者还多次深入灾区，对灾区普通教师的工作生活进行实地考察与探访。2010 年，宝马教师奖助项目第二期正式实施。宝马爱心基金再度注资 150 万元人民币，利用寒假期间组织德育专家对四川、陕西和甘肃三省教育欠发达地区的 500 位中学教师进行系统的爱心教育培训，并将辅助各地教师实施爱心教育实践，帮助老师们一起培育孩子们的美好未来。培训及实践活动结束后，宝马爱心基金还评选出优秀爱心教育案例，并汇编成通行读本在更广大的教育欠发达地区进行推广。除既有教师奖助项目之外，宝马爱心基金还与外交部合作，在 2009 年向外交部云南定点教育扶贫项目：云南金平县和麻栗坡县的优秀教师提供了 60 万元奖金。

——学生资助

除了对教师进行奖助之外，宝马爱心基金还十分关注贫困地区优秀学生的帮扶。学生资助项目现已成为宝马爱心基金教育支持方面的重点项目之一，主要是面向贫困地区成绩优秀，但家庭贫困，难以支付大学学费的优秀高中毕业生提供资金支持，帮助他们圆求学之梦。

2008 年 7 月，在地震重灾区四川省什邡中学 2008 级毕业典礼上，宝马爱心基金宣布每年出资 50 万元人民币，四年共计 200 万元人民币，用于资助每年 100 名灾区贫困大学生完成学业。当年，宝马爱心基金向什邡中学 100 名优秀毕业生发放了 50 万元助学金。2009 年，在项目实施第二年，宝马爱心基金再度发放 52 万元助学金。特别值得一提的是，此前获资助的百名大学生中部分学生受到爱心感召，主动放弃或者降低申请额度，使当年从宝马爱心基金学生资助项目中受益的灾区贫困大学生人数达到 140 人。同时，受宝马爱心基金奖助的大学生们还通过志愿服务、爱心义教等方式，将爱心进行传递。此外，2009 年宝马 X 之旅延续之前的爱心公益传统，共筹集 50 万元善款，通过宝马爱心基金支持新华社扶贫办定点帮扶县：思南县的贫困女学童及贫困大学生助学项目，使共计 774 名贫困学生获得资助。

第一批与 2008 年受到资助的成员，在爱心基金工作人员的感染之下，自发地成立了一个名为“宝马大学生爱心社”的公益组织，这些同学虽然进入大学学习之后分散在祖国各地，但是他们一直在为宝马爱心基金的工作提供默默的支持，并用自己的实际行动传递自己曾经感受的爱。这群学生不仅主动降低或是取消了自己申请的补助，让更多更困难的同学能够得到爱心基金的资助，还主动地承担起了对于贫困学生进行家访的任务，不仅如此还主动地参与爱心基金的各项活动，进行志愿服务的工作。这些学生所表现出的强烈的社会责任感以及主人翁的意识正是宝马爱心基金所想要传递给社会的宝马的形象。

在2010年更是开始了一项名为“伯乐之悦”的活动，所针对的对象主要是宝马7系车主同贫困地区的优秀大学生，内容就是让宝马7系车主，这样一批有一定的社会成就并且取得了一定社会地位的人成为这些学生学习、工作和生活的导师，希望这批车主能够为孩子们提供更为合理的人生规划的建议或是更加难得机会，让车主能够更实际地履行自己作为社会精英阶层所应当履行的社会义务，而不是单纯的捐款捐物资。

——实物资助

2008年地震后，宝马爱心基金将帐篷送往四川和往甘肃地震灾区，仅帐篷一项就投入115.8万元人民币。2008年7月，宝马爱心基金出资10余万元，购买6千余册图书资助什邡中学图书馆。2008年9月，宝马员工代表走访了四川省青川上马小学，为师生们带去了最需要的教学物资，为孩子们修建了新的操场，提供了文具以及体育运动器材让孩子能够拥有一个更舒适快乐的学习生活环境。2009年4月，举办“寓爱心于欢乐”的爱心运动会，让运动器材陪伴孩子们度过灾后快乐的课余时光。宝马爱心基金成立以来，以实物形式的资助总额达到160万元人民币。在2010年，考虑到青海玉树地区震后入冬，过冬物资缺乏的问题，爱心基金在青海北京等地采购了价值80万元的过冬物资，在当地志愿者的协助下发放给了青海玉树县偏远牧区小学的师生，以保证他们过冬的安全。

——心灵陪伴

“点亮希望”心灵陪伴项目是隶属宝马爱心基金的一个公益项目，启动于2009年5月。自2009年项目开展以来，已分别在四川和河北建立了两个基地：四川省绵阳市平武县古城镇古城中学和河北省保定市满城县刘家台乡中学。这一项目宗旨为开启“非物质”援助模式，通过一对一的书信、电话交流、见面等形式，由志愿者与对灾区及偏远山区的青少年心灵结对，并给予长期的、持续性的关爱，从而帮助他们健康快乐地成长。

初中是青少年成长过程中的“分水岭”，在此阶段，他们正面临着很多转变，非常需要也愿意接受外界的帮助。因此，本项目旨在通过“大伙伴”（志愿者）在陪伴孩子成长的过程中，给予孩子积极正面的影响。以下就是一个大伙伴（志愿者）需要做的工作：(1) 解答小伙伴在成长中遇到的困惑和难题；(2) 成为小伙伴的一双眼睛，令他们看到外面的世界；(3) 帮助小伙伴树立积极乐观的生活态度；(4) 帮助小伙伴找到自己的兴趣及优势，并鼓励其发展。宝马通过对于"大伙伴"资格详细的审查，为灾区以及贫困地区的孩子寻找心智成熟耐心负责的伙伴陪伴他们心灵的成长。除此之外，宝马爱心基金还定期组织专家对于这些"大伙伴"进行培训，包括如何同来自偏远地区的孩子沟通，如何建立信任，对于孩子们的问题解决应该本着怎样的原则等，为这些"大伙伴"提供坚实的支持。

项目组带领大伙伴对古城中学进行了首次探访，组织了"大小伙伴见面会""共绘美好明天"主题班会等活动。2009 年国庆节期间，项目组组织了一次圆梦之旅，让灾区的孩子们走出来，从大熊猫繁殖基地，到四川科技馆，到经销商 4S 店，圆一个山里孩子看外面的世界的梦，完成一次科技和爱心的旅程。同年 12 月 20 日，"点亮希望"心灵陪伴项目在北京首都博物馆举行了"爱心日"主题活动，河北省保定市满城县刘家台乡中学的 20 名小同学和他们的大伙伴首次见面，温暖交流。在 2010 年 8 月，也就是"心灵陪伴"项目开展一周年之际，宝马爱心基金还筹划了"爱相聚，悦未来"为主题的两周年系列活动，包括对于大小伙伴一周年的庆祝。

（5）企业文化

宝马爱心基金在宝马构建企业文化的努力中也起到了重要的作用，在汶川地震以及玉树地震之际，宝马爱心基金在公司范围内组织了义卖同募捐的活动，并将义卖的活动常规化，从而募集了大量的捐款。除了资金方面，宝马爱心基金还组织了许多企业内部的员工，成为志愿者，给予他们更多的机会参与到宝马的公益活动中，对于宝马企业社会责任的履行有了更切身的体会。在宝马爱心基金启动"心灵陪伴"项目之初，几乎所有的大伙伴都是宝马内部的爱心员工，这一批员工通过心灵陪伴项目同孩子们，还有宝马爱心基金都结下了不解之缘。宝马中国人力资源总监赵菁女士在参加心灵陪伴项目中就曾经说过这样一句话，"我希望自己能够成为他的一双眼睛，带他去看看山外的世界”。这句话感动了许多的志愿者和大伙伴们，让他们在传递爱与帮助的道路上更坚定地走下去。

作为宝马的一个公益活动团队，宝马爱心基金的活动相似却又不同于一般的企业社会责任团队，爱心基金的活动基本上脱离了宝马汽车这一产品，而是单纯的以宝马这个品牌来从事公益活动。张颖女士曾经不止一次地说，我们今天做的并不是为了多卖出去一台车，而是希望能够把这份精神传承下去，希望能够有一天这些受过我们帮助的学生老师，也能够以同样的心情把这份关爱和帮助传递下去，这就是宝马公益的内涵。从这方面出发，宝马爱心基金的活动也从最初成立时候以经济上的辅助为主改变为非物质的资助。典型的就是，教师项目从最初的物质奖励到现在的奖励为辅培训为主，每年组织大量优秀的专家教授到西南偏远地区为老师进行培训，组织老师进行教学比赛等，通过这些非物质的关注来提高老师的教学水平，从而提高西南地区的教育水平；在学生资助者方面，也从最初的单纯的发奖学金，到现在为受助学生提供有偿的工作岗位，给他们进行模拟面试为以后就业进行指导，给学生寻找职业规划的导师，提供更多更好的就业机会等。中国有句古话叫作“授人以鱼，不如授人以渔”。宝马这些非物质的辅助正试图探索从根本上解决灾后地区的建设以及贫困地区建设的问题。

4. 未来挑战

纵观宝马中国现在所涉及的企业社会责任活动，不难发现还存在这样的问题，宝马企业社会责任活动的接触者面较小，因为宝马企业产品的特殊性决定了他们所针对的客户群体是少数富裕的人，例如文化之旅参与者都是车主和专家以及媒体，儿童绘画比赛所邀请的都是车主的孩子，大伙伴和伯乐都是具有一定社会成就的人。这部分人在经济以及社会资源上极为丰富，在群体内部能够起到一定的宣传作用，但是这部分人里面少数素质低下的人对于宝马企业的社会形象破坏严重。从“开宝马撞飞人”的富二代，到“宁愿坐在宝马里哭泣”的女孩，在大众的心目中宝马一度成了狂妄虚荣的代名词。

此外，2010 年 8 月，随着人民监督网一则《251 万元买来一部“纸糊”

的德国宝马车》的调查性报道，销往中国内地的德国宝马 760Li 型高级轿车设计存有缺陷问题遭到舆论曝光，面对中国宝马车主投诉不断增多而宝马中国一味采取回避与不承认态度，德国宝马集团董事长诺伯特－雷瑟夫和宝马（中国）汽车贸易有限公司总裁史凯受到了舆论的强力监督，最终宝马中国还是通过经销商向中国消费者认错道歉并作了相应赔偿。2010 年 10 月，宝马中国宣布在中国内地地区召回宝马汽车 21383 辆、劳斯莱斯汽车 388 辆。“屋漏偏逢连阴雨”，就在中国大陆的宝马车质量事件尚未平息，在大洋彼岸，2010 年 12 月起，美国高速公路安全局就 16 起宝马车召回展开了调查，由于宝马北美分公司未能及时发布及提供足够相关安全隐患以及召回报告，美国高速公路安全局对宝马北美分公司开出了高达 300 万美元的罚单……

案例 8　宝马中国：缔造社会责任的文化
——使用说明

宝马集团是德国最成功的汽车和摩托车制造商之一，也是德国规模最大的制造工业公司之一。宝马集团拥有 BMW、MINI 和 Rolls-Royce 三个品牌，这些品牌占据了从小型车到大型豪华轿车各个细分市场的高端，使宝马集团成为世界上唯一一家专注于高档领域的汽车和摩托车制造商。作为一家跨国公司，宝马集团在全球 13 个国家拥有 24 个生产基地，并在超过 140 个国家拥有销售网络。在宝马集团的国际化战略中，中国市场占据非常重要的位置。宝马集团的产品在 20 世纪 80 年代就开始出现在中国市场上。1994 年 4 月，宝马集团设立北京代表处，标志着宝马集团正式进入中国大陆市场。在过去 20 多年间，宝马集团的三大品牌都已进入中国市场，并家喻户晓备受推崇。本案例研究了宝马中国作为一家知名跨国企业在华开展社会公益活动的主要过程，展现了世界一流企业在文化建设、公益活动及可持续发展等方面践行的思考与挑战。

一、教学目的与用途

1. 本案例主要适用于 MIB、MBA 的国际商务与公司社会责任课程。

2. 本案例的教学目的旨在帮助学生理解跨国企业社会责任的目标与行动意义，并从战略层面上领悟企业社会责任活动的价值。

3. 对于 MIB 学生来说，本案例提供的另一个思考视角是：跨国公司在本地化适应过程中，公司社会责任可以提供公司品牌更好地融入当地社会与文化的契机。

二、启发思考题

1. 宝马中国的公益活动包括哪些内容，具有什么特征？

2. 宝马中国的公益活动与公司价值之间具有什么关系？

3. 如何看待宝马中国的产品投诉与企业社会责任之间的关系？

4. 宝马中国如何应对未来挑战？

三、分析思路

教师可以根据自己的教学目标（目的）来灵活使用本案例。这里提出本案例的分析思路，仅供参考。

本案例的分析重心在于帮助学生从企业社会责任与战略文化价值这两个背景入手，理解如何在文化与战略层面上开展公司的社会责任活动，并就公司社会责任活动与公司价值之间的关系展开分析。

1. 从宝马中国的公益活动内容入手，分析其具有的文化价值与战略特征；

2. 从企业社会责任的内涵入手，区分战略性与回应性企业社会责任的不同意义与影响；

3. 结合宝马公司的产品投诉事由，探讨企业经营活动与企业社会责任之间的内在关系。

四、理论依据及分析

1. 企业社会责任的嵌入性

企业社会责任是企业在正常赢利性活动之外的社会公益承诺与行动，是衡量企业公民参与社会生活，履行社会道义的重要尺码。按照交易成本经济学的解释，企业是对市场活动的替代，因此企业的经营，实质上是将大量的社会资源与市场活动转移进专业的服务组织当中，这就必然产生强烈的外部性（正效应与负效应）；同时，企业的经营活动也相应受到外部社会资源的制约与影响，包括社会与文化的嵌入性影响。从这一视角来看，企业从事社会责任活动，既是对经营活动的延伸（正效应）与纠正（负效应），同时也是社会与文化活动在微观企业组织中的必然反映。

2. 战略性企业社会责任

“战略性企业社会责任”（Burke & Logsdon，1996）认为，企业社会责任——政策、项目或流程——能给企业带来大量商业利益，具有战略性的高度，并可以分解为五个维度（一致性、专用性、前瞻性、自愿性和可见性）。这一概念后来到 Husted & Allen(2007a) 时，又被概括为修正的四种能力定义（一致性、前瞻性、可见性与专用性）。战略性企业社会责任的提出，表明企业社会责任的探索已经突破了传统的回应性社会责任范畴（Porter & Kramer，2006），它将企业社会责任履行与公司战略能力利用，公司战略目标实现以及可持续发展等问题紧密相联，从而在更高层面与更广维度上推动着企业价值创造与目标实现。

对于宝马中国来说，其推行的“中国企业系列贡献”社会公益活动，可以利用战略性企业社会责任的四种“能力”维度加以衡量：从宝马中国精心选择中国慈善总会合作设立宝马爱心基金，并从四个方面展开公司的公益活动；在实践中通过探索，实现了从物质补助向非物质帮助的顺利转变，并充分利用宝马经营活动的资源进行支持来看，宝马中国在经营过程中始终把社会责任和实现公司品牌发展融合在一起来实现，具有一致性；宝马是中国国内高档车生产者的前驱，其缔造爱心基金平台并通过“中国企业系列贡献”活动来实践社会责任的这一创举，具有前瞻性；宝马中国的系列社会责任活动，将爱心与帮助精神在东部志愿者与西部受益者之间有效传递，并使不同阶层的受益者进一步投入公益活动中去，这些成果有效证明了宝马中国及其爱心基金平台的可见性；宝马中国公益活动的快速发展及其所获社会影响与荣誉表明，宝马中国的社会责任活动具有一定专用性。

3. 企业社会责任的一般普遍性

企业社会责任是企业公民与生俱来就应葆有的义务，它与企业公民的规模、大小、盈利等状况无关。对于企业来说，一个必由之意在于企业应为社会消费者提供合格的产品与服务，这既是企业经营活动的基础目标，同时也是企业社会责任的基本要求。企业不能借承担盈利性经营活动而排斥企业社会责任的适应，更不应通过“面子式”的社会公益活动来虚假宣传其社会责任。作为对普遍性的检验原则，企业社会责任活动的评价应该由来自消费者、企业员工与社会大众的多方面评价合力组成。

五、关键要点

1. 从企业经营活动与企业社会责任活动之间互补与促进视角出发，我们可以把企业社会责任分为战略性社会责任与回应性社会责任，两者对于企业能力利用、价值创造与经营绩效会产生显著的差别影响。

2. 考虑到企业社会责任的嵌入性特征（文化与社会嵌入性），这要求公司经营者在从事企业社会责任活动设计时，应突破传统企业经营的惯性思维，更多地遵循社会与文化价值的视角加以考虑，这一思维独立性不仅有利于企业社会责任活动的有序进行，而且对于公司经营活动将产生积极的正向效应。

3. 在企业社会责任活动设计中，应着眼于长期、动态、可持续发展的视角进行探索，不仅仅限于物质层面上提供资助，更应在精神、心理与文化视角层面上提供能动的帮助，从而让企业的社会责任活动如同企业经营活动一样，拥有长效发展的机制保障。

4. 宝马中国在应对未来挑战时，要注意这样一个要点：宝马产品形象在很长一段时间内都需要宝马人不断的努力改善，少数人的力量并不足以扭转这个现象，因此宝马在中国未来工作的重点应该是努力将社会责任活动推广到社会更普遍的民众中去，虽然这部分人没有能力成为宝马车主，但是正是买不起宝马车的大众决定了宝马车主甚至是宝马车的社会形象，因此改变宝马在这些人眼中的看法才是真正改善宝马形象的方法。

六、建议课堂计划

本案例可以作为专门的案例讨论课来进行。如下是按照时间进度提供的课堂计划建议，仅供参考。

整个案例课的课堂时间控制在 80~90 分钟。

课前计划：提出启发思考题，请学员在课前完成阅读和初步思考。

课中计划：简要的课堂前言，明确主题（2~5 分钟）

分组讨论（30 分钟），告知发言要求

小组发言（每组 5 分钟，控制在 30 分钟）

引导全班进一步讨论，并进行归纳总结（15~20 分钟）

课后计划：可以结合宝马中国公司最新的公益活动补充资料，请学员进一步联系相关理论知识点，进行深入挖掘分析。

案例 9　达能与娃哈哈合资案例

引　言

娃哈哈集团的前身是成立于 1987 年 7 月 8 日的一家名为杭州市上城区校办企业经销部的国有企业，1990 年，创业只有三年的娃哈哈（当时名为娃哈哈营养食品厂）产值已突破亿元大关，完成了初步原始积累。1991 年在杭州市政府的支持下，娃哈哈营养食品厂以 8000 万元的代价有偿兼并了杭州罐头食品厂，组建成立了杭州娃哈哈集团公司，从此娃哈哈集团逐步开始步入规模经营之路。经过近 10 年不断的发展（改革、创新），到 1996 年与达能合作时，娃哈哈集团已经是在国内饮料行业占有重要地位的一员，是“中国 500 家最大经营规模工业企业”之一，并分别雄踞“食品制造业行业”榜首和“最佳经济效益食品制造业”榜眼之位。身为世界 500 强的法国达能公司，是一个业务极为多元化的跨国食品集团，是世界第五大食品集团和第一大乳业公司，1996 年达能集团的总营业额达到 839 亿法郎。20 世纪 90 年代初期，对外开放的号召给予了外资企业众多的优惠，特殊的身份背景加上雄厚的资金、先进的技术让彼时急缺资金的娃哈哈集团对达能一见钟情；而对于达能来说，选择跟在当地有实力的娃哈哈集团合作，不仅有助于其尽快进入中国市场，同时面临的经营风险相对较少，对试水中国市场无疑是最好的选择。

1. 合资初期（1996~1998）

1996 年 3 月 28 日，在浙江省人民大会堂，娃哈哈集团与达能、百富勤举行合资仪式。由达能持股 70%、百富勤持股 30% 合资成立的新加坡金加投资有限责任公司，一次性投资 4500 万美元，持股 51%；娃哈哈集团通过机械设备、在建工程、低值易耗品等折价 1134.9 万美元入股，持股 39%；娃哈哈美食城出资 291 万美元，持股 10%，共同成立杭州娃哈哈百立食品有限公司、杭州娃哈哈保健食品有限公司、杭州娃哈哈食品有限公司、杭州娃哈哈饮料有限公司和杭州娃哈哈速冻食品有限公司五家企业（以下简称娃哈哈合资）。与此同时，达能答应了宗庆后提出的四项基本原则：保持娃哈哈品牌不变；经营管理全权委托娃哈哈集团，由宗庆后担任董事长；合资前企业 45 岁以上员工全都不能辞退；原有的退休员工待遇不变，现有员工收入只增不少。

双方达成协议之后，娃哈哈合资不仅一举获得了 4500 万美元的巨额资金，而且还享受到了合资企业所得税“两免三减半”的政策优惠。娃哈哈合资立即引进大批国际一流的全自动生产流水线，瓶装水的生产能力从原来的 2 条线扩展到了 9 条线，企业跨上了更高的发展平台。随着资金、设备与技术人员相继到位，合资企业迅速进入正轨，生产规模和产品质量大为提升，规模效益由此迅速形成，在国内同行业中拥有了别人难以企及的优势。合资前三年，娃哈哈集团年销售额的增长均在 1 亿元左右，利润的年均增长则维持在 1000 万元的水平。合资之后，娃哈哈集团年销售额和年利润大幅度上扬：1996 年分别为 11.1 亿元和 1.55 亿元，1997 年为 21.1 亿元和 3.34 亿元，1998 年为 28.7 亿元和 5.01 亿元，1999 年为 45.1 亿元和 8.75 亿元，2000 年为 54.4 亿元和 9.06 亿元。

2. 合资发展（摩擦）期（1998~2006）

1998 年 4 月，由于亚洲金融危机，百富勤将自己持有的金加公司 30% 的股份全部转让给了达能，此时达能控股合资公司 51% 的股份。双方的关系开始有了细微变化，最为明显的表现就是中方先后提议扩大瓶装水规模、增加生产线投资等建议都被达能否决，由此双方对重大项目与重大问题决策的分歧开始呈现。

（1）非常可乐项目

“非常可乐”项目是合资发展过程中双方权利关系出现微妙转变的一个重

要事件。彼时中国饮料业正遭遇“两乐水淹七军”的尴尬局面。所谓“两乐水淹七军”是指在 20 世纪 90 年代中期，世界可乐界的两大巨头“可口可乐”和“百事可乐”进军中国碳酸饮料市场，通过强大的收购、兼并和挤压等方式，抢走了当时国内主流的 7 家可乐公司（中国可乐、天府可乐、崂山可乐、少林可乐、昌平可乐、汾煌可乐、可喜可乐）的市场，成为国内可乐界的寡头垄断。在这样的背景下，宗庆后提出开发中国人自己的可乐——非常可乐项目，但却遭到了股东达能的否决，出于对投资安全问题的担心，达能对宗庆后这款颇带民族主义色彩、有风险还富含振兴民族工业志气的行动持反对态度，不予同意。

但是宗庆后不顾达能反对，坚持研发投入推广。出于对本土市场的敏锐把握，宗庆后察觉出“两乐”的消费市场主要在城市，而在占据中国人口七成的农村消费市场基本还是一片空白，因此宗庆后将这款非常可乐项目的消费市场瞄准在农村。1998 年 6 月 10 日，借助中央电视台转播法国世界杯足球赛首场比赛的契机，非常可乐以适当的方法出现在电视屏幕上。以喜庆祥和为基本功能诉求，突出国人重视的喜气和好彩头，通过洋溢着浓郁的中国传统喜庆气息的大红色彩和传统的剪纸艺术造型，配上“非常可乐，中国人自己的可乐”“你乐我乐大家乐，有喜事当然非常可乐”这样振奋人心而又充满喜庆氛围的广告语，非常可乐长驱直入地深入到中国各地乡村。为了赢得农村消费者的“民心”，宗庆后还将非常可乐的价格，每瓶的零售价比“两乐”便宜 0.6 元，既给了优惠又保证质量；在口味方面，紧抓农村偏好甜味的特点，把可乐的味道设计得更浓更甜一些，让消费者感觉到物所超值。

成功的产品 + 成功的宣传 + 成功的营销模式让非常可乐大获其胜。1998 年，以非常可乐为主体的娃哈哈非常系列碳酸饮料销售了 7.38 万吨。1999 年，非常可乐的销量达到 39.9 万吨，比上年翻了 5 倍多，净增 32 万多吨。面对非常可乐项目的成功，达能开始态度转变，1999 年 5 月，达能投入 1500 多万美元，与娃哈哈合资成立非常可乐饮料有限公司，由金加公司控股 51%，宗庆后担任法人代表。2001 年，非常可乐销售达 62 万吨，而包括非常可乐在内的娃哈哈系列饮料总产量已达 250 万吨，首次与可口可乐在中国市场的总量持平。宗庆后与达能在产品开发上的这一轮分歧，最终因为非常可乐的大获成功而圆满化解。

以非常可乐为起点，这之后合资双方都开始不同程度接触外部资源寻求新的发展。但从总体比较来看，达能与其他业内公司的合作效果并不理想，达能收益方面，绝大部分还是来源于娃哈哈合资公司的利润分红；与此相对应，以宗庆后为代表的中方却拥有更充沛的实力开展了系列投资扩张活动。从 1998 年开始，娃哈哈集团连续 9 年领跑国内饮料行业，各项经济指标牢牢占据“中国饮料十强”的半壁江山，年均增速达到 70% 以上。2006 年，娃哈哈合资公司销售额超过 10 亿欧元，约占娃哈哈集团总销售额的 8%，对达能每股收益贡献为 2%~3%。在 2006 年中国民营品牌榜上，娃哈哈集团位列三甲，并被《福布斯》列为中国非国有企业第 12 位。

（2）合资过程中的国有企业改制

从 2000 年开始，娃哈哈集团进行了改制。公开的改制首先是杭州市上城区国资局于 2000 年和 2001 年将原来娃哈哈集团 100% 的股份分两次转让，第一次是将 49% 转让给宗庆后及其职工（包括 38 位高管和职工持股会）。第二次将 5% 转让给了职工和冯校根等人。在此过程中，宗庆后个人出资 6419.5 万元现金获得了娃哈哈集团 29.4% 股份，职工出资 1 亿元左右，占 19.6%。娃哈哈集团公司变为娃哈哈集团有限公司。这之后，杜建英等 35 位工会成员将各自所持娃哈哈集团股份，转让给职工持股会，最终形成上城区国资局控股娃哈哈集团 46%，宗庆后持股 29.4%，职工持股会持有 21.38%，冯校根等 36 人持有 3.22%。此次改制增加了宗庆后对集团的掌控能力，此后娃哈哈进入高速发展时期。

（3）发展合资 / 非合资子公司

1999 年，宗庆后决定，由职工集资持股成立的公司出面，建立一批使用娃哈哈品牌，与达能没有合资关系的公司（非合资公司，主要由宗庆后家族及其职工控制）。主要方式有两种：其一是通过宗庆后与员工持股会共同出资成立投资公司，投资合资子公司。这类投资公司包括萧山顺发公司（宗庆后持股 58.66%），杭州娃哈哈广盛投资有限公司（宗庆后持股 60%），广元金信投资有限公司（宗庆后持股 60%）。以上述投资公司为主体，通过替代娃哈哈集团国有资本的角色，具体行使与达能组建合资子公司的职能。2000 年以后，娃哈哈集团从合资分公司的相关投资计划中悄然退出，改由宗庆后控制的类家族企业进行投资。统计资料显示，自 2001 年至今，娃哈哈合资公司所成立的共 19 家合资分公司中，有娃哈哈集团投资的仅有南昌娃哈哈饮料有限公司和白山娃哈哈饮料公司这 2 家。其他子公司均被由宗庆后控股的广盛投资和杭州顺发食品包装有限公司代替了娃哈哈集团投资者的角色。其二是注册离岸公司，通过离岸公司，或者离岸公司与投资公司联手来投资非合资公司。在涉及娃哈哈名称的 35 家非合资企业中，有 26 家由离岸公司直接投资；有 10 家被其绝对控股，其中 8 家由恒枫贸易有限公司控股（这家企业由宗庆后女儿与妻子 100% 控股）。据统计，在这 35 家非合资公司中，总计由宗庆后及其妻施幼珍、女宗馥莉等家族成员控股的有 29 家。截至 2007 年这些非合资公司总资产近 56 亿元人民币，在 2006 年利润更高达 10.4 亿元。而注册离岸公司的两个特别之处在于，一是能利用注册所在地维尔京群岛的税收政策合理避税，二是离岸公司法人代表可以和股东不一样（国内要求必须是一致的），因此能有效屏蔽相关股东构成等基本信息。

3. 合资冲突（和解）期（2006~2009）

2005 年 7 月，达能亚太区总裁由原达能首席财务官范易谋接任。范易谋上任后明显感觉到了合资公司基本掌控在宗庆后手中，因而希望通过追加投资扩大达能在娃哈哈合资的利益和实际控制力。他在董事会上首先提出，鉴于娃哈哈合资公司的快速发展，希望进行更多的投入；其次又提出要修正商标使用合同，以规范加工企业的商标授权；最后，开始着手调查娃哈哈合资的“体外公司”。但宗庆后坚决拒绝了范易谋关于增加达能在合资公司投入的提议。

2005 年 10 月 12 日，双方签署了《商标使用许可合同第一号修订协议》，进一步明确只有在“与合资公司签订有产品加工协议的娃哈哈公司”和“经合资公司董事会确认与合资公司生产经营不同产品的娃哈哈公司”方可使用娃哈哈商标。

从 2006 年的 6 月，达能与娃哈哈集团展开谈判，2006 年 12 月 9 日，宗庆后在《关于解决非合资企业问题的中文意向书》上签字。按意向书表述，达能将以 40 亿元人民币的价格，购得杭州娃哈哈集团有限公司总资产达 56 亿元、2006 年利润达 10.4 亿元的其他非合资公司 51% 的股权；并另外补偿宗庆后个人 6000 万美元。2007 年 1 月中旬，宗庆后发函给达能，表示要推翻 1 个月前签过字的那份意向书协议。至此双方冲突正式爆发，从而导致漫长的法律纠纷与相互指责。

（1）达能的策略

2007 年 5 月 9 日，作为合资企业外方股东的达能亚洲 (Danone Asia Pte Ltd) 及其全资子公司向瑞典斯德哥尔摩商会仲裁院提出 8 项仲裁申请，其中，7 项仲裁主要针对中方股东违反合资协议的"非竞争性条款"（"被申请人未经授权，擅自生产与合资企业同样的产品，侵害了合资企业的利益。"）；1 项个人仲裁：被申请人宗庆后违反了和达能签订的"服务协议"中的"非竞争条款"和"保密条款。"2007 年 6 月 4 日达能在美国对宗庆后妻女提起诉讼。目的在于制止被告"集体合谋，以不正当的手段干扰达能娃哈哈合资企业的客户关系和商业前景的行为。"2007 年 10 月，达能再向斯德哥尔摩仲裁庭提交 3 项临时措施请求，要求娃哈哈集团以及宗庆后：一是不得设立新的"非合资公司"或增加现有"非合资公司"的产能；二是要确保"非合资公司"制造的所有产品通过双方的同一合资公司销售；三是确保达能获准进出所有合资公司场所。

（2）娃哈哈集团的策略

2007 年 3 月，宗庆后出席两会，提交议案《关于立法限制外资通过并购垄断中国各个行业维护经济安全的建议》，间接"上书"国家领导人，暗示达能并购意图。2007 年 4 月 3 日，《经济参考报》以题为《宗庆后后悔了》的报道披露达能欲低价收购娃哈哈。

2007 年 6 月 14 日，杭州仲裁委员会正式受理娃哈哈集团提起终止"娃哈哈”商标转让纠纷仲裁申请。该申请要求确认杭州娃哈哈集团有限公司与娃哈哈—达能合资的企业杭州娃哈哈食品有限公司于 1996 年 2 月 29 日签署的《商标转让协议》已经终止。娃哈哈始终认为，由于其“娃哈哈”注册商标转让合同一直没有得到国家商标局许可，因此其与达能当初签订的转让合同是无效的。2007 年 7 月 20 日娃哈哈向杭州中院提起诉讼，称宗庆后个人与达能亚洲等三方签订的协议属于劳务合同而不是商事合同，不属于斯德哥尔摩商会仲裁院的仲裁范围。

2007 年 7 月 6 日娃哈哈反诉达能外方董事违反同业竞争。

与此同时，娃哈哈集团强化了对经营管理权的控制。2006 年 11 月 8 日，合资公司与非合资公司的账户分立，合资公司的货款通过杭州娃哈哈保健食品有限公司销售公司（合资公司）走账；非合资公司货款通过娃哈哈食品饮料营销公司（法人代表：宗馥莉，注册资金：500 万元，控股方：非合资企业杭州萧山宏胜饮料有限公司——由离岸公司恒枫贸易有限公司控股 90%）入账。2007 年 6 月 6 日，宗庆后辞去娃哈哈合资公司董事长一职。

达能与娃哈哈的合资争议在卷入大量的经济、社会利害关系后，本身对双方企业的伤害也是无形而巨大的，因此在合资争议进行过程中，各种调停力量也在不断努力，与此同时，双方各项法律纠纷的裁决结果几乎都向着娃哈哈集团这边利好。2007 年 12 月 21 日，双方发布联合声明，准备回归和谈。2008 年 1 月 15 日，范易谋宣布辞去合资公司董事长一职。2009 年 9 月 30 日达能和娃哈哈集团宣布，双方已达成友好和解，达能同意将其在各家达能—娃哈哈合资公司中的 51% 的股权以 30 亿元人民币的价格出售给中方合资伙伴，这一价格远远低于达能早先开出的 500 亿元人民币转让价格。

4. 尾声

从合作纠纷出现到双方最后友好和解，娃哈哈与达能的合资风波历时三年多终告结束。在这场艰辛的合资官司中，关于契约、治理、管理等诸多问题的对峙都不同程度地拷问我们，在日益国际化的今天，商业合作的成功到底需要贯彻一种怎样的精神与原则……

案例9　达能与娃哈哈的合资
——使用说明

作为中国饮料行业的一面旗帜，娃哈哈集团不仅跻身中国最大100家民营企业队列，而且在饮料行业当中也稳居前三甲。达能作为国际知名跨国公司，是欧洲第三大食品集团（仅次于雀巢、联合利华），世界第二大乳制品生产商、第三矿泉水生产商、第二大生命早期营养品生产商、欧洲第一大临床营养品生产商。擅长在国际饮料领域进行纵横捭阖的并购，并一直以收购东道国饮料行业前三对手进行全球性布局为特色，其名下的国际知名饮料品牌不胜其数，拥有碧悠、诺优能、爱他美、牛栏、纽迪希亚、脉动、依云、富维克、Aqua、Bonafont等众多知名品牌。20世纪90年代，达能与娃哈哈牵手合资并认为是国内饮料行业的一个重要里程牌发展。自此，双方渡过了为期十年的甜蜜发展期。但是随着2006年两者的分歧爆发，这单跨国联姻出现急转直下的情形，并最终以不欢而散分手。

本案例描述了20世纪90年代以来国际知名跨国公司达能与中国饮料业巨头娃哈哈之间组建合资企业发展历程及其所经历的合资风波。对于娃哈哈来说，引进什么样的合资企业伙伴，合资过程中如何把握双方的地位变化，以及如何确保合资符合最初的发展目标。这不仅是合资双方共同聚焦的话题，同时也是考验合资制度模式的重要抓手。达娃合资的案例提供了我们基于经济学与管理学不同视角透视合资制度模式本身优劣性的一个经典样本，通过对两大跨国企业合资发展的始终，本案例还探讨了企业控制权的动态变化与配置，并由此引申出关于跨国合资企业如何避免“七年之痒”的婚姻变化风险管理之道。

一、教学目的与用途

本案例主要适用于 MIB 的跨国投资管理课程，也适用于 MBA 的国际化管理课程，一般在课程后期，用做综合性的案例探讨。

本案例的教学目的在于帮助学生理解海外投资战略联盟与公司组织控制之间的关系，丰富学生在战略联盟设计方面的全局性视野和提高战略联盟效率的实际操作能力；同时，通过相应经济学工具的分析与运用，促使学生更深入了解公司合资过程中如何基于核心资源效应进行相应的组织制度设计与防御风险。

对于 MIB 学生来说，本案例提供了一个综合的思维视角：资源与战略之间如何进行动态匹配，以便适应在全球化的变革环境中，跨国公司海外投资更好获得动态竞争能力。

二、启发思考题

1. 结合跨国公司进入海外市场模式理论，分析达能进入中国市场，选择合资公司模式的原因与优劣势。

2. 分析达能进入中国市场模式及其路径变化的原因是什么？ 其背后暗合了什么理论依据？

3. 合资公司出现矛盾的根本原因是什么？ 为什么宗庆后要发展非合资公司？

4. 娃哈哈合资企业案例对中国企业全球化经营提供什么启示与借鉴？

三、分析思路

以下首先在 1 中展示教师引导学生进行案例讨论的基本逻辑线；然后在 2 中提出了每个步骤的关键讨论问题、问题的分析性答案。

1. 案例讨论的逻辑线（Step-by-step Logic Line）

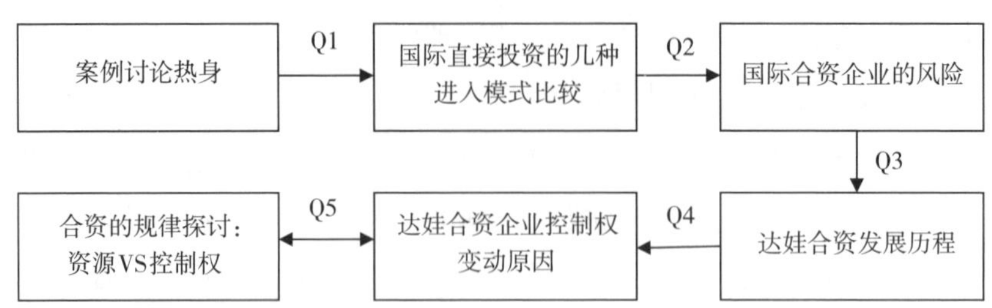

2. 讨论问题（Discussion Questions）

Q1：案例讨论热身（Warm up questions）（5 分钟）

在中国引进外资过程中，针对 20 世纪 90 年代以来的实际情况，提示学生参与讨论：彼时中国市场打开，中国政府与中国企业最希望吸引何种类型的 FDI？当时国内产业发展态势如何？娃哈哈在国内饮料行业处于怎样的经营状况？

Q2：国际直接投资的几种进入模式（10 分钟）

FDI 是海外进入模式风险最大的一种，也被称作“一揽子要素”转移。可以从不同的角度来探讨 FDI 的进入模式：比如基于股权与非股权进入，在股权进入基础上，又可以进一步区分新建投资与海外并购的不同方式。

在明确不同进入模式基础上，我们要进一步区分合资企业与独资企业之间的不同特性。这其中，所有权控制是一个明显的特征。但是由 Berle 和 Means（2009）提出所有权和控制权分离现象表明，对控制权的争夺可能是所有权制度安排中必然存在的冲突。这在 Demsetz（1997）对企业控制权“排他性”定义的揭示中也可以看出。因此在分析下面合资企业风险过程中，我们要注意引入这一理论概念。

Q3：国际合资企业的风险（10 分钟）

在探讨国际合资企业模式中，我们引入这样几个理论概念，第一是关于合资企业的组成，即要素投入。通常意义上，我们从引进外资的角度，经常区分技术、市场、资本等投入。这些投入实际上是不同的资源。有鉴于此，我们在合资企业组建上引入资源基础理论，看看合资双方合作过程中，到底是怎样的资源投入与组合推动着双方的合作？同时又是基于何种原因导致双方合作资源出现不匹配，进而出现合资摩擦。这是可以进行的第一个分析。第二是我们引入所有权控制这一概念。在所有权分散、可转移的前提下，我们试着理解合资企业双方的所有权变化情况，以及这一变化对于控制权有何影响？这一变化是否与资源基础理论相关，进而通过资源的稀缺性产生了对控制权争夺的效应？第三是在前两者理论基础上，我们进一步总结在合资企业风险管理过程中，到底应该基于怎样的公司治理视角来平衡合作双方的不稳定条件影响，并寻求一个较好的公司治理机制。

Q4：达娃合资发展历程与控制权变动分析（30 分钟）

在分析达娃合资企业发展，我们重在把握三个阶段的不同背景及其带来的双方变化：合资初期（1996~1998）、合资发展摩擦期（1998~2006）以及这之后的合资冲突期（2006~2009）。在每一阶段分析时，按照“所有权变化——双方所投入的资源动态配比——控制权的争夺”这样三个逻辑线进行整理，并画出相应的框架图来展示。通过以上“三步逻辑线”，我们可以比较清楚地揭示达娃整个合资企业发展过程中，到底是怎样的因素影响并导致了合资企业双方出现如此不同的前后转变。

Q5：达娃合资案例规律总结（10 分钟）

回到我们前面所探讨的两个重要理论：资源基础理论与所有权控制理论。通过对达娃合资企业案例的分析，以及翔尽的案例过程的展示，我们可以分从以下几个视角来思考并总结相应的规律：其一是关于合资企业控制权配置与资源之间的相互演化；其二是企业家这一特殊的人力资本的特性；其三是控制权意识的复杂性演化（即共生性还是排他性，以及彼此之间的转化）。

四、理论依据及分析

1. 控制权理论及其配置

结合 Berle 和 Means（2009）、Demsetz（1997）等人关于控制权的定义描

述，特别是后来学者（Mjoen & Tallman,1997；Inkpen & Beamish, 1997; Child & Yan,2001,2004）从资源视角探讨合资企业控制权的配置，我们可以基于跨国公司合资企业生命周期的不同阶段来分析其配置机理：进入阶段跨国公司与东道国投资者资源投入变化及控制权配置（合同资源范畴上的不同资源投入配置：市场、技术等）；合资不稳阶段跨国公司与东道国资源投入变化及控制权配置（除了合同资源外，还应重视非合同资源的投入与累积，及其对双方控制权的实际影响）。在此基础上，将主要的研究结论与达娃合资过程进行比较分析。

2. 资源基础理论及其配置

资源基础理论所探讨的资源既包括广义上的资源，也包括狭义范畴的资源，前者包括了组织本身。从国际合资企业范畴来看，我们这里适用的应该是狭义范畴的资源。在比较合资双方实际资源变化过程时，可以提炼出双方最为倚重的资源特征。在达娃案例中，作为外来者的跨国公司达能，其进入中国市场的技术与资本资源无疑是最为吸引人的，也是最为重要的合作筹码。而中方的娃哈哈企业，其强项在于对中国本土文化与消费者心理了解，即非常熟悉中国本土市场，因此我们提炼出市场资源。这也符合 20 世纪 90 年代中国搞市场经济时，“以市场换技术”是当时上至政府、下至企业非常热衷的对外开放实践政策。明确了前述合资双方的资源基础，那么在达娃合资企业发展过程中，我们就要重点对其三个阶段，双方围绕着合作历程其自身的资源投入到底发生了什么样的变化，这一变化导致了所有权上相应有何影响，进而对于合资双方的控制权争夺是否也产生了直接效应。显然，这里我们刻画与分析的是动态的资源变化，也就是说，原先一方可能具有的优势资源，随着市场化进展以及合资双方的学习效应，会逐渐变得不再稀缺，这反过来又会深入影响到合资双方伙伴下一步的博弈操作。

五、关键要点

1. 对于达娃合资企业案例分析，首先需要根据时间发展序列，将其合资过程划分出有意义的几个阶段，每个转折阶段必须有转折性事件的发生，这样才能更好展示整体案例的波折发展。

2. 在达娃合资企业案例分析时，核心主线是双方控制权之争，在控制权争具有两个密切联系的表象：表面上是股权变化的多寡，双方地位的变动，背后则是双方合作所依赖的资源基础发生了变化，而这一资源基础的变化，本质上是合资双方核心竞争力发生了变化。进一步来看，核心竞争力的变化肇始于企业在多边的市场环境中是否进行了积极的学习。

3. 从控制权配置与资源基础理论联系来看，我们发现在分析达娃案例过程中，企业家这种特殊的人力资本值得进一步探讨，这不仅是因为企业家的才能决定了人力资本的最大效用，而且企业家及其高管的人力资本可以更好支配其他的资源基础。也就是说，存在着一个关于企业资源基础的激励机制，这一激励机制与控制权的配置又具有密切的联系。

六、建议课堂计划

本案例可以作为专门的案例讨论课来进行。如下是按照时间进度提供的课堂计划建议，仅供参考。

整个案例课的课堂时间控制在 80~90 分钟。

课前计划：提出启发思考题，请学员在课前完成阅读和初步思考。

课中计划：简要的课堂前言，明确主题（2~5 分钟）

分组讨论（30 分钟），告知发言要求

小组发言（每组 5 分钟，控制在 30 分钟）

引导全班进一步讨论，并进行归纳总结（15~20 分钟）

课后计划：如有必要，可以课后组织感兴趣的同学，进一步探讨合资企业的过程机制及其与资源理论（包括资源基础与资源依赖理论）之间的关系。

案例 10　气象传媒龙头华风集团的业务发展转型

引　言

2009 年暑期，在北京某高校工作的郝老师去看望他在国家气象局下属企业工作的朋友小王时，小王谈及他想读博士一事，并准备读博士时把他所在单位的战略发展作为研究课题。郝老师感到比较有意思，便询问其原因。

原来，小王所在的单位——华风集团是该部委下属专门从事气象影视传媒的企业，人们所熟知的央视新闻联播后的天气预报内容便出自该集团。近年来随着国家文化传媒产业政策的推出与国际竞争形势的变化，该集团主营业务受到了新媒体业务的冲击，加上国家企事业改革对它的影响，华风集团人对于自身战略转型处于一种焦灼的期盼之中。

1. 公司介绍

北京华风集团成立于 2002 年，是由国家气象局下属两家企业共同投资组建，集团公司注册资金为 1 亿元，经营范围主要为媒体公众气象服务、媒体科普宣传和国家级气象灾害预警预报媒体发布。

（1）公司发起

公司股东为国家气象局下属两家企业，即成立于 1993 年的全民所有制企业——北京华风气象影视技术中心，主要经营电视天气预报节目制作、电视技术、网络技术、计算机图形图像与多媒体技术开发、产品推广及技术服务，同时兼营栏目广告设计、制作、代理业务等。另一家股东为 1996 年成立的全民所有制企业——北京市华风声像技术中心，其经营范围为影视节目，如经济频道、体育频道、军事频道等天气预报节目及广告代理业务。

（2）主营业务

华风集团承担着气象影视服务、媒体科普宣传和国家级气象灾害预警预报媒体发布的职责，是某部委服务公众的重要窗口。

气象影视服务：以央视、中央人民广播电台、中国教育台等为代表的中央级电视、广播气象服务以及以“中国气象频道”为核心的全天候数字气象服务。

专题片、纪录片影视制作：专题片围绕气候变化和防灾减灾两个专题制作，纪录片则集中于自然环境类。

新媒体业务：通过电视、手机、IPTV、互联网等新媒体平台构筑立体式气象影视服务格局。

华风集团从 1980 年仅有的 1 档节目发展到现在的 100 多档节目，已经形成多频次、多频道的节目播出平台；气象节目由单一的天气预报发展到包括天气预报、气象新闻、气象资讯、地球科学专题片、纪录片等多种节目类型；服务内容由简单的城市预报和趋势预报拓展到重大灾害气象预警预报、气候预测预估、气象监测、气象新闻以及与公众生产生活密切相关的农业、旅游、健康、体育、交通等气象服务信息和资讯。

（3）公司人员

华风集团目前有近 600 员工，其男女构成比大致为 58 ∶ 42，人员具体分布结构与特征如下：

①学历构成

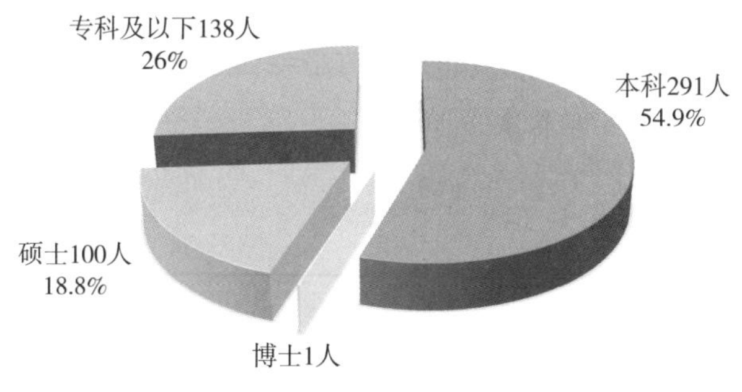

图 1　公司员工学历结构

②岗位构成

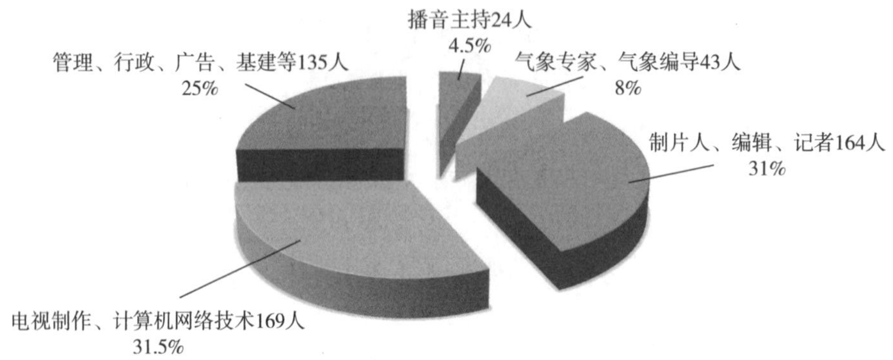

图 2　公司员工岗位结构

③年龄构成

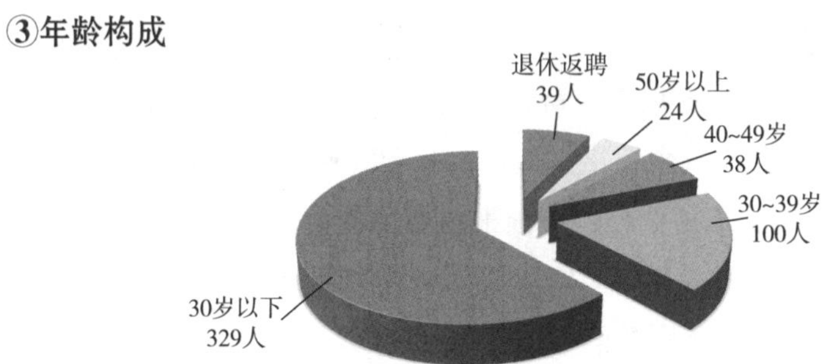

图 3　公司员工年龄结构

（4）组织结构

华风集团的组织结构（下图 4）将职能部门与业务部门并行，分别由相关的副总负责，总经理则集中负责财务部、广告部与发展研究部，同时对集团公司业务有重要影响的核心人员亦直接对总经理负责。

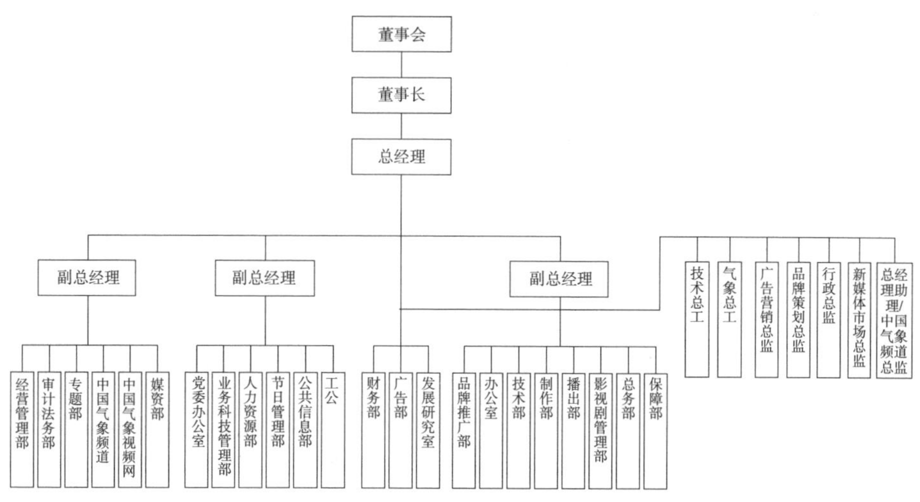

图 4　华风集团组织结构

2. 行业背景

随着国家经济建设的迅速发展、社会文明的不断进步和人民生活水平的日益提高，对气象服务的需求越来越多、越来越高，成为牵引气象事业发展的原动力，也随之催生了巨大的，多层次的气象服务市场。党的十七大明确提出了“强化防灾减灾工作”“加强应对气候变化能力建设”，中央农村工作会议和《中共中央国务院有关切实加强农业基础设施建设进一步促进农业发展农民增收的若干意见》（中发〔2008〕1 号）都强调“充分发挥气象为农业生产服务的职能和作用”。气象工作写进党的代表大会文件和中央一号文件，这在中国气象发展史上尚属首次。因此，从气象行业自身的角度看，蕴含着十分广阔的市场机遇。

2006 年，国家先后公布了“十一五”经济社会发展规划、科学技术发展规划、文化发展规划纲要，在这三个重要的国家规划中，都将发展新媒体列入科技创新的重点。例如在《国家“十一五”时期文化发展纲要》中就明确地指出“大力推进以数字技术和互联网技术为核心的文化生产和传播的新兴行业，积极发展电子书、网络出版物等新业态，发展手机网站、手机报刊、AP

电视、数字电视、网络广播、电视、电影等新兴的传播载体”。

2008 年，国家历时三年的鼓励数字电视产业化发展的政策出台，1 月 4 日，由国家发改委、财政部、科技部、信息产业部、税务总局和广电总局联名具署，国务院办公厅印发的《关于鼓励数字电视产业发展的若干意见》正式公布，这个文件被誉为数字电视产业化的重大利好。文件不但要求打破行业壁垒，正式明确数字电视业务在广电，信息产业部门之间的“三网融合”，更在打破资本进入壁垒，优化投融资政策，优惠财税政策等方面，都简单明确的给予了大量利好，被称为撬动数字电视及相关产业新格局的最大推动力量。市场上纷纷评价，这个文件的出台，使得中国的数字电视产业化发展进入“激动人心的阶段”。同年 6 月 20 日，胡锦涛同志在就提高舆论引导能力对媒体工作提出重要指示，指出要加强主流媒体建设和新兴媒体建设。从国家领导的高度，再次为新媒体发展做出了明确指导意见。

新媒体是以新一代数字技术、网络技术、信息技术为基础的新业务，一般指运用了新的技术手段、通过新的传播方式、通过新的终端平台以及包括新的应用手段等在内的新的媒体形态。其中 IPTV、移动电视、手机电视、互联网等数字新媒体和新业务是其典型代表，未来发展空间极其庞大。

国际上 IPTV 市场在 2006 年大规模启动，IPTV 全球业务收入达到 80 亿美元，用户数达到 800 万以上。已有信息显示，全球 IPTV 用户数已从 2005 年的 370 万增长到 2009 年的 3690 万；来自最终用户的销售收入已从 2005 年的 8.8 亿美元增长到 2009 年的 99 亿美元。目前，IPTV 业务开展较快的国家和地区主要在欧洲、北美和亚太地区。根据我国 IPTV 产业 2007 年度资讯显示，截至 2007 年 11 月底，IPTV 用户规模达到 114.2 万户，IPTV 用户增长接近 110%。

移动电视业务方面，国内奥运会前已建成六个奥运城市北京、青岛、天津、秦皇岛、上海、沈阳和深圳、广州的地面(移动)数字电视网络，通过移动电视实现随时随地收看奥运会直播。2008 年则实现了 37 个直辖市、省会市、计划单列市的地面数字电视网络，并计划用 3 至 5 年，完成全国 3000 多个地市、县的推广应用。

截至 2008 年 3 月，我国手机用户已经超过 5.6 亿，并且仍以每月 600 万的速度递增，这为手机电视的发展打下了庞大的用户基础；预计到 2011 年，手机电视收入将达到 131.49 亿元。2009 年 1 月 7 日，工业和信息化部为中国移动、中国电信和中国联通发放第三代移动通信 3G 牌照，此举标志着我国正式进入 3G 时代。3G 时代来临为手机电视业务发展提供了非常广阔的空间。

互联网继续多年保持快速增长态势，截至 2007 年底，我国互联网用户数已达 1.62 亿，是 1997 年底全国上网人数的 228.4 倍，其中宽带上网用户达到 1.22 亿人。2007 年电子商务交易额达 9400 亿元，增长了 42%。2008 年我国电子商务市场总体规模达到 1.9 万亿元。互联网的发展正日趋宽带化，从 2006 年 6 月到 2007 年 6 月，宽带用户增加了 3400 万，而窄带用户减少了 850 万。截至 2007 年 6 月份，宽带用户数已占到互联网上网用户数的 80.8%。随着互联网接入带宽的增加和信息通信服务能力的提升，话音、数据和视频服务可以由互联网方便地承载，VoIP(网络电话)、IPTV(网络电视)、手机电视等业务的融合趋势日益明显。

（1）市场需求

目前，在中国市场上，华风集团是唯一在中央级平台上提供气象影视信息服务的内容提供商。华风集团业已建立了丰富的公众服务网络：从央视天气预报权威发布平台，到各类气象专题片和气象节目；从直通中南海、逐步覆盖全国的中国气象频道到涉及全新传播领域的手机电视、网站、IPTV 等新媒体渠道等。华风集团的各项服务产品和服务内容，除了广告经营业务处于一个相对饱和的状态外，其他的多项服务产品、内容都存在巨大的成长空间，潜力充分。

根据连续多年对华风集团节目进行调查的央视市场研究公司的报告（2008），观众对华风集团旗下的天气预报系列节目，整体评价比较高（见下图 5）。

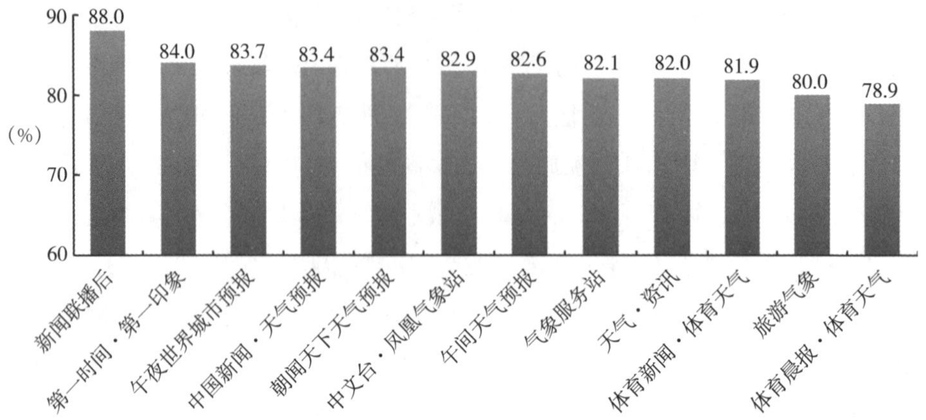

图 5　华风集团的天气预报节目满意度排名

华风集团现有产品都是依托气象资源进行的加工，目前尚处于集约化加工制作初级阶段。根据公共气象服务“无微不至，无所不在”的发展理念，还需要提高服务产品的覆盖面和服务的满意度。因此，通过相应的开发手段，特别是通过市场手段的约束和激励机制，将促进气象影视服务产品质量的提高，客观上也达到了拓展成长空间的作用。

（2）市场竞争

由于新媒体业务发展突飞猛进，传统媒体业务受到冲击较大，这对收入主要依靠传统媒体——央视天气预报广告的华风集团必然产生一定影响。传统传媒企业纷纷进入新媒体领域进行淘金。以央视为例，其在 2008 年奥运会召开时得自新媒体的收入大幅增长：经过初步统计，通过向搜狐、新浪等几家门户网站和主流视频网站分销奥运节目的网络视频转播权，央视网的收益就超过 4 亿元。与此同时，打着“上央视网看奥运会”口号的央视网成为奥运期间流量增长最快的网站，据央视网高层称，奥运期间央视网的流量增长了 8 倍以上。此外，包括广州珠江移动在内的全球 50 多家移动电视运营商、广电总局的 CM 华风手机电视，以及地方卫视播放的部分奥运视频节目都需要从央视购买，虽然移动电视运营商支付的费用不如门户及视频网站高，但粗略计算，央视网此项收益也将接近 1 亿元。另据中数传媒的统计显示，2008 年央视付费频道的总收益有望超过 3 亿元，到 2010 年则有望超过 10 亿元。显然，在新媒体领域迟到的央视已经全面开花、而且后来居上，包括其与巴士在线合资的移动电视运营公司的开播。据悉，央视将开办网络电视台，建立视频共享平台。

此外，国外气象服务机构也瓜分了国内新媒体气象服务用户的市场份额，主要集中在基于互联网的业务上，如 T7online、weather.com 网站等。

表 1　新媒体市场各方业务发展动态

	数字电视	互联网	手机	IPTV	移动电视	CM 华风
央视	★	★	★	★	★	
文广	★	★	★	★		
国际台		★	★	★		
中广						★
电信运营商		★	★	★		
其他 SP 等	★	★	★	★	★	

★为开展的业务

3. 业务运营

目前，华风集团下属 7 家子公司，主要从事气象信息服务领域当中的气象与影视节目制作、广告经营及互联网技术三大块业务。

（1）视频广播类业务

央视天气预报栏目的广告是华风集团主要收入来源，它受到相关部局下发的文件及《中华人民共和国气象法》保障，因此这块业务的持续性较好。除此之外，华风集团下面的子公司 A 拥有世纪坛户外电子屏媒体独到的资源与宣传优势。在免除项目合作前期所设定的运营管理费基础上，与世纪坛管理中心共同经营世纪坛户外媒体。包括新建 2 块 15 平米小屏，1 块 200 平米的旋转大屏。2008 年，A 公司经过与北广传媒城市电视长期的沟通洽谈，在该年底实现了气象影视节目进军户外 LCD 媒体的战略目标，项目于 2008 年 12 月 23 日成功启动。但在上述合作中，A 公司发现存在不少现实困难，比如户外 LED 媒体开发工作在各个城市管理规定不完全相同，公司在自身品牌形象建设方面仍需努力，公司团队磨合时间尚短，策划与执行工作的衔接不甚紧密，一定程度上延误了新项目的开发进程。

子公司 B 负责探索移动媒体气象信息服务的经济增长点，负责 CCTV-7《沃野天机》节目的经营与中国列车电视气象服务平台的开辟。通过配合《沃野天机》节目改版工作，把农业气象服务深入到农村大地，广告收入也随之增长；其制作的《旅途天气》《旅游城市天气预报》《实时天气短信》目前已在全国 150 车次联动播出。2008 年 6 月，列车电视气象服务节目开始为全国 500 辆空调列车、共 75000 个液晶电视屏提供气象服务节目。

子公司 C 负责制作与 CCTV-7 军事频道合作推出的日播节目《气象服务战》节目与广告经营，并集中于《农业气象》《军事气象》等专题片的制作。

华风集团的 IPTV 业务拓展稳步发展。到 2008 年底，已实现 IPTV 图文气象频道在全国 8 个省落地，网络电视气象频道在全国 5 个省落地。气象服务在 IPTV 平台的用户点击流量高居各种信息服务首位。2008 年华风集团携手上海气象局，合作实现“中国气象频道”在 IPTV 平台的本地化服务。

（2）手机类业务

子公司 D 负责发展创新型新电视媒体业务，包括联通手机 SDK 卡内置气象服务业务、手机电视业务，中国移动手机电视业务，以及中国电信和网通的 IPTV 图文业务，上海文广的 IPTV 视频业务。2008 年初发生冰冻雨雪、地震等灾害过程中，在中国移动手机电视上开通了“抗雪防灾 / 雪情发布”服务专区，这是中国移动首次开通灾害服务服务专区；利用奥运契机，在中国移动 3G 新业务客户端软件中内置了“中国气象频道”；与中国联通合作，开通了手机电视气象直播频道；与山西气象局联合试点，推广手机电视气象影视服务，初见成效；华风集团下属洲际嘉禾子公司开发了 iPhone 手机气象服务，并在香港、澳门等地及时上线。

（3）数字电视业务

华风集团的数字电视业务是将“中国气象频道”从单一的信息发布平台，转变为集多种气象服务为一体的综合性气象专业频道。从 2006 年 5 月 18 日正式开播以后，稳定播出，节目质量逐步提高。截止到 2010 年 5 月，“中国气象频道”已经在全国 30 个省（区、市）的 209 个城市（地级以上）落地，覆盖用户数约 4000 万户。有 21 个省、市实现本地化节目插播。初步建立了全国气象新闻联动机制、气象频道记者站和现场直播系统，重大天气直播和新闻报道能力不断提高，年均直播 80 余场，产生了广泛的社会影响。

图 6　中国气象频道落地本地化插播示意图

子公司 E 负责增值业务和网站。增值业务目前合作有两种类型，一是与移动、联通、电信等运营商直接合作，二是与 SP 间的合作，主要方式是为其提供常规城市天气预报及一些指数类的气象信息，由对方做推广，双方按一定的比例分成，具体表现形式有短信、WAP、彩信等，由于此类合作无太多的技术含量，一旦达成合作协议，只要能保证信息传输的稳定就好。无线增值业务在气象行业的有偿服务中是收益较高的一块，因此此类业务尤其是短信服务与地方的利益冲突也十分明显。其运营的网站——“中国天气网”的合作模式基本是提供城市预报信息，以收取相应的信息维护费的方式进行合作，合作网站仅作为其内容的一个部分，不以此去经营获取利益，基本上与地方没有太多利益冲突。

4. 业务战略转型

（1）华风集团经营现状

①广告经营

2008 年，华风集团广告经营加大了新客户开户力度、把握奥运契机，全年广告布局的满版率由前一年的 84.52% 提升到 91.22%，提高了 6%。在经营过程中，受地震、奥运等重大事件的影响，部分气象节目因中央电视台直播而停播，造成实际收入比合同额减少。在广告部的苦心经营下，该年广告收入比上一年增长了 6.87%。

②子公司经营

华风集团重新竞聘了子公司经理，各子公司积极开拓业务服务领域、加强市场经营，总体经营效益稳步提升，两个子公司 A 与 B 一年内实现扭亏为盈。6 家签订责任书的子公司，有 5 家完成了经营指标。

③电视剧经营

2008 年完成的 40 集电视连续剧《采桑子》已于 2009 年初陆续在各地电视台播出。五年来，华风集团共投资拍摄电视剧 10 部，目前已有 6 部电视剧完成了首轮发行工作。这 6 部剧总投资计 2960 万元，收入 3565 万元，毛利润率为 20.44%。

（2）新战略规划

由于华风集团上级单位面临制订“十二五”发展规划的需要，相应地，华风集团正重新考虑制订新的发展战略，以便实现“二次腾飞”。集团总经理在2009年度总结大会谈到了对华风集团的定位、发展方向、产业布局以及发展目标。其核心思想如下：

集团定位：华风集团承担的影视和广播气象服务是国家某部委公共气象服务的重要组成部分……（气象函〔2008〕257号文件），华风集团是承担公共气象服务职责的局直属企业，是公共气象服务的经济实体。

发展方向：抓住战略拓展的良好时机，充分把握国家某部委核心资源和科技成果等得天独厚的优势及气象行业传媒第一声音的权威位置，继续巩固和保持气象影视业务在国际上的领先地位，努力发展成为全国最大的行业传媒。

产业布局：在巩固拓展气象影视核心业务的基础上，着力打造以中国气象频道为首的数字电视、IPTV、手机电视等新媒体业务链条，目前华风集团新、老媒体的互为补充，形成了以传统媒体业务为基础，大力发展新媒体的业务格局。

发展目标：以中国气象频道为核心，巩固和发展传统气象影视业务，拓展新媒体和专业专项气象影视服务业务，建设现代化的气象影视信息业务服务体系，拓展气象影视信息服务领域，提高服务覆盖率、满意度，实现气象灾害预警和应急响应“第一时间、第一发布”。

为了更好配合战略调整，华风集团对企业格局进行了如下优化：

①领导班子的增补及组织机构的调整更加适应发展

华风集团在大力支持主管部门——公共服务中心组建的同时，为适应业务发展和调整的需要，进行了领导班子的增补。在考评的基础上经董事会同意提任集团公司副总经理一名、总经理助理一名。增设了审计法务部、播出部两个基础保障部门和薪酬绩效管委会、经营发展管理委员会、编委会和技委会等决策支持组织。

②完善内部管理制度，管理更加严谨、规范

为了更加适应市场化发展的要求，集团健全了子公司经营管理班子，进行了子公司资源清理和整合工作，确立和调整子公司的主营方向。签订了经营目标责任书，进一步完善了相应的激励约束机制和考核机制。

③深入推进人力资源项目和规范人力资源管理，为二次腾飞创造条件

引入专业人力资源管理团队启动华风集团人力资源再造项目，建设公平、高效的人力资源管理制度体系和相互匹配、互为支持的人力资源管理机制。此项工作得到了各部门的大力支持，目前项目已完成 50% 工作量。

5. 尾声

小王目前在华风集团工作，他对华风集团的未来充满信心，他打算在高校读完在职博士，一边读书一边潜心研究公司战略发展，小王最大的希望是自己读完博士后，华风集团届时会给他提供更大的发展空间与成长机会。

案例 10　气象传媒龙头华风集团的业务发展转型
——使用说明

华风气象传媒集团有限责任公司（原名北京华风气象影视信息集团有限责任公司），是中国气象局直属企业，是面向全国气象服务市场开发、拓展与经营的一个重要窗口。华风集团旗下 15 家子公司，拥有自主知识产权软件研发专业团队，已成为中国最大气象行业传媒机构，能为客户提供一站式的整合公众气象传播服务，是国际上有影响力的气象信息权威服务商。从 1980 年开始制作电视天气预报节目至今，30 多年来，成功打造中国天气网、中国气象频道、中国天气通三大中国气象服务自有品牌，覆盖全国各主流媒体，为超过十亿的人群提供了全面、专业、贴心的专业公众气象信息服务。特别是每天 19：31 分左右在中央电视台播出的 5 分钟黄金时段新闻联播《天气预报》节目更是家喻户晓。本案例围绕着华风集团在新媒体快速发展背景下，针对国外竞争对手相继来华拓展业务这一情形，展示了一家国有传媒集团如何对其市场业务进行梳理，并意欲通过战略转型提升企业的核心竞争力路径。

一、教学目的与用途

本案例主要适用于 MIB 的战略管理课程，也适用于 MBA 的管理咨询课程，一般在课程后期，用作综合性的案例探讨。

本案例的教学目的在于帮助学生理解市场环境变化与公司业务战略转型之间的关系，丰富学生在战略设计方面的全局性视野和提高解决问题的实际操作能力；同时，通过多种战略工具的分析与运用，促使学生更深入了解公司战略转型与完善竞争力的有效途径。

对于MIB学生来说，本案例提供了另一个思维视角：拥有区位垄断优势（政策资源优势）的企业，在全球化的变革环境中，如何更好地适应外来冲击与竞争。

二、启发思考题

1. 华风集团所在行业发生了什么变化？这一变化对于华风集团的竞争本质有何根本性影响？

2. 华风集团原有的业务运营体系有何不足之处？

3. 从战略层面考虑，华风集团的核心资源与其商业模式竞争力表现为什么？

4. 华风集团新的战略设计针对哪些因素而展开？

5. 华风集团的战略转型设计是否完备？对此你有什么改进建议？

三、分析思路

（一）启发学生运用战略目标定位与战略分析工具（战略定位的“三个质问”；五力模型、SWOT模型、PROMPT模型）。

运用“三个质问”进行战略定位：本企业是个什么企业？本企业应该是个什么企业？本企业未来将成为什么企业？

利用五力模型分析产业吸引力；利用SWOT模型细分竞争领域；利用“PROMPT”模型建立竞争优势策略。

（二）启发学生运用价值链理论（Value Chain theory）探讨商业模式竞争力。

四、理论依据及分析

1. 战略定位

管理大师Peter. Druker认为，企业战略目标定位可以通过“三个质问”获得：

（1）本企业是个什么企业?

这一问题关注企业的现在时，即企业当前存在的理由，它必须也只能经由“外部市场”这一角度来回答，包括你的客户是谁? 客户在哪里? 客户眼中的价值是什么……

（2）本企业应该是个什么企业?

这一问题关注企业的过去时，即企业是否因错过机会而失去诸多发展契机，对这一问题的回答在企业身处战略转型时尤为重要。

（3）本企业未来是个什么企业?

由于战略发展环境的变化，这使得企业战略调整成为必要，在应对未来不确定性进行战略设计时，需要考虑的影响因素很多，其中围绕着市场人口发展趋势与结构变迁进行分析是极其重要的一环。

2. 战略分析工具

（1）五力模型

五力模型由迈克·波特教授提出，是传统战略管理课程中用于分析产业吸引力的有效工具，借用产业市场上影响竞争特征的五种不同力量（潜在进入者、替代品、买方、卖方与现存竞争者）的变化，我们可以大致评估企业所选择的产业在多大程度上提供了未来可行的发展空间。

（2）SWOT 模型

SWOT模型于20世纪80年代初提出，它利用“优势、劣势、机会与威胁”（SWOT 组合中文释义）四种不同的态势，可以相对准确地揭示微观单位的现实状况。由 SWOT 模型可以细分出不同的战略组合（SO 战略、WO 战略、ST 战略、WT 战略），从而在更为微观的视角形成对企业决策有意义的战略部署。

（3）PROMPT 模型

PROMPT 模型由 Michael Quinn and John Humble 提出，这一方法旨在利用服务获取竞争优势，它包括以下六个要素：

——优先考虑顾客需求（Prioritizing customer needs）;

——强调可靠性 (Reliability is critical)；

——以顾客为导向设置组织 (Organizing for customers)；

——衡量顾客满意度 (Measuring customer satisfaction)；

——人事培训 (Personnel training)；

——重视技术 (Technology focusing)。

价值链理论与商业模式竞争力

波特提出的价值链理论包括核心环节与辅助环节的价值活动，不同企业在产业价值链所处的地位不一，导致其相应采取不同的战略（聚焦战略、一体化战略等），进而形成自身独特的商业模式与竞争力。

五、关键要点

1.“三网融合”带来行业的渗透与模糊，对于华风集团发展来说，存在“内容供应商”与“渠道运营商”的不同战略定位决择。运用相关的战略分析工具可以更深入探讨这一主题。

2. 华风集团的新老业务如何架构与平衡发展是战略深化的重要支撑，对其业务战略转型的分析必须紧紧扣住新老业务所在领域（产业）本身发展的趋势与结构变迁。

3. 华风集团的业务战略转型关键在于保持并提升现有竞争力，因此可以在 PROMPT 模型中对新老业务的竞争优势策略进行重新审视与设计。

4. 华风集团隶属国家事业单位，准公益性的独特行业背景对于集团企业化运营有着不同影响，战略分析与竞争策略分析中应该考虑这一特殊性。

六、建议课堂计划

本案例可以作为专门的案例讨论课来进行，也可随课程内容作为讲解案例。整个案例课的课堂时间建议控制在 70 分钟。

课前计划：提出启发思考题，请学员在课前完成阅读，并查找相关资料，进行初步思考。

课中计划：简要的课堂前言，教师讲解战略定位与战略分析基本方法与

理论，并介绍案例背景，明确主题（10 分钟）

分组“模拟实战”，告知发言要求，即代表华风集团进行业务战略转型设计（30 分钟）

代表小组发言并同时引导全班进一步讨论（20 钟）

进行归纳总结（10 分钟）

课后计划：如有必要，可以让学员采用报告形式给出更加具体的想法。

案例 11　中卫国投的健康管理服务：快与慢的思考

引　言

一家诞生在文化教育氛围颇浓的北师大科技园区的企业——北京中卫国投健康科技有限公司（以下简称“中卫国投”），其战略方向却是“精准投资慢性病防控”；公司热销的拳头产品组合看似与移动互联网时代的“轻、薄、小”特征迥异，但是上至金融客咖啡，下至北汽新能源汽车制造车间里却不时闪现出其身影。从3年前国家卫生和计划生育委员会（以下简称“卫计委”）一项拟议中的试点项目，到今天摇身一变成为健康管理领域快速崛起的一匹“黑马”，中卫国投在短短不到3年的时间内，一跃成为国内慢性病防控领域的标杆企业，其产品遍及国内卫生、民政、保险与汽车等诸多领域，并在健康物联网与健康管理服务领域展现出公司强大的创新能力与服务水平。

细数这匹“黑马”快速成长的轨迹，我们发现它的身上具有诸多不同寻常的特征：公司最早创立起源于国家卫计委一项产学研的试点项目；公司的所有权结构不仅包括自然人，而且还包括北京师范大学这样的事业单位；公司经营上接受董事会领导，但是党组织关系又隶属卫计委上级单位，海淀园工委还向企业派驻党建助理；公司成立伊始就提出精准投资时效长、社会影响广泛的慢性病防控领域，与此同时却放弃了短平快、利润高的医疗器械业务。中卫国投看似矛盾的每一步后面，都折射出这家企业对于组织使命与组织内在价值与众不同的思考，这在中国方兴未艾的健康服务产业发展当中，无疑是一个值得关注的焦点。

面对互联网+健康的汹涌浪潮，中卫国投为何要精准投资慢性病防控这一长线而且属于公共卫生领域的事业？公司如何平衡市场生存压力与持续研发投入之间的矛盾？公司选定的这一战略视角对于公司的商业模式又会产生什么样影响？中卫国投的快速发展，到底有何不一样？

1. 中国慢性病领域背景

（1）国内慢性病的严峻形势

慢性病即慢性非传染性疾病，是指以心脑血管疾病、糖尿病、恶性肿瘤、精神异常等为代表的一组病症。慢性病发生和流行与经济社会、生态环境、文化习俗和生活方式等因素密切相关。伴随工业化、城镇化、老龄化进程加快，我国慢性病发病人数快速上升，现有确诊患者 2.6 亿人，已进入慢性病的高负担期，并呈现“患病人数多、医疗成本高、患病时间长、服务需求大”的特点。此外，我国慢性病潜在风险也在不断增加，根据国家疾病预防控制中心危险因素调查推算，我国超重人群超过三亿，肥胖人群超过一亿，心血管疾病患者超过两亿。世界银行预测，到 2030 年，人口迅速老龄化可能使中国慢性病负担增加 40%。

慢性病已成为当今世界的头号杀手。2008 年，全世界死亡人数约 5700 万，因慢性病死亡 3600 万，占总死亡的 63.3%，预计 2030 年将上升为 75%。2008 年在中国死亡的 960 万人口中，仅慢性病导致的死亡就占了 800 万，所占比例整整高出世界平均 20 个百分点，高达 83.3%。慢性病病程长、流行广、费用贵、致残致死率高。慢性病导致的死亡已经占到我国总死亡的 85%，导致的疾病负担已占总疾病负担的 70%。

慢性病已经给我国带来巨大的经济负担与影响。由于慢性病长病程及对机体的损害，首先影响整个社会的劳动能力。据 2008 年第四次国家卫生服务调查显示，因慢性病全国劳动力休工 36 亿天 / 年 (占 65%)；因慢性病劳动力人口长期失能 37 亿天 / 年 (占 75%)；预计到 2020 年将有 85% 的死亡归因于慢性病，而 70% 左右的高血压、糖尿病、超重肥胖、血脂异常也将会发生在劳动力人口中。

慢性病对居民个人也带来了沉重的经济负担。慢性病中心提供的数据显示，2009 年中国城镇居民人均可支配收入为 17175 元，农村居民人均纯收入为5176 .9元。罹患常见慢性病住院一次，城镇居民至少花费人均收入的一半，农村居民至少花费人均收入的 1.3 倍。心梗冠脉搭桥的住院花费最高，是城镇居民人均可支配收入的 2.2 倍，农村居民人均纯收入的 7.4 倍。

慢性病的高发也正在快速消耗社会积累的财富。据世界卫生组织（WTO）预计，慢性病防治占中国医疗费用的 80%，在今后 10 年中，中国因心脏病、心脑血管疾病和糖尿病等疾病导致的过早死亡将产生5580亿美元的经济损失，到 2015 年中国慢性病直接医疗费用将超过 5000 亿美元。而根据最新统计，2011 年全国医药卫生费用规模已达到 24000 亿元，较上年净增 4000 亿元，今后，慢性病仍将占用预防疾病的大量医疗资源。

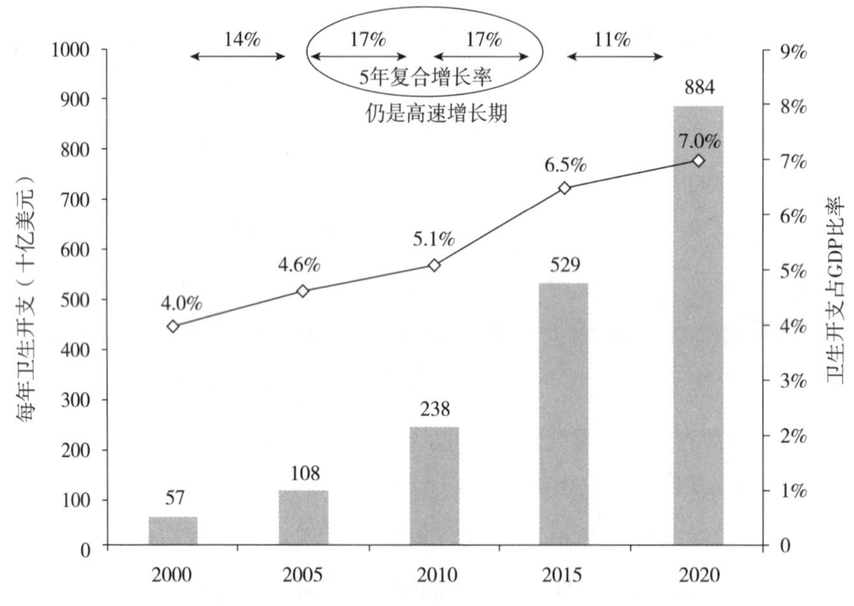

图 1　医疗支出预测及其占 GDP 之比的预测

资料来源：卫生部

世界银行预测，如果我国心脑血管病死亡率能降低 1%，在未来 30 年，总体净经济效益将相当于 2010 年实际国民生产总值的 68%，相当于 10.7 万亿美元。如果不加以控制，中国在未来 10~20 年，心肌梗死、中风、糖尿病等主要慢性病将增加 1~3 倍，且心肌梗死、脑出血、肿瘤等疾病其治疗费用明显高于居民人均可支配收入，沉重的疾病负担不可避免。世界银行由此发出警示："慢性病在中国已进入高增长状态。" 2014 年 4 月 2 日，在博鳌亚洲论坛上，中国卫生部部长陈竺表示，慢性病已经成为影响中国人民健康的最主要威胁之一。

（2）国内慢性病防控现状

新中国成立以来，我国慢性病防控大致经历了以下三个阶段：第一阶段是 1949 年到 1993 年，这一阶段以临床医学为主，重点是慢性病治疗，大量工作在医院。第二阶段是从 1994 年到 2006 年，这一阶段以 1994 年卫生部疾病控制局下设慢性病防控处为契机，慢性病防控逐渐向公共卫生和临床医学并重，公共卫生领域逐渐加强过渡。第三个阶段是 2007 年之后至今，慢性病防控以人群为基础，而不是以个体为基础的公共卫生政策在 2007 年之后普遍开展起来，公共卫生和临床医学进一步融合，并在客观上形成了多部门合作，基于公共策略为基础的宏微观防控体系。

在此基础上，我国政府部门出台了一系列的措施。例如 2009 年烟草框架公约在我国的正式生效以及 2009 年国务院通过的全民健身条例，在"十二五"规划里更是提出了"人均预期寿命增长一岁"的目标。2009 年新一轮医改进一步深化，国家建立了基本公共卫生制度。在国家基本公共卫生项目实施中，慢性病管理成为整个基本公共卫生服务的核心内容，并有望得益于居民个体化信息为基础的国家卫生信息平台的建设。自 2010 年开始，卫生部开展了慢性病综合防治示范区工作，已在全国建成 39 个慢性病综合防控示范区。2012 年 5 月 8 日，卫生部等 15 个部门联合印发《中国慢性病防治工作规划 (2012—2015)》(以下简称《规划》)，提出"十二五"时期是加强慢性病防治的关键时期，要把加强慢性病防治工作作为改善民生、推进医改的重要内容，采取有效措施，尽快遏制慢性病高发态势。这是中国政府首次针对慢性病制定的国家级综合防治规划。

但与此同时，我国慢性病防治工作依然面临着不小的挑战。目前全社会对慢性病严重危害普遍认识不足；政府主导、多部门合作、全社会参与的工作机制尚未建立；慢性病防治在适宜技术选择、基本药物遴选、基层防治模式和筹资保障机制等方面亟待加强。

——民众健康体检意识不强

调查发现，有 26.4% 的市民表示“定期到医院或专业体检中心做健康体检”，有 26.6% 的市民表示“偶尔做”，有 47.0% 的市民表示“从来不做”。目前，美国 70% 以上的人群每年都会进行至少一次健康体检，而我国每年参加体检的人数不足人口的 5%，主动体检的人数还不到 0.3%，即便是在上海和北京，体检率也仅为 15% 和 20%。

——我国疾病防治体系有待改善

从解放初期开始我国疾病防治体系的重点就是防治传染病，经历了 SARS 和禽流感的冲击后更是如此，但对慢性病的防治并没给予同等的重视。在医疗卫生资源的配置方面仍存在问题，很多医院都在不计成本地采取各种高精尖的方式去降低死亡率，但是却没有很好地考虑降低发病率。此外，尽管国内正在努力建立疾病治疗三级网络，但资源投入明显不平衡，一些大医院发展过度膨胀而基层卫生机构资源不足，这也使得慢性病防治进程缓慢。

——对现有疾病认识与干预不足

在《中国卫生统计年鉴》重大疾病死亡率统计中，没有将慢阻肺单独列项，而是归入慢性下呼吸道疾病的总体统计中，慢阻肺的相关统计数据长期缺失、慢阻肺的发病率长期被低估。而基层医疗机构治疗仪器的普遍缺乏，也导致我国慢阻肺的早期诊断率较低，致使许多患者失去早期干预时机。现在我国的慢性病医疗模式多是“因症就诊”：只有在慢性病表现出明显症状的时候才去就诊，在诊疗之后状态好一些就停止治疗，这种诊断无疑会使病人的体内机能每况愈下。

——补偿机制不完善

一些早期探索慢性病防治的有效工作，因为相关补偿机制不完善而一度中断。例如，北京大学人民医院自从 1993 年开始率先在国内开展对哮喘病患者的教育管理工作，逐步形成了“哮喘专业门诊”“哮喘宣教中心”和“哮喘患者协会”三位一体的哮喘病患者教育管理模式，最终使得哮喘病的有效控制率达到 80%，远远超过了亚太地区哮喘病百分之十几的有效控制率。但因为没有经费来源等原因，这项研究如今进展困难。

（3）国内健康服务市场

慢性病的长病程及其给居民个体带来的巨额费用负担引起了各国政府的重视，许多国家都在积极探索这方面的成功做法，健康服务业正是在这一背景下获得快速发展。健康服务业以维护和促进人民群众身心健康为目标，主要包括医疗服务、健康管理与促进、健康保险以及相关服务，涉及药品、医疗器械、保健用品、保健食品、健身产品等支撑产业。从国际经验来看，医疗服务与健康保险相结合，成为许多发达国家解决慢性病管理等医疗困境的一种普遍模式。比如由美国保险界率先提出的健康管理概念，关注了医患信息不对称条件下健康保险成本过高、盈利水平低的问题。经过健康管理措施的实施（在国外，医师职业行为会受保险或支付方管理，包括临床路径以及整个风险管理都有很成熟的经验），美国目前健康保险占总体保费收入的 30% 以上，盈利水平可观。

但就国内发展来看，健康服务市场的运营一直不温不火。医疗服务和健康保险如同牛郎织女，被一道银河阻挡在两边。健康管理服务的两大主要供应商：健康保险公司与医院一直动作不大。一方面，国内健康保险公司的运营较为倚重人寿保险公司的客户渠道，这使得健康保险公司自身对客户的创新服务动力不足；另一方面，传统医院临床业务量大利润高，这也使得医院体检中心一直处于弱竞争态势而易被医院忽视，加上众多体检中心的重头业务——团体体检基本上由“回扣”决定，这也使得体检中心创新意识不够。但是近年来随着竞争的加剧，健康保险公司的危机意识不断提升，目前的商业健康保险普遍存在业务规模不大、产品同质化、赔付率居高不下等问题；在大病保险快速发展过程中，筹资水平较低、保障能力不足的问题也不时显现。随着 2015 年国家出台健康险税收优惠通知以及四大直辖市的试点推进，国内健康险市场上升拐点开始形成。而就传统医院来说，在反腐活动深入人心的背景下，不仅“回扣”决定的团体体检业务波动性与风险非常大，而且来自美年大健康等连锁经营的专业健康管理公司的崛起也给其带来不少竞争压力，医院体检中心不得不重新考虑维持其业务稳定性的发展。与此同时，传统医院体检中心广为患者诟病的“检后问题”也随之浮出水面。两相结合，随着健康保险公司与医院体检中心重视与重返国内健康管理服务市场，这一市场的竞争格局已经暗流涌动。

2. 公司历史

中卫国投于2012年7月在北京市海淀区北京师范大学科技园区注册成立，在中卫国投简介中，公司被描述为“一家在北京师范大学引领和支持下的健康管理领域技术支撑型、科技服务型企业”。但是回顾这家“黑马”企业落户北师大的历程，幸运之神伸出的橄榄枝堪称转迅即逝。

——2012年，合作机遇花落谁家

2012年3月初，中科院系统邀请部分在京院士举行了一次小型座谈会，研究健康管理与社会卫生服务方面的问题。会上院士们提议实施一项综合性社会健康服务体系建设新模式，并拟由北京大学医学部试点。原北京师范大学校长，知名数学家王梓坤院士恰好参加了这次会议，对于会上达成的开展新型社会健康服务事业的试点倡议非常重视，会后他不顾年逾劳顿，立即回校联系时任北京师范大学校长的钟秉林教授。在与钟校长会面时，王院士谈及了他对这次中科院系统会议所提试点项目的看法，认为北京师范大学拥有雄厚而丰富的跨学科综合学术资源(运动、教育、心理、灾害管理等学科)，开展国家健康服务事业试点可以做出更大的贡献，理应据理力争，争取把试点工作放在北师大。在王院士的建议下，钟校长为首的北京师范大学领导班子立即展开了积极活动，与相关院士及国家卫计委做了及时而充分的沟通，最终决定将该项试点工作放在北师大。

试点项目花落北师大是一方面；但在另一方面，如何创新运营这一试点项目成为摆在北师大人面前的一大挑战。也正是这一特定时刻，王梓坤教授拨通了时任中国人保江西健康分公司一把手袁定清的电话（王教授是江西人，袁定清担任人保江西分公司一把手时两人早已熟识），询问他关于健康管理服务新体系运营模式的相关建议，并力邀袁定清参加这一试点项目。

与王教授一番通话，让袁定清感到非常振奋。放下电话后，袁定清开始陷入沉思：国家卫计委的这一试点项目，对于有着医疗行业与保险行业双元从业经验的袁定清来说，其间蕴含的机会与价值不言而喻。但在另一方面，试点项目设在北师大，以高校为主体的产业化项目，往往带有比较深厚的学术导向，或者说技术的实验室与研发情节较浓，但是后期容易与商业化市场相脱节，这是袁定清首先想到的一个问题。其次，作为人保健康省分公司的一把手，现有待遇与地位不可谓不优厚。时值袁定清在江西挂职结束，自己的职业前途一片光明。一旦加入了北师大这一试点项目，则需要自己全力以赴投入时间与精力，这时职业身份进行彻底转换是否值得，袁定清不得不权衡这其间的纠葛……。

经过短暂的反复思考，袁定清最终决定加入北师大这一试点项目。回忆当初果敢的决断，袁定清笑着说他的职业生涯好像有着“逢八”转变的契机：他的第一个八年职业生涯是在医疗行业度过的，在从一名专业医师成长为地方医院院长过程中，“如何让老百姓看得起病”这一问题一直萦绕在他的心头难以释怀。健康保险行业的兴起，让袁定清感到有可能找到了解决这一问题的途径，于是他毅然辞职进入保险行业，开始了第二个八年的职业生涯。在保险行业摸爬滚打期间，“如何让健康保险更好发挥作用”这一问题同样在他脑海中挥之不去。有一次，当他把客户的医疗费用进行分割，结果发现：急性疾病、重大疾病的医疗开销只占 20%，而心脑血管疾病、糖尿病等慢性病占到了 80%。袁定清意识到问题的关键：健康保险的存在，对于解决慢性病并非治本之策。解决后者的根本办法，在于“提高参保人群的健康素质和医保基金的风险管控。以前的保险公司只能给参保人提供生病住院时的报销途径，这只是疾病发生之后的经济干预。现在真正要做的是从健康管理和健康干预入手，在疾病发生前期或初期就发挥作用”。这一重要思想转变与经营观念的形成，让袁定清开始跳出保险行业视角，更加广泛关注与接触健康服务领域的产学研新动向。彼时来自北师大王梓坤教授的电话，恰如其分地打动了袁定清的心绪，在经过短暂权衡之后，他毅然决然选择了从人保健康公司辞职下海。

决定一旦做出，袁定清的职业经理人思维开始快速运转，他立即物色了有着多年金融保险行业 IT 架构管理经验的冯总前来加盟，并引入国内外健康保险、运动与心理等相关领域/学科的知名专家学者组成公司风险控制委员会。此外，来自医疗、健康保险、IT 行业的一些专业人才也被招募进公司。这样不到一个月时间内（3 月 31 日），中卫国投筹备小组正式成立，同时进驻北师大京师大厦进行紧张的筹备工作。

中卫国投创立伊始，对于公司股权架构就做了比较前瞻的考虑，不仅作为自然人的创始人需要投入资金，包括北师大在内的其他法人合作伙伴也相应投入资本，但是彼此之间维持了一个比较均衡的比例，即不允许任何一方一股独大。公司注册资本也相应确定为 1000 万元，这样一个投入规模与架构既考虑了各方投资人的承受能力，也顾及了日后决策机制的透明度与公开化。2012 年 4 月 18 日，国家卫计委、北京师范大学相关职能部门的领导前往筹备组听取了中卫国投筹备工作的汇报。这样在该项试点建议提出后二个月内，以北京师范大学为依托，包括职业经理人在内的保险、医疗、信息等多方投资主体加盟成立的中卫国投公司已经初具雏形，从而在国家意识的高度与高校产学研平台上开启了职业经理人进行健康管理和慢性病防控的里程碑式探索。

3. 把握风口的契机

（1）风口来临前的准备——健康管理系统的问世

自 20 世纪 90 年代末以来，互联网的急速兴起及其对传统行业的快速渗透揭示了一个很强的规律：即传统行业越是具有大空间、低效率、多痛点、长尾特征，这样的行业越容易受到互联网的青睐。医疗行业完全符合了这样的特征，尽管由于其涉及线下医疗资源的问题使得渗透难度大，但是互联网医疗无疑是未来医疗健康服务业的必然趋势。

对于中卫国投来说，在互联网医疗这一大趋势下，如何将慢性病防控这一良好愿望转化为具体战略目标，并解构形成公司的核心产品，是其创立之初面临的最迫切任务。彼时，来自医疗、健康与 IT 行业的几位公司创始人对此展开了反复的讨论后发现：尽管慢性病致病原因复杂，但是纵观各种慢性疾病的产生，归根到底在于生活方式不文明造成的。具体来看，目前导致国内慢性病居高不下的主要致病因素来自三方面：其一是营养健康问题，包括健康饮食与健康睡眠。我国现有超过 2 亿高血压患者、1.2 亿肥胖患者、9700 万糖尿病患者、80% 家庭人均食盐和食用油摄入量超标（人均食盐日摄入量超过 5g，人均食用油日摄入量超过 25g）。此外，睡眠障碍会引发如高血压、糖尿病、肥胖和风湿等多种慢性疾病，而中国成人个人睡眠障碍率达到 38.2%，其中，仅有 25.6% 的人选择去医院就诊。其二是运动健康问题。目前，我国 18 岁以上成人经常参加身体锻炼的比例不到 12%。从运动防治角度来看，要预防控制慢性疾病，保证身体健康，应该从把握频度、时间、强度三个锻炼要素，把握消耗量与摄入量的平衡，注重以有氧运动为主的锻炼方式，选择最佳锻炼时间，养成良好的生活习惯等方面入手。其三是心理健康问题。以心理抑郁症为例，几乎 90% 的人都不同程度存在这一现象。脑科学的研究表明，慢性病产生的缘由在于大脑新皮层长期过分抑制情绪，进而影响并紊乱了脑干调节生命运行的自然功能（人体内分泌系统、交感和副交感神经等）。因此，有效的心理防治可以针对被大脑过分抑制的情绪部分展开探索，包括通过音乐等艺术方式进行合理释放以及基于患者自身心态平衡进行积极干预。

对慢性病致病因素的上述深入认识恰好与 1992 年世界卫生组织发表的《维多利亚宣言》所提的三大里程碑式建议不谋而合，这一发现与联系大大增强了创始人研发投入的信心。而加盟北师大，更使得中卫国投在前述三方面影响干预手段的设计中能够获得北师大优势资源（生命科学院、体育与运动学院以及心理学院）的强力支持。这样一个融合了跨学科领域知识，基于营养、运动、心理三方面进行慢性病干预的健康管理系统研发框架正式确立。一旦产品架构方向明确后，剩下的就是产品模块的研制与开发，其核心的步骤在于通过医学模型与逻辑数据进行拟合与检验。这其中，运用信息技术的逻辑与架构协助开发公司健康管理系统不可或缺。为此，中卫国投利用临近北师大的地缘便利展开了多学科知识人才的吸纳，并成立技术部与医学市场部联合开展产品研发攻关。在公司核心产品早期开发过程中，来自医疗、信息技术背景的人员常常聚在一块，彼此就产品特性与客户需求不断进行叠加探索与深入推敲。“早期开发的一个深切体会就是公司的员工都成了复合型人才”，在回味核心产品模型的诞生历程，冯总认为不同学科背景的员工组成项目小组进行联合攻关的方式值得借鉴，而且效率也很高，关键阶段员工几乎连轴转，日夜扑在办公室里。

在公司核心技术与产品研发过程中，中卫国投对内外部资源进行了强大的整合。由于受国家卫计委的直辖领导，中卫国投得以充分吸收并利用国家级机构（如中华预防医学会、中国疾控中心慢病中心等组织）“十五”“十一五”“十二五”期间投入研发的系列重大科研成果；依托北京师范大学这一产学研平台，来自体育与运动学科、教育与心理学科以及脑与认知科学等国家重点实验室的成果也不断投入企业的研发攻关中去；此外，大量企业外部的协同攻关科技人才也为企业产品创新提供了源源不断的智力支持。正是基于上述强大研发资源与创新力量的支持，中卫国投成立不到 2 年时间内，其研发的健康管理系统 V3.0 获得了三项国家专利，五项国家著作权（见附录 1）。2013 年 6 月 22 日，公司核心系统获得了来自国家卫计委、中华预防医学会等卫生管理、预防医学、临床医学、信息技术方面的权威专家验收组一致通过，健康管理系统 V3.0 成功面世，成为我国慢性病防控标准化进程的里程碑式创新成果。

（2）风口来临前的助跑——产品与服务体系创新

——多样化产品价值线

随着移动互联网经济的深入发展，以及客户基于线上与线下一体化需求的满足，中卫国投的核心产品线也开始进一步拓展（见附录 2）：公司针对用户移动端使用频繁的特点开发了移动健康管理系列产品，包括微型化的电子血压计、血糖仪、个人成份分析仪等，特别是基于移动运动能耗监测技术的新产品——动吧减脂礼包 A 款、B 款（运动动量监测仪）的推出，广受用户好评。针对社区用户的健康管理状况，中卫国投也相继推出了自助健康管理终端等系列软硬件产品，这不仅给社区卫生中心等机构的运营提供了强大的支持，而且催生了许多大型公司、政府机构面向内部雇员开展健康服务采购活动的兴起。

“健康小屋”是中卫国投为许多企业客户，特别是健康体检中心量身定做的产品，属于系统 + 硬件模式，硬件产品涵盖健康管理一体机、电子视力测试仪、肺功能测试仪、中医综合诊断系统、血糖仪、全自动电子血压仪、十二导联心电图仪、动脉硬化测量仪、骨密度测量仪、身高体重测量仪、人体成分分析仪。在为一家客户打造的“健康小屋”效果图中，数百平米的开放式体检大厅让人耳目一新，仿佛置身于一家健康俱乐部。大厅正中间是一根圆形柱子，环绕四周的则是布置有序的健康检测仪器与沙发，大厅四围也布置有健康仪器以及开放式的玻璃小屋，里面有专业健康顾问为用户提供检后各项健康管理咨询。目前，中卫国投已经与国内通讯产业龙头企业中兴通讯结成战略联盟，携手进军移动物联网健康产业。有了中兴通讯这一通讯硬件设备制造商的加盟，中卫国投可以更好地部署未来社区的“健康小屋”。

图 2　中卫国投的“健康小屋”系列产品

随着中卫国投核心产品体系的研发成功，公司的三大业务模式也逐渐清晰，围绕着健康管理这一中心目标，公司的产品创新不断推出，形成了健康管理软件系列、移动健康管理、健康小屋软硬件三大主系列；同时依托核心产品，公司的健康管理服务迅速上线，形成了健康监测、健康评估到健康干预的一体化服务体系；最后，结合国家健康管理师认证的推广以及公司未来线下服务的拓展目标，公司开始培训与储备健康管理的相关人才，积极参与职业技能教育。

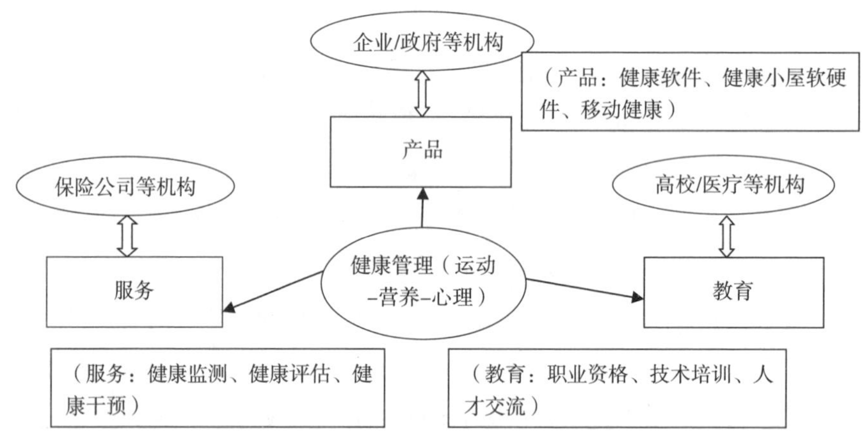

图 3　基于健康管理理念的三大业务体系

——精益化服务模式

对于客户来说，中卫国投的核心产品用户界面非常简洁，比如健康管理系统 V3.0，在客户端有两种选择界面：个人平台与医生平台。前者是一个静态健康管理系统，包括中医辨识、心理健康与健康管理三大子项。用户通过使用这一系统，不仅可以生动地解读出以往体检获得的那些冰冷指标背后的真实意义，而且结合系统给出的科学健康管理指标，可以更为清晰地了解自身较为全面的健康特征，掌握关于自身健康变化的第一手资料。医生平台则基于“未病防控”的思想提供了与用户进一步互动，用户可以基于这一平台获得对自身健康管理的进一步干预，并接受动态与实时的在线健康管理服务。

目前，采购中卫国投核心产品（健康管理系统）的企业包括来自保险行业、医疗系统（体检中心）、民政系统（养老行业）、卫生系统、保健品行业乃至家电行业（厨具）。客户既可以购买公司的用户端软件及自己实施后台数据库管理，也可以将后台数据库交由中卫国投代为管理。以保险行业的 A 健康保险公司为例，其一期建设项目“个人健康管理服务平台”选购了中卫国投三个模块功能：健康风险评估、动态展示与健康阅读。上线 6 个月来，系统运行稳定，精准安全，经受了大数据维护、大并发处理的市场检验。在 A 公司健康险网页上的产品介绍中，其健康服务（团体体检、健康通）直接面向其八千多万用户开放，中卫国投作为平台项目的核心支撑方则完全隐形；与此同时，A 公司已开始在这一平台上招募并投入自己的健康管理客服人员。

个性化服务是许多企业追求的目标，特别在互联网时代，小批量而多样化被誉为企业致胜的利器。但是对于中卫国投来讲，客户的个性化往往意味着“非标产品”的需求，这给公司市场运营带来了较大的负担。比如针对警察系统的健康管理服务中，客户不仅仅需要标准化的健康管理流程，更多时提出定制模块的需求，包括对于不同警种之间的关联性分析等内容。客户这些所谓“非标产品”的内容，包括了客户需要实现某种统计功能、截取外生功能、额外信息采集以及系统的对接等。这些外围功能与中卫国投产品系统的对接，常常耗去项目组人员更多的时间与精力。有时客户的定制模块直接需要改变底层的技术架构，更有甚者，部分客户连布线与装修都跑来询问公司人员。中卫国投市场总监陈博学表示，公司市场部现在接单会注意到上述差异，“我们以往流程是客户提出需求，公司进行整体开发，然后移交客户进行安装。但是现在我们接单时会告诉客户先上标准件，然后根据客户的实际情况进行二次开发”。

对此，中卫国投技术负责人冯总做了进一步阐述，他把公司产品服务特征概括为“服务模式标准化，服务过程个性化”。他在分析客户特征时认为，从公司目前从事的 B to B 业务来看，部分商业客户是想直接应用公司产品，部分商业客户是把公司产品作为商用工具来支撑其自身需求。对于那些提出“非标产品”需求的客户，如果站在市场细分的角度，发现其个性化需求可能帮助公司延伸出新的业务契机，或者有助于公司产品线丰富化与多样化，那么这样的“非标产品”需求就值得重视。

（3）风口来临——健康服务市场的启动

健康是人全面发展的基础和必要条件，关系一个国家和民族发展的根本。我国《宪法》第45条规定，“公民在年老、疾病或者丧失劳动能力的情况下，有从国家和社会获得物质帮助的权利。国家发展为公民享受这些权利所需要的社会保险、社会救济和医疗卫生事业”——享受医疗服务是公民的基本权利，这是医改的宪法准则，也是健康服务业发展的基本准则。

在世界一些发达国家和地区，健康服务业已经成为现代服务业中的重要组成部分，产生了巨大的社会效益和经济效益，例如美国卫生总费用达到GDP的18.5%，国民人均医疗卫生支出超过6000美元；其他OECD国家一般达到10%左右。相较而言，我们目前的卫生总费用大约3万亿，占GDP比重不到7%，这不仅意味着卫生总费用有望继续上升，同时更多的机会将出现在保健、饮食、药品和器材生产、养老、体育等多个方面。

2012年8月17日，卫生部部长陈竺在北京召开的中国卫生论坛上发布了《“健康中国2020”战略研究报告》，该研究历时三年多，提出以“政府主导、部门协作、社会参与”这一模式来实施“健康中国”的长期战略以及支撑这一战略思想的宏微观运营思路。2013年9月28日，《国务院关于促进健康服务业发展的若干意见》（国发〔2013〕40号，以下简称《意见》）颁布，标志着中国健康服务业的市场化与产业化号角正式吹响。《意见》在坚持政府引导、市场驱动等原则下，从刺激消费需求、鼓励扩大供给两个角度，提出了促进健康服务业发展的系列政策措施，并明确“到2020年，基本建立覆盖全生命周期、内涵丰富、结构合理的健康服务业体系，打造一批知名品牌和良性循环的健康服务产业集群，并形成一定的国际竞争力”。届时，中国国内“健康服务业总规模达到8万亿元以上，成为推动经济社会持续发展的重要力量”。《意见》颁布后，各相关部委纷纷出台各项具体配套细则，全国半数以上省份也适时推出开展健康服务的行动计划以及相关示范项目建设。

尽管国务院40号文件的颁布被认为是打开健康服务市场的催化剂，但是受传统观念影响，许多客户对健康管理这一新事物认识并不充分。为此，中卫国投在市场拓展初期，更多地采取了课题启动 + 示范建设项目 + 专业学术会议方式进行市场推介。比如公司先后承担了国家“健康管理师国家职业资格认证制度研究”，“十二五”科技支撑课题“运动健身专家指导系统关键技术的研究”，保监会“保险卫生信息互联互通技术研究”，公安系统“警察膳食营养平衡与运动锻炼监测研究课题”等项目；并启动了“最美乡村医生”活动，参与戍边武警官兵的健康管理，以及各个相关省份卫计委、民政系统下面的健康管理、养老服务等示范项目。这种行业性的推介活动使得公司品牌传播很快，尤其在政府主导的相关项目中。

自 2013 年下半年以来，伴随着《意见》出台以及各省市政府纷纷推出健康服务相关行动计划，国内一度掀起健康服务投资的热潮。顺应宏观环境的这一有利刺激，中卫国投 2013 年中在主流互联网媒体以及峰会论坛上投放的精确广告收到了极大的效果。根据公司市场总监陈博学的回忆，自 2013 年 9 月之后公司市场部就不断接到主动邀约，包括政府部门、私人机构对公司产品非常感兴趣，客户见面往往只扑主题——健康管理应该怎么做？市场部从 2013 年下半年以来，项目业务推进非常快，加班加点成为常态。也是这一时期，公司市场活动收获了诸多有力的订单：包括平安健康、新奥能源、炎帝生物等诸多行业翘楚。此外，来自政府部门的示范建设项目不断增加：多个省市民政系统、卫计委下属的健康管理示范项目，武警、空军等部队官兵健康管理示范项目等。中卫国投成立近 2 年，已经开始赢利。

4. 寻求长效化机制

2014 年，岔口的选择

继健康管理系统 V3.0 推出被众多企业竞相采购后不久，中卫国投又于 2014 年初适时推出了“健康管理自助终端”，其外形如银行的自助取款机终端，该款创新产品偏向于硬件，主要用于个人体征特征数据的收集。目前市场上硬件能够检测的数据包括运动、姿态、血压、血糖、血氧、心率、心电、体温、体重九大类，各种功能都有不同类别的产品出现，而在中卫国投这款健康自助终端上，几乎可以采集前述各项体征特征，并通过 App 进入云端链接与管理，这对社区中不习惯使用互联网工具的中老年人特别有吸引力；此外，产品投放市场测试过程中，许多单位发现用于内部员工健康管理非常方便，包括各类养老机构用于客户健康管理。而从该产品投放医院市场反馈来看，可以节省病人就医过程中相关诊前检查环节的烦琐；由于病人自我操作，心态比较放松，这在一定程度上提高了诊断检查的准确率（比如有些病人在医生面前测量血压时，往往会不由自主的紧张）。由此在该健康管理自助终端机推出后不久，立即有国内各区域诸多代理商与经销商前来考察联系，并纷纷表达合作意向。与此同时，各类 VC 投资机构也纷至沓来寻找投资合作机会。时间进入 2014 年后，中卫国投忽然发现身边涌出大把的商业合作机会。

这一场景也在公司内部表现为两种不同的声音：一种声音认为，公司当下要充分抓住这一机遇，扩大产品线与投入；同时积极争取站在资本市场的风口，以便为公司快速成长获得更高的溢价与资本运营机会。另一种声音认为，公司是做慢性病防控事业，慢性病防控的复杂性不比一般商业，需要更多时间、更深入的空间细致研究其内在机理，公司目前在产品打磨、文化构筑等方面仍待加强，如果过分迎合外部商业需求，很容易在这个时候迷失了方向。外围市场诸多机会来临以及公司内部存在不同声音的诉求引起了袁定清的高度重视，作为公司创始人，2 年多时间将公司推到今天这一步——刚刚渡过了盈利压力关口实属不易。而面前呈现的不同选择的岔口，稍有不慎，很可能导致偏离终点目标越走越远，到底应该怎样掌舵中卫国投这艘小船以便走得又快又好，公司为此尝试了诸多方面的探索：

——产业链互补下的精准投资

自公司成立伊始，袁定清就很重视公司的发展方向。多年来在医疗行业与保险行业摸爬滚打的经历，让袁定清对于健康管理的重要性有着很深的理解。“中卫国投要做一家为保障人民健康提供最优服务的企业。中卫国投存在的意义，就在于找到那些长久影响人民健康的危害性因素是什么？”在谈到中卫国投为何锁定精准投资慢性病防控这一细分领域时，袁定清认为得益于自身多年的职业经历以及创业伙伴的共同理想。与北师大的结缘与合作，让袁定清对健康管理新模式能否运营成功有了前所未有的强大信心。“北师大的生命学科、运动学科与心理学科等领域的智力成果是国内一流的，这些跨学科综合知识与服务（营养健康、运动健康与心理健康）正是《维多利亚宣言》重点强调的，《维多利亚宣言》提示了中卫国投未来产品创新与市场化发展的丰富源泉”，袁定清每每回首公司的战略方向抉择时，总是很庆幸这些重要的机缘因素如此巧妙地融合在一起。也因此，中卫国投创立之后，就向员工展示了未来发展蓝图：公司立志成为国内慢性病防控的龙头企业，在健康管理技术与健康管理服务方面提供最优质的解决方案。

聚焦慢性病防控这一细分领域，注重形塑自身的核心竞争力——拥有国际领先的风险管理模型与算法，这些优势条件让中卫国投站在了行业的前头并不断推陈出新各项新产品与服务。与此同时，中卫国投自 2014 年伊始也加大了与产业链上下游相关环节厂商的深度合作，比如公司在推出“健康小屋”的产品时，就与中兴通讯合作由其进行硬件产品的代工；公司与超图软件合作探讨空间地图在慢性病防控中的便利化应用；公司与美国加州大学合作不断深化风险管理最新模型与算法。即便是与 VC 等专业机构接触时，中卫国投更为关注的是 VC 除了带来资金外，它本身是否具备对互联网医疗相关价值链的了解，或者从事有相关环节的投资活动，只有合作伙伴熟悉该细分领域的相关价值链，同时彼此有具有互补性，中卫国投才感兴趣进行下一步接触与商谈，而这样做同时，也给中卫国投开辟了一种寻求外部合作“成本最小化”的高效业务模式。

——多元化的制度建设

慢性病防控是一项长期的、社会价值与商业价值并重的系统工程，如何让公司上下齐心协力，坚守这一择决而不动摇是袁定清掌舵这家企业后时常思考的问题。“用愿景去鼓舞士气，用机制去激励奋斗，用制度去除后顾之忧”，这三句话概括出了中卫国投富有特色的管理之道。中卫国投每次招募到新员工，入职培训第一课就是关于公司的愿景与介绍，公司创始人与各部门负责人悉数到场，不仅重在讲解与宣扬企业的使命与愿景、规划与蓝图，更是面对面与大家沟通交流，给新员工答疑解惑。为了让新员工更好地理解公司的发展蓝图，中卫国投不定期地组织各个领域的专家学者前来公司讲学与座谈，并在公司内部启动前沿课题的申请，每次前沿课题的结项表彰会上，公司负责人亲自为做出探索贡献的员工颁发奖励证书，这些丰富多彩的活动不仅大大拓宽了员工的知识视野，也进一步激发出员工对所从事工作发自内心的喜爱。在中卫国投内部，一直在推陈出新不同形式的激励机制。对于项目开发人员，公司配备有前沿课题申请，鼓励不同部门跨界交流，联合组成项目小组寻求新的突破。公司设立的“我来讲一课”每周论坛，常常挤满不同部门的员工，大家可以尽情展示自己的学习心得与体会。对于市场人员，公司除了通过业绩导向的激励引导其开拓市场，上至总经理，下至公司技术部门都在后面提供从资源到技术的无缝对接。事实上，由于中卫国投在早期市场开拓过程中更多通过学术会议推介以及政府示范项目推广进行，因此市场部的工作某种程度上得到了全公司资源的积极配合，这也使得公司经营业绩很快就渡过了盈亏平衡点。

“学为人师，行为示范”是北京师范大学的校训，在中卫国投的管理实践中，公司非常巧妙地将这一格言转化为两种极具特色的组织活动：“导师制”的人力资源培养以及“赡养制”的员工诚信发展。前者是指公司与北京大学、北京师范大学相关院系合作，积极引入教授——研究生团队入驻企业现场，根据专业培养需求与企业实际问题需要，由企业提出实际研究问题，教授予以理论与方法指导，研究生进行实地调研与工作方案设计，这一活动模式至少持续一年以上。这种高校——企业对接模式对于应用学科发展具有非常明显的促进作用，并且对于学生后续职业发展与身份转化也提供了有价值的试验。也因此，北京大学信息技术学院的教授——研究生团队连续几年都在公司现场开展这一活动。后者则是中卫国投基于自身研究领域的成果推出的一项企业诚信文化建设。在慢性病防控的科学研究工作中，基于脑科学机理进行心理干预是一项非常重要的活动，神经化学领域的最新研究发现，心怀善念与积极思考时，人体内就会分泌出大量令细胞健康的神经传导物质，免疫细胞的活跃导致了人体免疫系统变得更强健。顺应这一发现机理，公司在

2014 年重阳节推出了“赡养制”的文化制度，公司每月定期将“敬老赡养费”发放到中卫国投员工有法定赡养义务的父母长辈，以答谢父母为公司输送尽职工作的员工。公司这一创新制度不仅增加了员工家庭的幸福感与尊严，大力弘扬了中华民族文化的“孝道”；而且通过“孝道”精神的传播也间接促成了员工在企业里的质量观，对消费者负责，对公司负责的优质质量意识逐渐成为员工的习惯。

5. 中卫国投的未来挑战

随着市场的快速推进，中卫国投也开始感受到不少烦恼。比如在许多情况下，客户项目都是通过招投标方式进行。在与竞争对手同台竞技时，中卫国投非常清楚自身的优劣势：公司的劣势在于成立时间不长，品牌影响力不大；而且公司有着自身的发展战略，讲究稳打稳扎，扩张速度要慢于对手。但公司的竞争优势也非常明显，就是拥有比对手功能与实力更为强大的核心产品系统（健康风险控制模型）。目前国内招投标体系下，关系、价格与实力因素一个都不能少，但各个因素影响权重却是非常模糊。常常出现的情况是，面对对手低价竞争，中卫国投最终只能选择放弃。“我们不想把行业搅乱，低价竞争的结果最终只会使客户的利益受损”，对于医疗系统内普遍盛行的低价竞争现实，中卫国投市场总监陈博学谈及此处也只能摇头。

通过差异化策略来区别对手，这是中卫国投在市场竞争中一向关注的地方。但是如何理解公司这种差异化策略对商业模式的影响，它的壁垒在哪里？对此，公司主管技术的冯总认为，中卫国投专注提供健康管理产品与技术解决方案，其竞争实质在于平台化健康服务的高效率，包括服务流程、体系的标准化，服务品质的稳定性以及服务能力的快速响应。B to B 的业务模式尽管对公司来讲会比较辛苦，但长久来看，经由 B（中卫国投）to B（其他行业客户），再到 B（其他行业客户）to C（终端客户），这样一个一体化的运营思路 B to B to C 使得公司服务路径简单化，同时也最大程度发挥了协作分工的优势。但是这样做，似乎中卫国投与终端客户之间，总是隔了一层面纱，这是否会影响到公司对慢性病防控领域精准投资的目标以及更好提升客户的体验呢？……

附录1　中卫国投的各项社会荣誉

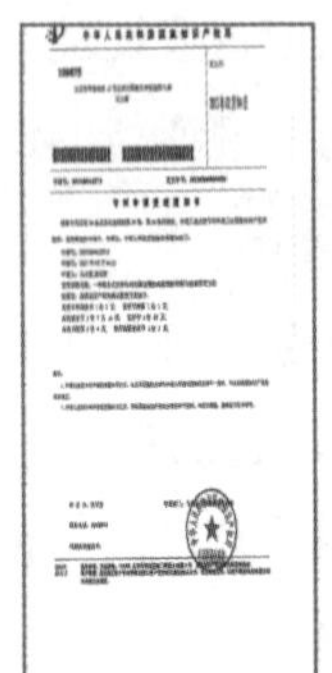

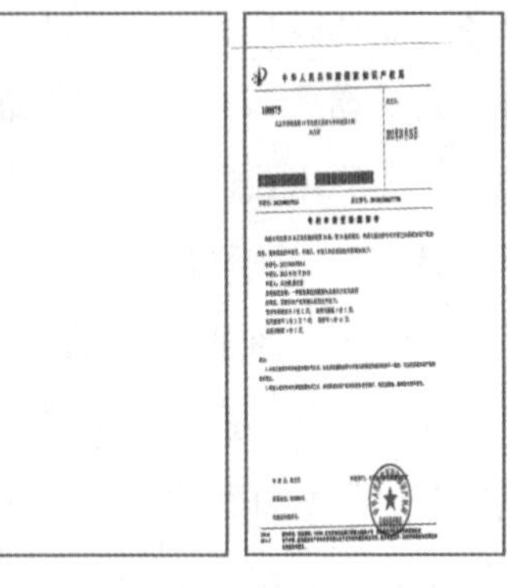

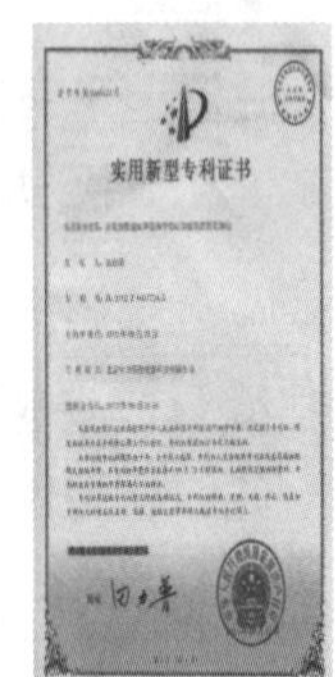

多项科研成果获得国家发明专利保护和实用新型专利证书

中华人民共和国国家版权局
计算机软件著作权登记证书

中华人民共和国国家版权局
计算机软件著作权登记证书

中华人民共和国国家版权局
计算机软件著作权登记证书

中华人民共和国国家版权局
计算机软件著作权登记证书

中华人民共和国国家版权局
计算机软件著作权登记证书

中卫国投健康管理系统、中卫国投健康风险评估软件、中卫国投心理健康管理软件、中卫国投中医体症辨识软件、中卫国投健康档案管理软件等产品获国家版权局著作权证书。

附录 2　中卫国投创新产品线的平台架构

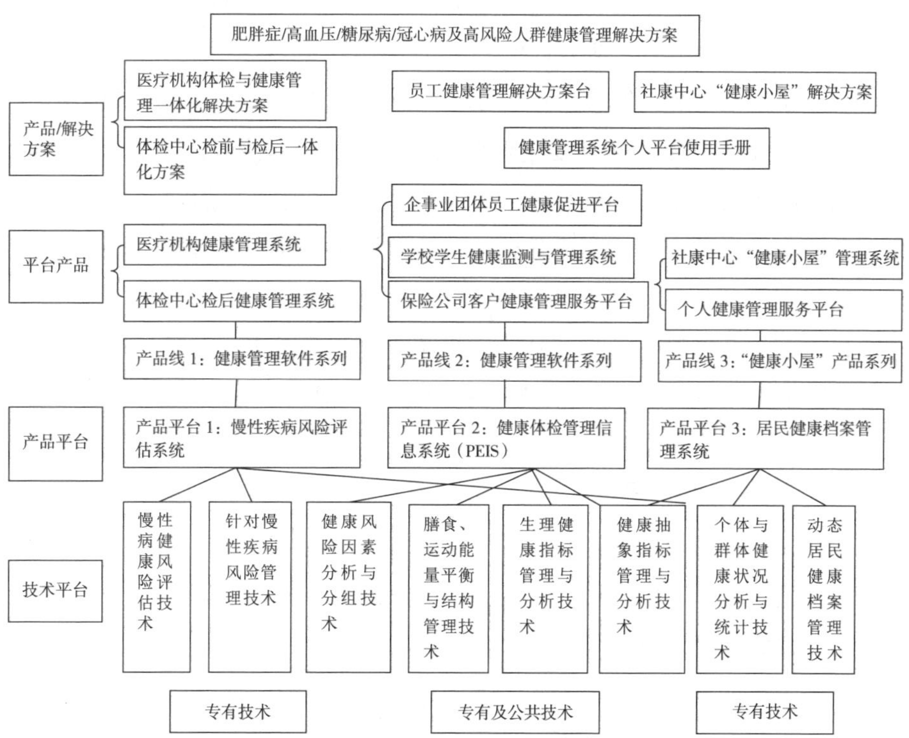

案例 11　中卫国投的健康管理服务：快与慢的思考
——使用说明

作为一家成立不到 3 年、轻资产运营的慢性病防控高科技企业，中卫国投公司的快速崛起到底是幸运地站在了互联网 + 健康的风口还是另有原因？一家成立不到 3 年的新生企业，按理能够提供的管理实践与观察相当有限。但是作者注意到在中卫国投企业身上，具有了几个比较突出的现象：（1）国内健康服务领域的市场化与商业化空间刚刚打开，慢性病防控领域的商业模式几乎属于空白，这家新生企业的行动提供了难得又宝贵的直接观察；（2）该企业诞生于国家卫计委一项试点工作，观察该企业成长有利于理解商业化途径与社会化服务目标达成之间的联系机制；（3）该企业作为产学研平台的实施载体，既有别于以高校一方为主体发起，也不同于以社会 VC 资本为主导的模式，其混合型组织特征融合了前两种模式的优点。

如果联系彼时国内医疗行业变迁，上述现象背后，正好揭示了健康服务社会化与产业化背景下新制度逻辑发展对于企业经营主导逻辑的根本影响：随着国内新医改的推行，医疗卫生领域关注重心正由“已病治疗”向“未病防控”这一趋势转变，健康服务企业的经营理念与经营逻辑面临重构，从而对其战略资源部署提出了新的要求。中卫国投顺应行业变迁机遇适时诞生，并通过构筑混合型组织形态及其适用的商业模式获得快速发展，某种程度上正是切合了这样一个制度逻辑变迁过程中企业经营逻辑重构的需求。

一、教学目的与用途

1. 本案例试图用制度逻辑、战略竞争力等理论来解释中卫国投的快速发展，主要适用于 MBA 学生、本科生的《组织经济学》《战略管理》等课程，也适用于其他工商管理类别的课程教学和管理培训。

2. 本案例的教学目的主要有：（1）通过介绍国内慢性病发展与健康服务市场变化，展示中国新医改前后两种制度逻辑的变迁影响。（2）通过案例剖析帮助学生理解制度逻辑变化与组织经营主导逻辑之间的关系，进而观察主导逻辑如何影响企业的商业模式及其战略资源部署。（3）深入理解中卫国投混合型组织的资源运营与组织竞争力特征。通过以上三方面内容的逻辑分析，综合讨论中卫国投成长过程中的“快与慢”战略抉择与思考。

二、启发思考题

1. 结合国内慢性病发展，分析新医改前后国内医疗市场是否发生本质变化？

2. 如何理解中卫国投选择“精准投资慢性病防控”这一战略举措？

3. 如何评价中卫国投的组织模式及其竞争力？

4. 中卫国投成长过程中的“快与慢”表现在哪些方面？

三、分析思路

教师可以根据自己的教学目标（目的）来灵活使用本案例。这里提出本案例的分析思路，仅供参考。

本案例的分析重心在于帮助学生理解“快与慢”的经营哲学，运用的主要理论知识点涵盖制度逻辑与战略竞争力这两个维度。通过案例分析，首先让学生掌握制度环境变化带来公司经营主导逻辑变化以及相应组织模式创新之间的关系，理解公司应对环境变化在战略上采取的“快与慢”不同举措；其次，基于上述背景环境深入探讨混合型组织的战略资源配置与独特竞争力，从中也可以观察企业组织运营过程中对“快与慢”不同策略的思考。

1. 从中卫国投所处国内新医改背景与慢性病防控现状入手，分析国内医疗市场运营变化的总体趋势与本质特征；

2. 从中卫国投的资源与能力入手，分析中卫国投的主导战略逻辑；

3. 围绕中卫国投面临的环境变革与主导战略逻辑的确立，分析中卫国投混合型组织的形成与特征；

4. 结合中卫国投的发展实际，探讨公司独特的竞争力；

5. 总结中卫国投上述发展历程，深入理解公司“快与慢”的经营哲学。

四、理论依据及分析

1. 医疗市场变革的新制度经济学研究：制度逻辑的分析视角

制度逻辑（institutional logic）是指社会构建的文化符号和物质实践的历史模式，包括假设、价值观和信仰，从而个人和组织可以获得他们日常活动的价值、组织安排时间和空间以及再现他们的生活和经历。Friedland 和 Alford（1991）在将制度逻辑观应用于组织行为研究时指出，制度逻辑是指一系列要阐明“如何解释组织的实际情况、合理行为以及如何去继承”的原则。因此，制度逻辑塑造或决定组织环境中的“游戏规则”以及人们看待事物的一系列假设（Dunn 和 Jones,2010），制度逻辑随着历史变迁以及随着经济和社会结构的变化而发展（Barley 和 Kunda,1992）。

从国内慢性病防控的三个阶段发展来看，在新医改之前，占据国内卫生医疗体系的主导思想仍然是“已病治疗”，在医疗市场化的助推下，临床医学担负着沉重的服务负担，也因此形成了图 4 所示国内长期难以化解的“健康不可能三角”。

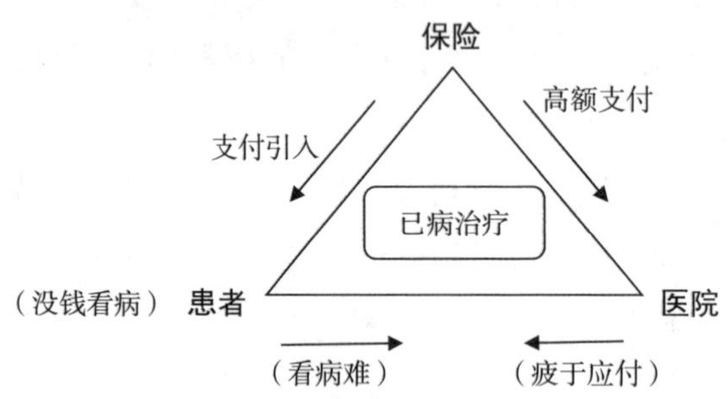

图 4 “已病治疗”制度逻辑下的“健康不可能三角”

图 4 显示，在“已病治疗”的制度逻辑下，尽管健康保险等第三方支付机制的引入，一定程度上缓解了广大患者“没钱看病”的窘境，但是依然存在一个难解的“健康不可能三角”：患者现在最大的问题变成了“看病难”，

尽管国家医疗资源已经大为增加，但是医院仍然疲于应付不断增多的患者，医患紧张的事件不时发生；而就第三方保险来说，高额的保险支付成本与运营不盈利使得健康保险发展处于尴尬境地。

破解“健康不可能三角”的关键在于形成新的制度逻辑，这在国内新医改之后已经形成共识，即宏观上逐步确立“政府主导、部门协作、社会参与”的公共卫生发展机制。而 2012 年“健康中国”战略的发布以及 2013 年国务院 40 号文件的颁布，标志着健康服务产业化市场的政策得以明朗，健康管理与健康服务的行业趋势拐点得以确认。再从微观上分析，健康服务的两大主要提供商：健康保险公司与医院由于商业化利润与可持续发展受到威胁，这使得它们重新回归健康服务市场。上述宏微观政策要素的确立与行业趋势发生的变化，客观上促成了新医改背景下“未病防控”这一新制度逻辑的形成，从而使原先“健康不可能三角”得到有效的化解，见下图 5。

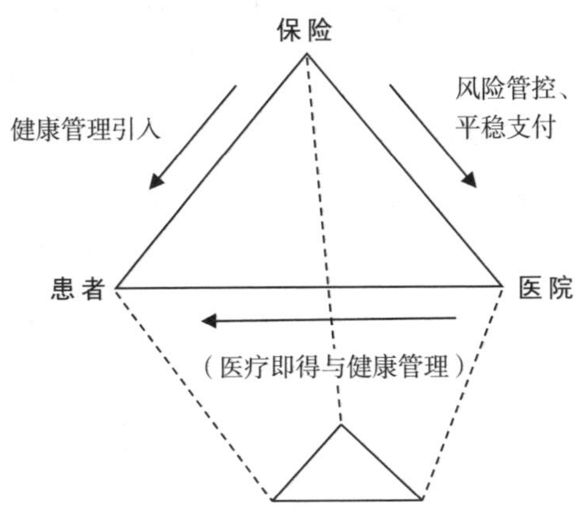

图 5　“未病防控”制度逻辑下的“健康可能三角”

上图 5 显示，在“未病防控”的新制度逻辑下，健康保险等第三方不仅加强了对医院职业机构的临床支付管理，同时基于灵活保险费率对投保人实施有效健康管理，从而大大缓解了健康保险的运营成本。医院（临床医学）一方面得益于国家公共卫生基本制度的不断完善，医疗资源基层可得性大为提高；另一方面，医院体检中心注重更好地为患者提供健康管理服务，这样在两大健康服务主要提供商的转型支持下，患者的疾病罹患率大为降低，健康管理服务的推行使得原先的“健康不可能三角”变为成本更低，效果更佳的“健康可能三角”。

2. 中卫国投经营主导逻辑的确立

主导逻辑（Dominant Logic）最早由 Prahaland 和 Bettis(1986) 在《主导逻辑：多元化与绩效之间的一种联系》中提出。广泛意义上的主导逻辑被认为既是一个知识结构又是一系列引起管理的过程。它的形成基础来自两方面，即企业的管理系统和环境因素。因此，主导逻辑既有管理传统决定的稳定性，也有环境因素决定的开放型和适应性。如果一个多元化企业的交易在战略上是相似的，用一个主导逻辑就可以。从行业层面来看，组织的运行会有相适应的制度逻辑与之匹配，而在一种制度逻辑下，企业又会与该种制度逻辑相适应的主导逻辑来指导企业的运营。

在制度逻辑随着行业环境变化而形成新的制度逻辑背景下，公司经营主导逻辑的形成可能源自企业以往成功的经历或者是领导者的偏好。对于中卫国投来说，其主导逻辑的确立很大程度上与创始人对健康管理领域的职业经历与偏好有关。袁定清表示，在确立中卫国投主导发展战略时，作为创始人的团队曾深入做过三方面的调研与思考。其一是深入市场，了解同行在服务消费者过程中的不足。中卫国投的研究发现，健康管理这一核心要素长期以来一直不为同行所重视，同时也是同行对手最为欠缺的，因此公司决意进入这一市场。其二是深入行业，分析企业自身弥补不足的活动是否具有足够的市场发展空间。随着“健康中国”长期发展战略的确立以及国务院 40 号文件的颁布，国内健康服务市场产业化号角正式吹响，这给中卫国投展示了一个规模庞大而且朝气蓬勃的发展空间。其三也是最重要的，企业提出的正确价值主张应该具有趋势性，具有长远的价值意义。中卫国投最终锁定“精准投资慢性病防控领域”，不仅在于国内慢性病发展面临的严峻形势，而且企业也深刻洞察到国家医疗卫生体系发生的重大转折变化与机遇（强化政府对公共卫生体系的职责，政府开始首推健康管理示范项目，健康服务产业有望取代房地产业成为中国未来的支柱产业），以上三点判断与择决，最终帮助中卫国投确立了慢性病防控领域正确的经营战略方针：以专业化健康管理为核心，公司致力于成为慢性病防控与健康管理标准化建设的龙头企业，成为健康管理技术与健康管理服务解决方案的提供商。从中卫国投主导经营逻辑的确立可以看到，环境因素的有利变革可以促使公司迅速捕捉到商业机会，而得自管理传统的长期累积经验（创始人的职业经历与创业理想）则是获得这一快速捕捉机会的有力保证，这里“快与慢”的经营哲学是统一的。

正确的经营主导逻辑有助于营造企业独特的竞争力，其原因在于企业通过有效的主导逻辑定位，不仅可以达到将有限资源投入到企业最重要的发展领域，同时主导逻辑本身也可以帮助企业进一步获取外部资源从而让企业摆脱发展桎梏，这方面可以视为企业“快发展”的奥秘。以中卫国投为例，一方面，公司准确的战略定位——“专业化健康管理”使得公司成立伊始就集中资源研制健康管理系统，并在核心产品投入市场后赢得了来自健康保险公司、医疗体检机构这两大主流医疗服务商的采购与支持，由于中卫国投的核心产品与目前健康服务市场诸多提供商之间更多是互补关系，这也使得公司借助这些主流医疗服务商的网络，得以迅速切入国内健康管理服务诸多领域。另一方面，从中卫国投的主导逻辑来看，由于慢性病防控领域同时也是政府公共卫生服务的核心对象，这使得公司在研发相关健康管理核心产品时，可以更快更多地获得来自国家层面的诸多前期平台化科研成果的投入支持，这在很大程度上使公司突破了研发资源的“瓶颈效应”。

总结中卫国投案例中制度逻辑与主导逻辑的影响关系我们可以发现：随着国家宏观医疗改革转向临床医学与公共卫生体系并重这一趋势，国内医疗市场正从“已病治疗”的制度逻辑向“未病防控”的新制度逻辑转变，宏观与行业层面上发生的上述变化，对于新创立的中卫国投的经营主导逻辑有着重要影响，正是基于对宏观与行业制度逻辑的深入分析，中卫国投最终将其战略方向确定为“精准投资慢性病防控”这一领域。中卫国投这一战略视角的形成与公司愿景（为保障人民健康提供最优的服务）与使命（成为慢性病防控与健康管理标准化建设的龙头企业，成为健康管理技术与健康管理服务解决方案的提供商）是一脉相承的，同时在微观战术层面上也产生了直接影响——公司毅然放弃了利润丰厚、周期较短的医疗器械业务经营。

3. 中卫国投混合型组织的运营策略

作为一家新创企业，中卫国投的组织构建具有很强的适应能力与创新特色，并且与公司主导经营逻辑保持了高度一致。从案例资料中我们发现，中卫国投这家混合型组织在实际管理与协调外部利害关系时综合运用了诸多策略（资源依赖理论的视角），在提升自身独立性同时进一步稳固并支持了公司的主导经营逻辑。其主要策略行为包括：一是构造了混合型所有权结构推进决策的透明度与民主化（包括了国有事业单位——北京师范大学以及创始自然人股东，彼此维持一个比较均衡的股权结构）；二是引入共同决策机制来强化公司与外部人的协调关系（引入国内外健康保险、运动与心理等相关领域/学科的知名专家学者组成公司风险控制委员会进行风险控制）；三是引入了社会互动与社会控制（中卫国投领导人同时兼任所属地——北京师范大学国家大学科技园的党委书记；中卫国投的党组织关系自 2013 年 1 月 24 日起，转归国家卫计委直属机关党委统一管理；与此同时，北京市中关村海淀园工委向企业派驻党建助理）；四是通过联盟管理互依关系（中卫国投成为中华预防医学会慢性病预防与控制分会的办公机构，同时也是国家职业教育研究院在健康领域的全国唯一基地）。显而易见的是，中卫国投这家混合型组织的创建，不仅与宏观与行业环境变化下形成的新制度逻辑保持了一致，而且通过微观组织模式的创新及其不同运营策略的组合，中卫国投得以不断增强自身的独立性，并在管理与其相依的组织关系时获得了稳定的发展环境（比如中卫国投可以快速获得国家级机构“十五”以来的系列重大科研成果转化便利，能够得到北京师范大学健康管理相关强势学科的科研成果及时转化应用以及最大程度地获得外部机构的人才智力支持），这一视角也解释了为何公司在短短不到 3 年时间内就如一匹“黑马”般快速崛起。

4. 中卫国投的核心竞争力分析

企业的资源基础论认为企业是各种资源的集合体。企业拥有的资源各不相同，具有异质性，这一异质性决定了企业竞争能力的差异。资源基础论包括三方面内涵：特殊的异质资源，往往形成企业竞争优势的源泉；资源的不可模仿性，奠定企业竞争优势的可持续性；特殊资源的获取与管理。当从动态的角度来看资源基础理论时，企业的异质性资源的范畴就会大大扩展。

在中卫国投案例中，中卫国投特殊的异质资源需要结合公司的资源投入与战略运营进行分析。公司独特的异质资源包括：公司产学研平台型组织与治理结构；公司基于专业化健康管理为核心的集成创新技术；同时服务于主流医疗服务商及参与政府示范项目建设形成的市场品牌；公司拒绝价格竞争，崇尚产品价值创新的经营理念等。为了将上述异质资源有效锁定在公司内部，中卫国投在公司文化建设方面倾注了大量心血，包括在公司内外不断强调与宣扬企业的使命与愿景，并在重大社会节日到来时积极开展活动营销拓展社会影响；注重以人为本，适时推出员工敬老赡养福利计划，为新员工设计了“导师制”人力资源管理新方式，并且每周还组织员工开展“我来讲一课”的跨部门学习交流活动等。通过持续的公司文化建设，中卫国投将其经营与管理理念有效地融入所有员工的工作与生活中去，中卫国投的员工也逐渐形成了“企业以我为荣，我以企业为荣”的共生服务理念。最后，中卫国投通过一系列的运营策略达到对组织内外部异质资源的有效获取与管理，包括引入共同决策机制、社会互动与社会控制、联盟等多种方式。

5. 中卫国投的“快与慢”经营哲学

尽管中卫国投发展至今只有三年历程，但是细数这三年期间企业诸多经营策略与行为，我们仍然可以清晰地看到公司身上“快与慢”不同经营哲学的统一。公司在 2012 年创立之初，以袁定清为代表的职业经理人历经了“快与慢”的择决：比如创始人一直葆有的创业理想与对稍纵即逝的创业机会的把握；创始人辞职下海加盟公司与对公司股权设计中的长远考虑等。2013 年是公司研发产品的关键一年，这期间的“慢”表现为公司反复打磨的核心产品——健康管理系统 V3.0 的问世、公司一贯注重并坚持的产品高端销售模式等方面；而“快”则表现为如何满足突然井喷的国内健康服务市场需求，公司此前精确投入的市场营销活动等。在实际操作中，面对某保险公司近八千万客户在线需求造成的大数据维护、大并发处理的市场检验与公司刻意追求核心产品的一贯品质则是关于“快与慢”的典型事例。2014 年是公司深化组织竞争力的一年，产品推出后是否大规模扩张与公司作为服务型企业如何夯实内部员工资源与创新潜力是其关于“快与慢”的典型思考。而公司主张产业链互补价值下伙伴关系开拓与公司精准投资慢性病防控领域不动摇两者之间的权衡也非常关键。在制度逻辑的理论知识点中，我们可以看到中卫国投主导经营逻辑的形成，既有受创始人经历等管理系统影响的稳定性一面，又有根据环境因素变化快速反应的一面。具体来说，公司在战略层面上，采取差异化聚焦，走高端品牌形象，夯实内部基础制度建设等举措都显示出其旨在长远发展的“慢半拍”思维；而在战术层面上基于产业链互补视角下与外部投资人合作，选择优势市场渠道进行推广，及时抓住技术与市场趋势不断推出新产品与服务又显示出公司“快一步”的市场竞争思维。

五、关键要点

1. 对于中卫国投经营主导逻辑的分析，最为关键之处在于理解外部环境发生的制度逻辑变迁，自身所处发展阶段及对资源的掌控能力。在本案例中，由于中国医疗卫生市场正由“已病治疗”的制度逻辑向“未病防控”的新制度逻辑转变，因此与环境变迁的制度逻辑相适应，结合中卫国投创立初期对资源投入的需求与限制，公司主导经营逻辑锁定在慢性病防控这一专业化健康管理领域是适宜的。这一主导逻辑不仅直接影响着公司混合型组织模式的确立（慢性病防控的长周期、跨领域要求公司构筑平台型、混合型的组织架构实现对关键资源的整合与运营），而且也深刻影响着公司后续产品创新与服务模式的开展。制度变迁提供了一个很好视角深入分析中卫国投所处的制度环境与企业之间发生的变化联系。

2. 混合型模式的组织如何在更大的组织集中获得有效的地位，包括增强独立性与追求自己的利益，这是资源依赖理论最为关注的焦点。在本案例中，中卫国投通过采取一系列的组织管理策略达到了上述目标，包括混合制所有权结构、引入共同决策机制、社会互动与社会控制、联盟等多种方式。其积极意义不仅可以解释公司为啥快速发展成为一匹“黑马”，同时暗示了中卫国投这家企业能够获得可持续发展的重要支撑。混合型组织结构为中卫国投在新制度逻辑背景下快速响应经营主导逻辑的确立提供了强大的组织物质保障与执行力支持，同时对于公司长效化发展也提供了非常稳固的制度根基。

3. 公司战略与公司资源、能力之间的互动关系。一方面，在公司既定的资源、能力情境下，公司的资源、能力现况决定了公司可以采取的相应战略，这一相应战略的实施可以同时强化公司已有资源与能力的高效率配置；另一方面，公司可以借由战略实施来积极获取外部资源，从而突破组织既有资源、能力构筑的“限制瓶颈”。战略竞争力探讨的是对异质性资源的运用，中卫国投作为新创企业，其资源运用上不仅仅是经济学意义上的效率考虑，同时也具有政治学意义上的交换关系的考虑，即公司将商业逻辑与社会逻辑有机地统一起来，显然，这一视角提供了我们分析这家健康服务企业“快与慢”经营过程中更为本质的理解。

具体来看，在中卫国投案例中，公司一开始就采取了主动的组织战略，通过获取外部有效资源来突破新创企业常常遭遇的“瓶颈效应”，比如构筑混合制所有权结构与均衡治理，为公司赢得了大量的外部研发与技术资源的投入，从而有效规避了初创时期既有资源限制的不足，这是中卫国投“快速发展”的重要支持；在此基础上，公司通过采取有效措施管理与协调外部利害关系，在达成对内外部异质资源高效配置过程中进一步深化了自身战略的发展。在本案例中，我们可以发现这一战略深化的过程不仅表现为公司对内外部资源、能力的动态配置，也表现为公司积极协调商业逻辑与社会逻辑共生发展的过程，从而形塑了公司独特的竞争力。

六、建议课堂计划

本案例可以作为专门的案例讨论课来进行。如下是按照时间进度提供的课堂计划建议，仅供参考。

整个案例课的课堂时间控制在 80~90 分钟。

课前计划：提出启发思考题，请学员在课前完成阅读和初步思考。

课中计划：简要的课堂前言，明确主题（2~5 分钟）

分组讨论（30 分钟），告知发言要求

小组发言（每组 5 分钟，控制在 30 分钟）

引导全班进一步讨论，并进行归纳总结（15~20 分钟）

课后计划：如有必要，可以组织同学进一步探讨健康管理服务领域行业特点。

案例 12　乐凯胶片的转型

引　言

2012 年 1 月伊始，国际影像行业传来令人震惊的消息：老牌巨子，一向被视为胶卷行业象征的伊士曼柯达公司，根据破产保护法第 11 条款，正式向美国联邦法院申请破产保护。这家世界胶卷巨头从 1997 年时的 310 亿美元资产缩水成目前的 21 亿美元，股价长期不足 1 美元。伴随着柯达公司的破产申请，一个不容置疑的趋势是，迅猛发展的数码成像技术，已经开始彻底取代有着 150 多年历史的银盐成像技术体系。面对数码新技术的浪潮汹涌袭来，在大洋彼岸，河北保定乐凯工业园内，柯达公司昔日在华主要竞争对手之一——乐凯胶片同样未能幸免，2012 年 9 月 4 日晚公司对外发布董事会决议公告称："由于数码影像对银盐影像产品的替代作用，导致近几年彩色胶卷的市场需求量急剧下降，公司该产品已无法实现经济批量生产。经董事会研究决定，停止彩色胶卷的生产。"至此，曾经承载着国人美好记忆和民族自豪的"乐凯彩卷"命运就此画上句号……。回首影像行业近10多年的沧桑巨变，中国乐凯集团副总裁王英茹女士感慨不已，同时又觉得非常庆幸，毕竟，今天的乐凯最终选择了与柯达不同的发展路径。

1. 乐凯胶片

乐凯前身是始建于 1958 年的保定电影胶片制造厂，是我国"一五"时期 156 个重点项目之一。乐凯曾自主研发出我国第一代照相软片、黑白彩色电影胶片、135 民用胶卷，并将自己的航空航天胶片送上了人造卫星。20 世纪 80 年代初，电视的普及让以生产电影胶片为主的乐凯陷入危机，但"彩照热”同时兴起。乐凯从日本引进了一条彩色生产线，并快速研制出了我国第一代彩色胶卷、彩色相纸，一举打破洋品牌垄断彩卷市场的局面，逼迫柯达、富士降价。乐凯自主研发出的彩色胶卷和彩色相纸，使我国成为继美国、德国、日本之后世界上第四个拥有彩色感光材料核心技术的国家。1985 年 3 月“乐凯牌”商标正式启用，乐凯也从更多生产电影胶片转变为生产民用胶片。1995 年 8 月乐凯胶片被国家统计局授予“中国胶卷之王”称号。这一年前后，乐凯胶卷的年销售量一度达到接近 5000 万卷，彩色胶卷和相纸的国内市场占有率分别为 25% 和 20%。1998 年 1 月 22 日伴随着乐凯胶片在上交所挂牌上市，乐凯彩卷进入黄金发展期，国内彩色胶卷市场上一度形成“红乐凯、黄柯达、绿富士”三足鼎立的局面。

2. 博弈国际巨头

1988 年，中国感光行业累计亏损和负债近百亿元，到了崩盘边缘，为挽救民族产业，中国政府对外公布引资合作方案（即外资不能与中国企业个案合资，必须与中国感光行业全行业合资）。已占中国市场 70% 份额的日本富士公司权衡再三，最后选择了放弃。而美国柯达公司则认为这一合作机会有利于柯达把全球胶卷业务向中国转移，于是全力争取中国政府支持，最终于 1998 年达成感光行业全面合作的“98 协议”（柯达出资 12 亿美元对中国感光行业进行全行业收购，中国只保留 7 家中唯一一家乐凯的胶卷生产线；此外中方承诺，协议签订 3 年内，不批准另外一家外资企业进入中国感光材料行业）。2003 年，中国感光材料市场上，柯达占有率由 1998 年的不到 25% 升至约 60%，富士从 1998 年前的 48% 下降到 15%，中国已成为柯达仅次于美国的第二大胶卷市场。

相比之下，20 世纪 90 年代后期，当时唯一与两大国际巨头相抗衡的乐凯，其胶卷和相纸的国内市场占有率已分别达到 25% 和 20%。乐凯尤其注重在二三线城市及农村等非主流市场建立并推广自身的业务渠道，这一战略与柯达形成差异化的格局，乐凯产品的销售对象与市场也因此为柯达看中。为了进一步深耕中国西部市场，同时也为了巩固自身与富士的竞争优势，柯达放弃了自己坚持多年的“三原则”转而于 2003 年 10 月与乐凯联姻（柯达以总额约为 1 亿美元的现金和其他资产，换取乐凯胶片 20% 的股份，达成为期 20 年的合作协议），凭借这一结盟，两者的市场份额合计超过国内胶卷份额的 70% 以上。但从 2005 年起，“乐凯彩卷”的销量开始以每年 30% 的速度下降。2007 年，乐凯与柯达宣告分手。

3. 乐凯转型

2000 年对于国际影像行业的巨头来说，是一个值得永远铭记的时刻。从这一年起，数码时代无可逆转地到来。为了判断新崛起的数码成像技术还需要多长时间才能赶上传统的银盐感光成像技术，2000 年 9 月，国际影像感光技术会议在加拿大召开。三大巨头柯达、富士、乐凯悉数到场，当时作为乐凯技术主管的王英茹女士回忆参会情景：“……会议争论激烈。但对数码成像质量总的评价比较差，图像没有层次，专业人士都不认可它的质量”。当时对这一行业全球性误判的结果是，“大家认为，数码成像对消费者来说更便捷可靠，拍完当即就能看到图像，但质量与银盐成像相差太大，不可能取代银盐成像。未来成像很可能是数码和银盐并行存在的格局，两个技术及产业系统各有各的市场。”

也是这一年，乐凯彩卷进入鼎盛时期，乐凯集团占有国内 100% 的航空航天胶片市场、70% 的电影胶片市场、50% 的黑白胶片份额以及 30% 左右的彩色胶片份额。当年销量达到四五千万卷，乐凯胶卷净利润达 2 亿多元，占到乐凯主营收入 20%。但没过多久，随着数码技术的大幅提升，特别是数码成像技术取得重大突破，分辨率提升两个量级后，传统银盐成像很快就被逐出主流图像市场。从 2005 年起，“乐凯彩卷”的销量开始以每年 30% 的速度下降，2011 年乐凯彩卷销售仅 10 万卷，此时胶卷仅占乐凯集团营业收入约 1%。

（1）产业方向选择

20 世纪 90 年代中期，乐凯就已开始转型的探索，跟踪数码产品和新型材料。但在这一时期，产业转型的趋势尚不明显，同样的情况也发生在行业领袖——柯达公司身上。柯达高管在这一时期也在认真思考核心业务转型问题，它们很早就已经看到电子技术可能对胶卷的冲击。柯达当时考虑的一个新业务方向是文件管理者，就是从胶卷制造者转身为文件服务提供商，商业模式大致是为企业提供文件存储和处理管理，柯达认为自己的优势在于既占胶卷胶片技术方面全球领先，又在电子影像处理方面早有布局，在多媒体存储上优势明显，集中管理还可以降低小批量企业文件生产成本（后来柯达还研制出了一种将缩微平片自动转为电子影像的设备，只是价钱很贵，市场响应不大）。但由于当时的技术和市场尚未成熟，柯达的这次转型努力并未成功。

对于乐凯来说，转型的首要问题是选择和判断未来做什么，这一判断的正确与否决定了决策的成败。在探索未来转型方向时，乐凯选择了不同的试验方法：一方面，乐凯在自身熟悉的感光影像成像市场上进行了摸索（乐凯先后进入到数码相机、立体影像等项目上），试图继续在熟悉的影像市场称王，转型的突破点放在数码成像新技术上。2004 年，乐凯把发展数码影像技术列为企业的发展计划之一，开始发展数码相机、MP3、立体照相、彩扩机、偏光片等产品业务。然而几年探索下来，却发现自身始终无法真正掌握新的成像核心技术，比如数码相机的制造技术。乐凯的确拥有从胶卷胶片市场延续下来的终端优势，但忽略了数码时代成像技术的核心是芯片，是微电子，而不再是传统的化工材料。乐凯的核心技术能力在材料，而相机是电子产品，两者之间从技术到流程、成本控制等各方面是完全不同的，乐凯在这方面不具备优势。后来当数码相机企业经营变得困难时，乐凯为了集中资源，就将企业关掉。由于上述原因，乐凯的管理团队做得很累，而且产品利润率低。

另一方面，从 2002 年开始，乐凯又同时探索与技术相关项目的试验和小规模投资。胶卷生产有一套技术复杂的工艺过程，其中一个核心技术是厂商自主研发配方的 TAC 薄膜和 PET 薄膜两种中间产品。在影像产业，对薄膜的精度只要求达到化工级。而在电子工业领域，升级产品则要求电子光学级薄膜[①]，并广泛应用于第三代平板液晶显示上。2003 年，一次很偶然的机会，时任乐凯集团薄膜厂厂长的刘军英，在几次接待慕名而来的韩国客商时，发现客户都在询问乐凯能否生产平板液晶显示上的电子光学级薄膜。作为一名有着数十年薄膜研发和生产管理经验的专家，客商的这些询问让刘军英若有所思，当他有意识地向来访的韩国、台湾客商以及由他们介绍的上下游客户了解后，大吃一惊，胶卷老对手富士早已胜利大逃亡，在平板液晶显示用的 TAC 薄膜上成就了新一代霸王。但乐凯显然根本未发现竞争对手的这一转变。据乐凯一位高管解释，“富士的电子光学级薄膜不属于胶卷化工行业，它的转型直接跳到电子行业。乐凯的情报跟踪通常从市场中收集，当年只专注胶卷影像市场，没有想到富士转型在电子行业异军突起。”

连续几年的不成功探索，加上竞争对手富士成功转型的压力，让乐凯重新审视自身的核心技术优势。乐凯几十年从事感光材料积累起来的核心技术，比如成膜技术、涂层技术，实际上跟光学薄膜技术具有一定的相关性，在经过提升以后完全可以进入新的应用领域，比如现在的平板显示。光学薄膜属于技术密集、资金密集的高附加值产品，这种产品比较适合乐凯，因为乐凯过去一直从事这类产品的开发和生产。此外，刘军英发现国际上平板液晶显示器取代 CRT 显示器愈见明朗，彩电、电脑都将采用平板液晶显示器，市场需求量即将出现井喷，而且这种高速增长带来的需求井喷至少可以持续 5 至 10 年，市场前景非常广阔。加上中国是世界制造工厂，仅中国境内对平板液晶薄膜需求量每年就达 100 亿元以上。这样经过一系列思索后，在乐凯集团的支持下，刘军英和薄膜厂技术人员投入对电子光学级 PET 薄膜的研制中，光学薄膜开始成为乐凯产业转型的重要支柱。

（2）产品结构调整

数字化技术的到来，如同宣示了一场全新的革命，它对乐凯产品的冲击令乐凯人殊料不及。在过去几十年里，乐凯在其发展历程中也一直在进行产

① 光学薄膜是一种广泛应用于光学和光电子技术领域的材料，人们平常所熟悉的平板电视、笔记本电脑的液晶显示屏，它依靠的核心技术就是光学薄膜。

品结构的调整，比如从电影胶片转到民用胶片，从黑白胶片转到彩色胶片，每一次市场大的技术变革发生后，乐凯都全力跟进，竭尽所能地进行调整与适应。但即便如此，刚开始面对这场数字化革命时，乐凯还是感到非常震惊和迷茫……。

但在迷茫之后，乐凯还是敏锐发现，数字化冲击在更大范围内给企业带来了新的产品结构调整机遇：与数码技术替代银盐成像技术所带来的民用领域冲击相类似（数码相机取代胶卷），乐凯发现在医疗、印刷领域中，数字化技术的冲击具有相似特征：比如在医疗领域，传统上拍摄的X光片子要经过显影、定影一整套的冲洗才能得到我们用的片子，通过运用数字技术，片子加热以后就可以形成影像。这一数字技术应用给医疗带来了非常便利的优势，因为去掉了加工过程，显得更环保。同样在传统的印刷过程中，也要经过显影、定影才能最后形成印刷的版面，现在的数字化技术则直接从电脑中输出，形成印刷用的版面。对于乐凯来说，捕捉到数字化技术的关联影响及其应用成为其拓宽产品范围的一个重要契机。这样经过不懈地努力，乐凯不仅在自身民用领域中实现了原有业务向数字输出材料的转变（一个典型应用是：过去用的相纸都是单面成像，但通过数字化技术，可以实现双面成像，这样用户可以把自己的照片做成非常有纪念意义的纪念册），而且也成功地切入了医疗、印刷等数字输出材料的重点领域（坐落在河南南阳的乐凯第二胶片厂，早在20世纪70年代末的跨行业产业转型中，就利用胶片涂布技术优势，抓住市场上刚出现的印刷感光材料需求，成功切入印刷材料领域。21世纪初，他们又将转型方向调整到CTP数字印刷材料和柔性树脂版印刷材料上，特别是柔性树脂版，全球仅美国杜邦、日本旭化成少数几家公司能生产这种最新型环保印刷材料，中国市场年需求量40亿元以上，且每年以20%的速度增长）。此外，乐凯了解到国外有一种背面涂磁的火车票，当火车票通过检票口，检票设备通过磁粉自动识别。乐凯认为技术难关在涂磁上，立项研制这种当时国内还没有的涂磁火车票热敏纸，创办了乐凯磁信息材料公司。

（3）经营思维转变

短短十多年的时间，数字化技术的革新浪潮就彻底摧毁了有着 150 多年历史的银盐成像技术体系，这对在银盐成像行业中摸爬滚打了数十年的乐凯人来说，不但难以想象，在情感与理智上也一时难以接受。但是数字化的威胁又是实实在在的，它使企业产品生命周期大为缩短，市场上的数字产品价格下降很快，由此竞争也越发激烈。对于乐凯来说，早一步拥抱数字化，就多一分胜算，为此公司在 2005 年开始投资建设第一条 PC 光学薄膜生产线，成功进入平板显示上游的关键材料领域；2006 年公司在合肥开工建设光学级聚酯薄膜基地，开始大规模拓展这一领域。但这一转型过程并非一帆风顺，为了集中资源进行转型突破，公司被迫对原有偏离核心方向的业务进行大刀阔斧的裁减，2008 年集团关闭了经营困难的合资数码相机公司。由于乐凯的转型是从熟悉的领域进入到不熟悉的领域，在这个过程中乐凯遇到一个很大的问题就是，过去公司做感光材料，属于精细化工，公司的进化已经很不错了，工厂就像花园一样漂亮，职工都很自豪。但当公司进入平板显示以后，它属于电子领域。公司过去的产品属于照相级，现在的产品则属于光学级，根本不在一个等级上，因而要求产品质量和环境的进化要上很大的台阶，这给乐凯人的行为和思维带来很大的挑战。为让员工和系统适应超进化的管理过程，乐凯进行了很痛苦的调整与适应。公司首先进行培训，包括高层在内。其目的在于要把原来的观念彻底放掉，以便吸收新的东西。为此公司专门请了清华大学和国内电子行业做进化的专家，从高层到员工进行培训。公司还自己编写了教材进行学习。其次，乐凯在装备上进一步提升，引进了国际最新的生产线。与此相配套，乐凯又重新制订了更为严格、规范的公司制度，包括完善的知识产权保护体系，以确保这一转型过程能够系统有效地运行。

4. 三任掌门人

乐凯第一任掌门人是杜昌焘，这位有着 30 多年乐凯生涯的职业经理人，从 20 世纪 90 年代中期就任乐凯的一把手一直做到 2005 年 12 月退休。杜昌焘的乐凯时代，走过最辉煌的时刻（2000 年乐凯胶卷经营利润曾达到 2 亿多元），在与跨国公司合作时，依然彰显独立的个性（2003 年乐凯集团与柯达合资时，乐凯人强调的合资三原则——品牌、控股与经营自主一个都没有少）。但在杜昌焘时代，面对席卷而来的数字化技术，乐凯的转型问题并不突出，对于这一原因，杜昌焘的总结是，“以前太局限于一种浅层次的运作，是把一个产业做一辈子，不仅做，而且是战战兢兢、认认真真、老老实实地做。好处固然是比较踏实，不好的地方是不够快，缺乏创新精神和冒险精神”。面对当时行业领袖柯达失血不止，乐凯转型问题到底应该如何看待，杜昌焘回忆认为，“这个问题比较复杂，很难说。早有早的好处，晚也未必就完全处于被动。关键是如何把握住，对于企业家来说，机会随时都有，失去了一个机会，也许会赢得另一个机会”。但让杜昌焘欣慰的是，他认为自己“对于乐凯方向上的把握基本上还是对的”。从感光材料行业拓展到范围更宽的涂层材料领域，彼时的乐凯正在经历一个开拓性的过渡。

在 2005 年杜昌焘退休后，技术员出身的张建恒出任新掌门。上任伊始，张建恒就提出，“一切游离于乐凯核心技术之外的产业探索必须止步”。乐凯这时面临的转型迫在眉睫：一方面，柯达从巅峰快速跌落，宣告了银盐影像的神话破灭；另一方面，新兴平板液晶市场突然启动，跨国公司的平板显示产业开始大量出货，乐凯的转型不允许继续探索下去。乐凯能否加速投资生产能力，赶上平板液晶显示这趟快车，无疑是摆在张建恒面前的一大挑战。联系此前乐凯进行的多方探索尝试与自身技术储备与开发（乐凯人先后做了小试，中试，并申请了一部分专利），张建恒认为乐凯投资平板液晶薄膜的条件基本成熟，公司随即确定了大规模量产的战略计划并进入实施阶段。2005 年乐凯开始投资建设了第一条 PC 光学薄膜生产线，2006 年 3 月一期投资 5 亿元的合肥乐凯工业园正式动工，张建恒把当年集团公司 50% 的资金投向合肥，并为这个项目组建起最强大的管理团队和技术团队。在张建恒看来，“这个事（合肥平板显示薄膜产业化项目）必须办成，办不成对乐凯来讲，不是发展快不快的问题，而是乐凯这个车有可能要翻。所以我们一开始做这个事，就明白自己没有退路。大家必须得有这样的决心和信心，都投入这个项目当中去。我把最优秀的经营管理者调过去，只要这个项目需要的技术专家、管理人才，都可以调过去，集中我们集团所有的优势资源，取得突破”。2009年4月，乐凯第一批光学级PET薄膜试车成功，9月正式投产，当年实现销售收入2个多亿。2010年的销售收入达到5亿元。2011年4月22日，张建恒再赴合肥，宣布扩大合肥PET薄膜产能计划，“十二五”期间合肥乐凯每年投资保持10亿元左右。乐凯在合肥工业园未来5年总的投资规模50亿元，将建新生产线、薄膜研究中心等。

对于乐凯这一次的转型以及如此大手笔的投资，张建恒的想法是，“十一五期间我们在这里奠定了发展基础，但市场份额很小，才5%，未来至少要达到35%才能说我可以了。下一步，要把技术优势转化为产业优势。什么是产业优势？一要有规模优势，二要有成本优势”。与此同时，乐凯集团也加大了对坐落在南阳的乐凯二胶CTP数字印刷材料、柔性树脂版和保定磁信息材料的投资力度，同样将集团的优势资源配置给它们。乐凯二胶目前是国内最大的印刷材料供应商，业内人士估计2011年全年销售收入16亿元，其中CTP数字印刷材料占有国内市场份额20%，占国际市场5%的份额。而保定磁信息材料公司生产的涂磁热敏纸，中标铁道部高铁火车票用纸，为中外众多投标厂商中唯一中标公司。目前，磁信息材料公司与乐凯二胶两个企业都在积极筹划上市等事宜。

2012年1月，张建恒获任主管乐凯的上级单位航天科技集团副总经理，代表更高一级的集团层面继续主管乐凯，而此前的副总王树林则升任乐凯集团总经理接替张建恒（乐凯拒绝空降兵，只用自己长期培养的乐凯人，王树林也是这样的职业经历）。王树林的工作思路与作风让一度被评价过稳的乐凯产生了新的变化：王树林多次表示今年重点抓市场销售，尽可能扩大市场占有率，提高乐凯的销量；2012年3月下旬，王树林连续到合肥、昆山、南阳三地的下属公司抓市场，抓项目。不像乐凯原来的化工材料行业，竞争激烈程度相对缓和；由于平板显示属于IT、电子行业，市场竞争异常激烈，因此要想在IT业中获胜，就必须深谙这其中“快鱼吃慢鱼”的商业规律。在乐凯新一任掌门人看来，无论是生产设备到货安装还是市场销售的节奏，都必须跟得上这一新的步伐。

5. 乐凯的明天

在新出炉的“十二五”发展规划中，乐凯表示将继续推进产品结构调整和产业结构调整（见图一）。未来将重点发展三个板块：成像信息、印刷材料、膜材料和涂层材料。成像信息主要是民用和医疗材料，印刷领域主要是将传统的印刷感光材料转变成数字印刷的输出材料，在膜材料和涂层材料板块将重点发展光学级的 PC 薄膜和 PT 薄膜，并进行产品品种的系列化和规模化。其最终目标是在 2015 年，光学级的 PT 薄膜在集团的销售中超过 30%，PC 薄膜的产能要扩大 4~6 倍。

目前，转型后的乐凯已不再属于单一某个领域的公司，它的业务结构中除原来一部分属于影像行业的胶卷胶片外，还涉足了平板液晶显示器的 IT 电子行业、印刷包装行业、交通行业、太阳能行业，呈现出一家庞大产业王国的雏形。

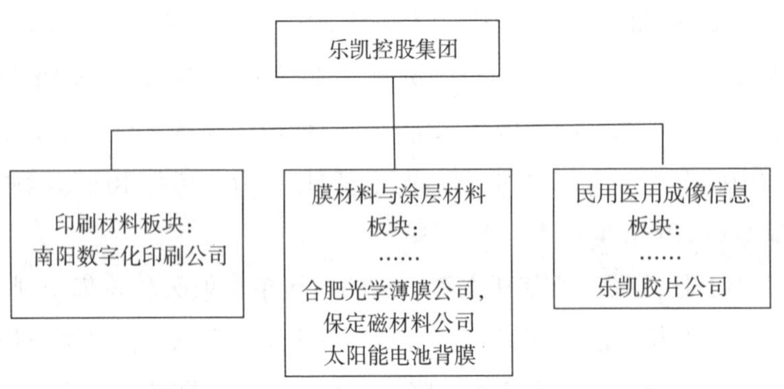

图一　乐凯的组织重构

但是雄心勃勃的乐凯，其前行之路注定不会是一帆风顺：无论在合肥乐凯还是在昆山的乐凯锦富公司，乐凯的员工都是周边的平板显示企业乐意挖的人才。据合肥乐凯一位年轻的生产技术工人说，一墙之隔的合肥京东方普通员工工资高于乐凯 10%，中层以上的管理人员和技术骨干的收入差别更大。有些员工在乐凯学到工艺技术、掌握实践经验后，选择了去工资待遇更高的其他液晶企业。而乐凯对于管理层、技术精英，往往习惯用事业留人、感情留人来留住他们。但是面对同行更多使用通行的手段“金手铐”期权留人这一方式，乐凯的压力与探索动力也在加大，也许这一次，乐凯的转型会在更深层次与更宽视野中触及并完善公司长远发展的机制建设，这就如王英茹女士所说，她认为乐凯现在的转型“……应该叫做第三次创业。我们自己在内部是这么定位的。我相信在乐凯未来的发展历程中，我们还不止进行第四次，有可能还要进行第五次。因为乐凯要把自己的品牌延续下去，把我们的企业做成基业常青的企业。而技术的发展是永无止境的”。

案例12 乐凯胶片的转型
——使用说明

作为中国人在20世纪80年代稀缺的生活记忆，乐凯胶片的存在是国人记忆当中最为鲜亮的一抹色彩，“红乐凯、黄柯达、绿富士”见证了这一时代中国民族企业不懈努力的身影。但是在21世纪初，当全行业发展趋势面临技术拐点到来时，不同的产业转型方向与努力就此划分出三家头牌企业不同的命运。本案例研究了中国第一家胶片感光材料制造厂商——乐凯胶片的成功转型，探讨了企业转型的实质与影响因素，展示了企业转型过程中路径依赖的不同特征与启示。

一、教学目的与用途

1. 本案例主要适用于MIB、MBA的公司战略、国际企业管理等课程。

2. 本案例的教学目的旨在帮助学生理解不确定条件下公司战略转型问题，并从制度经济学的视角研究公司战略转型中的路径依赖与突破条件。

二、启发思考题

1. 如何看待柯达公司从巅峰期陨落直至申请破产这一事件，它与公司战略转型有什么关系？

2. 乐凯战略转型的步骤与内容有哪些？

3. 路径依赖理论对乐凯战略转型有什么启示？

4. 乐凯公司为什么最终能够选择与柯达公司不同的发展路径？

三、分析思路

教师可以根据自己的教学目标（目的）来灵活使用本案例。这里提出本案例的分析思路，仅供参考。

本案例的分析重心在于帮助学生从制度环境与公司能力这两个背景入手，

理解公司战略转型过程中的特征与条件，探讨公司制度环境对公司战略转型的影响。

1. 从乐凯所处国际影像行业波动入手，分析乐凯战略转型的外部环境特征；

2. 从乐凯公司内部演化制度环境入手，分析乐凯战略转型具备的能力条件；

3. 围绕乐凯战略转型的步骤与行动，分析路径依赖在乐凯战略转型过程中的影响与作用。

四、理论依据及分析

1. 企业战略转型的制度环境分析

企业战略转型的重点在于决策选择，在不断变换的环境中对企业的经营方向、产品范围与核心资源等方面加以调整适应，从而为企业的长远发展奠定基础。企业在进行战略转型决策时，可供依赖的制度环境战略分析工具包括 SWOT、五力模型、价值链分析和企业的资源基础理论。

（1）SWOT 分析方法通过对企业内部条件和外部环境的分析，找出企业的优势、劣势、机会、威胁及核心竞争力。其中，S 代表 Strength（优势），W 代表 Weakness（劣势），O 代表 Opportunity（机会），T 代表 Threat（威胁）。S、W 是内部因素，O、T 是外部因素。在具体分析时，可以将内外部不同的要素进行组合，从而形成企业相应的战略选择（比如 SO 战略，WO 战略，ST 战略，WT 战略）。由于 SWOT 更多是定性分析，因此在实际应用过程中，还要注意与公司定量数据的结合。

在乐凯转型案例中，外部的 O、T 条件并非对称影响，并且表象显示不一。比如数码技术的发展之快与行业全球性的误判，竞争对手的悄然转型（富士）与忽然陨落（柯达），这都大大增加了乐凯应对外部环境的复杂性。对于乐凯自身来说，如何确定转型方向与公司能否准确识别自身的优势（S）与劣势（W）密切相关，这也是导致公司在初始进行市场相关与技术相关不同探索活动的缘由。

（2）五力模型是由 Porter 教授提出，用于分析企业的竞争战略。如图二所示，五力分别指：供应商的讨价还价能力，购买者的讨价还价能力，潜在竞争者进入能力，替代品的替代能力和行业内竞争者现在的竞争能力。

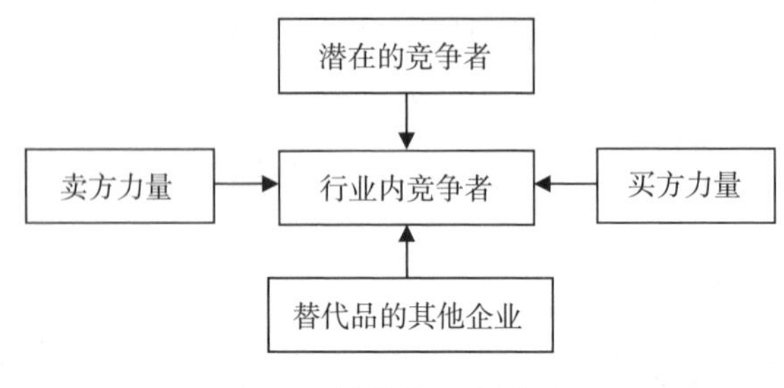

图二　波特的五力模型

在乐凯案例中，一个有趣的问题是，在转型路径尚不清晰的前提下，如何避免企业陷入原有行业内的“五力”模型而迟迟无法进行转型。或者换一个角度思考，利用原有的“五力”模型，我们能否判断出传统银盐影像行业的危机以及由此揭示的可能的未来产业转型的契机（包括新的产业框架下的“五力”内涵）？

（3）价值链分析法也是由波特教授提出，其目的旨在确定企业的竞争优势定位。这一工具将企业价值增加的活动分为两部分：基本活动和支持性活动。由于在实际中，只有某些特定的价值活动才能真正创造价值，这些真正创造价值的经营活动成为企业价值链上的“战略环节”，对于企业来说，其竞争优势的葆有，往往就是对某些特定环节优势的发挥。将价值链的分析法进行水平与纵向的拓展，我们可以获得企业产品结构调整与产业结构调整的分析视角。

在乐凯案例中，价值链分析法的最大意义在于，我们能否从乐凯在胶卷胶片行业价值链上的“战略环节”，判断并推测企业未来转型可供释放的“核心能力”？如果上述假设成立，则意味着乐凯开展的技术相关性的探索活动策略是正确的；如果上述假设不能成立，则对于乐凯来说，一个棘手的问题会是：在朝向市场相关的探索与技术相关的探索活动中，真正可以凭借的优势力量是什么？

（4）企业的资源基础论认为企业是各种资源的集合体。企业拥有的资源各不相同，具有异质性，这一异质性决定了企业竞争力的差异。资源基础论包括三方面内涵：特殊的异质资源，往往形成企业竞争优势的源泉；资源的不可模仿性，奠定企业竞争优势的可持续性；特殊资源的获取与管理。当从动态的角度来看资源基础理论时，企业的异质性资源的范畴就会大大扩展。

在乐凯案例中，剖析乐凯特殊的异质资源需要结合乐凯历史与发展进行，这也是路径依赖理论在本案例中应用的重要意义。这其中存在不同的分析视野，比如一个可供思考的问题是：对于从事劳动密集型产品或资金、技术密集型产品来说，是否会导致企业异质性资源的不同特征并影响到企业竞争优势的可持续性？

（5）在应用上述传统战略工具时，一个隐含前提是，企业往往以竞争对手为参照物，进行动态的战略调整，这被称为"红海战略"；"蓝海战略"则提出了与此不同的分析视角，即从消费者的价值创新角度出发进行调整，厂商完全可以无视竞争对手的策略存在（狭隘范畴中的直接竞争对手），同时在更广范畴中借鉴跨行业伙伴的经验加以实施，从而在降低某些策略成本的同时，通过价值提升来更好满足消费者的要求。

在乐凯案例中，"蓝海战略"的应用应该具有更大的意义，由于战略转型的不确定性以及竞争对手信息的不可获知性，对于乐凯来说，能否进行跨行业经验借鉴以及专注于潜在消费者的升级需求，这实际上为乐凯指明了未来转型的方向。

2. 路径依赖理论

路径依赖 (Path Dependence) 问题首先由保罗·大卫在 1985 年提出，W. 马兰·阿瑟在此基础上进一步发展，形成了技术演进中的自我强化机制与路径依赖的系统思想。经济学家达格拉斯·诺斯则用这一理论成功地阐述了经济制度的演进规律。在诺斯思想中，制度变迁如同技术演进一样，存在着报酬递增和自我强化机制，即"人们过去作出的选择决定了他们现在可能的选择”，这一选择一旦进入锁定状态(Lock-in)，往往需要借助外部效应，引入外生变量或依靠政权的变化，才能实现对原有方向的扭转。制度变迁则除了受报酬递增机制决定，还受市场中的交易因素影响（显著的交易费用所确定的不完全市场）。制度矩阵的相互联系网络会产生大量的递增报酬，而递增的报酬又使特定制度的轨迹保持下去，从而决定经济长期运营的轨迹。由于制度变迁比技术演进更为复杂，所以行为者的观念以及由此而形成的主观抉择在制度变迁中起着更为关键的作用。

在乐凯案例中，乐凯数十年浸淫在银盐成像技术体系这一“既定选择”，具有非常强大的自我强化效应，而企业在胶卷胶片行业经营中也获得了巨大的规模报酬递增好处。因此这一路径很容易让乐凯进入“锁定”状态，即便当乐凯面临强大的数码技术浪潮冲击时也如此。分析乐凯转型的困难，需要探讨以下不同的制度要素特征：转型需要的制度环境涉及大量的初始设置成本，这对公司来说不容易取得一致意见；乐凯公司是否具备相应的学习效应，善于抓住制度框架提供的获利机会；乐凯公司在转型领域中能否尽快适应上下游的价值链合作关系，进而加大对新制度的投资，实现协调效应；而且在这一过程中，公司内部能否产生一系列新的正式与非正式规则，从而更好促进这一转型。此外，乐凯三任掌门人的观念以及由此形成的主观抉择，对于乐凯能否实施成功的战略转型具有非常关键的作用。

3. 战略转型的成功要素

可以从不同的视角总结出企业战略转型的成功要素：运用产业系统论的观点，成功的战略转型要素包括：产业方向的正确选择，产品结构的积极调整以及企业经营思维的高效转变等。运用战略管理（蓝海战略）的观点，成功的战略转型要素包括：对外部环境的有效感知与判断，对消费者升级需求的细致把握以及对跨行业伙伴经验的有效借鉴与发展。运用新制度经济学（路径依赖理论）的观点，成功的战略转型要素包括：关注对报酬递增与不完全市场的影响分析，重视企业领导层的观念以及由此形成的主观抉择，进行相应的治理结构与制度调整，等等。

五、关键要点

1. 对于乐凯的战略转型，在适用相应的战略分析工具时，一个可供判断的依据是：面对不确定性的转型环境与竞争对手对信息的高度保密，乐凯可以从传统关注竞争对手战略选择的视角转向关注消费者的潜在升级需求。

2. 路径依赖理论对于乐凯的转型具有不同的影响效应：一方面，路径依赖有可能产生“锁定”效应（经营思维、经营判断等），延误乐凯的转型探索；另一方面，路径依赖提供了乐凯转型探索的“核心能力”，并且对于乐凯转型探索活动方向的最终确定具有重要意义，在本案例中，选择市场相关还是技术相关的探索发展活动关系到乐凯转型的最终成败。

3. 乐凯三任掌门人的行为观念以及由此形成的主观抉择与决策，对于乐凯战略转型具有重要影响。在乐凯拒绝空降兵的传统文化中，企业家才能的积淀与传承应该具有某种重要的研究启示。

六、建议课堂计划

本案例可以作为专门的案例讨论课来进行。如下是按照时间进度提供的课堂计划建议，仅供参考。

整个案例课的课堂时间控制在 80~90 分钟。

课前计划：提出启发思考题，请学员在课前完成阅读和初步思考。

课中计划：简要的课堂前言，明确主题（2~5 分钟）

分组讨论（30 分钟），告知发言要求

小组发言（每组 5 分钟，控制在 30 分钟）

引导全班进一步讨论，并进行归纳总结（15~20 分钟）

课后计划：组织感兴趣的同学，进一步比较研究三家感光材料制造商转型时的文化与组织制度是如何作用于他们各自的战略探索方向。

案例 13　方太：儒家文化演绎下的中国制造传奇

引　言

1996 年 1 月，在偏安一隅的浙江宁波慈溪县，诞生了一家日后备受瞩目的厨具制造企业——方太，这是鼎鼎有名的“点火枪大王”茅理翔的二次创业，故而受到了很多人的关注。与他一起创业的不仅有在第一次创业中陪伴他度过各种难关的妻子，还有他刚刚上海交通大学硕士毕业的高材生儿子，一个稍显内向的工科学霸，也是后来厨电行业中有名的儒商——茅忠群。1986 年，茅理翔走南闯北的寻找项目，进行第一次创业。经过艰苦努力的奋斗，成立了飞翔，开发出了电子点火枪并闯入广交会，取得了外商的订单，到 1994 年电子点火枪的产值突破两亿元，占据 80% 的国际市场，茅理翔也坐上了“世界点火枪大王”的宝座。然而，几乎同一时刻，慈溪、余姚、宁波等地几十家企业蜂拥而起，纷纷仿效生产电子点火枪，并且竟相压价，使电子点火枪的价格从原来的 1.2 美元一支跌到 0.35 美元一支，茅理翔的企业陷入困境。1995 年，茅理翔决定进行第二次创业，并力劝硕士毕业的儿子茅忠群回慈溪与其一起创业。1996 年 1 月 18 日，第一台国内首创具有 7 项专利的吸油烟机诞生，产品投入市场后旋即刮起“方太旋风”，此后，方太持续推出新产品，不断发展与壮大。

1. 创业传承，志存高远

（1）差异化：高端突破

对于茅理翔来说，成立方太是二次创业，而对于茅忠群来说，这是他的第一次创业，因此，他并非简单子承父业，而是共同创业。茅忠群在创业之初就对父亲提出三点要求：（1）成立新品牌；（2）不要飞翔的老员工和亲戚；（3）方向性的决策由他说了算。茅理翔答应之后，茅忠群正式出任方太的总经理，茅理翔则担任董事长一职。

创业伊始，父子俩曾就到底是做抽油烟机还是微波炉有过激烈的争论，茅理翔所支持的微波炉在1995年刚从国外引进没多久，市场还没有完全打开，茅理翔认为这是一个很好的项目。相反，当时市场上已经有了很多家生产抽油烟机的厂商，例如老板、帅康、玉立等一批民营企业，很显然，抽油烟机市场并不是蓝海。茅忠群却给出了三个理由：一是抽油烟机是家庭必需品，市场空间非常大；二是虽然生产抽油烟机的企业很多，但大多数都是照搬欧美的设计，质量不高，真正的高端、高质量的抽油烟机市场并未被开发出来；三是抽油烟机行业正处于换代时期，任何行业遇到这样一个时刻，都是最佳切入时机。经过几个月的调研与分析，茅理翔最终拍板支持儿子，做真正适合中国人厨房的抽油烟机，而且要走高端产品路线。之所以定位高端，这与中国独特的烹饪方式有关，油烟很大，很多时候，外企做出的产品并不适合中国家庭来使用。因此，高端产品门槛虽高，但是一旦进入就能作为先行者抢占先机。

1996 年至 1998 年期间，茅理翔下放研发权给茅忠群。在开发新产品前期，茅忠群做了 500 家用户的调查，总结了用户对吸油烟机的六大不满，对新油烟机在开发中如何突破这六大问题奠定了一定的基础。而工科背景出身的茅忠群也不负众望，只用了 8 个月时间就和自己的团队研发出了第一款适合中国人厨房烹饪习惯的抽油烟机——大圆弧 A 型机，具有吸力强劲、噪音小、外观好、不漏油等特点。正是方太这种对自己负责、对产品负责，高标准、严要求的态度，成就了方太产品持续创新的奇迹：1996 年 1 月 18 日，方太的第一代吸油烟机上市的时候就一炮打响，这一天也被定为方太的创立日。紧接着第二年就推出了改进版，这个改进版更加完美，同时也创造了年销售额 40 多万台的佳绩，至今，方太还未有一款产品打破此销售记录。之后，方太连续不断地推出新的产品，1997 年底，茅忠群已经带领方太连续开发出四款新产品，一时成为行业的黑马，方太创立不到两年就跃居行业第三的位置。现任方太技术研究院院长回忆说："当年研发团队的规模很小，因为害怕被人恶意地抄袭模仿，也不敢从外面请人。茅忠群本身是工科硕士，具备研发需要的专业知识，同时又有着清晰的头脑和独立思考的习惯，能够深刻地分析问题，不跟随、不盲从，是当时研发新产品的核心力量。"

新的企业命名为"方太"也是由茅忠群做出的决定，茅理翔对飞翔很有感情，但是茅忠群主张创立一个新的品牌。他借用了香港当红的烹饪节目主持人——方任利莎（香港人习惯称之为"方太"）的名字，并选择了方任利莎拍摄广告（"炒菜有方太，除油烟更要有方太"），这一广告语一经推出就立刻流行，迅速扩大了方太的知名度。从方太成立的第一天起，公司就提出了"品牌兴企"的口号，立志要成为中国厨房领域第一个高端国产品牌，并将"不断创新，追求卓越"作为公司经营的总方针一直沿用至今，成为方太发展历程中清晰的主导逻辑。

（2）品牌化：捍卫价值

刚刚成立的方太凭借着创新的产品，经过一番厮杀在市场上站稳了脚跟。此时的方太和帅康、老板、玉立所占的中国抽油烟机市场已经达到了 80% 以上，而在中国的市场中有 25% 属于高端市场，方太的产品就占据了 18%，也就是说在中国高端厨具产品当中，方太占据了其中 72% 的份额，处于绝对领先的地位。茅忠群由此提出方太要成为行业第一品牌的目标，并明确了方太品牌的三大定位，即专业化、高端化、精品化。

方太的迅速崛起引起了同行的警惕。2000 年，同行联合降价，价格降幅达 50%，方太连续 5 个月销量呈零增长。方太各地的销售经理实在抵抗不住，纷纷给茅忠群打电话要求降价，面对压力和员工们的躁动，茅忠群回忆"那段时间是他创业以来最难的一段时间"。但他认为既然选择了高端市场，就应该坚持，一旦降价，品牌最初的定位就功亏一篑了。茅忠群坚持认为不能降价、不能打折，提出方太"只打价值战、不打价格战"的竞争理念，与此同时，沉下心来和团队一起研发"欧式外观中国芯"的新产品。最终，公司

2001 年新产品的上市不仅没有降价，反而提价了 10%，并在市场上赢得了良好的口碑。方太产品精美的外观、出色的技术和质量、优质的服务，使得新产品一上市就销量剧增。更值得一提的是，这次的厚积薄发直接打破了之前销售不景气的窘境，也彻底粉碎了其他厂家想靠价格战来占领市场的美好幻想。方太在高端厨电市场上地位更加稳固，从此，“不打价格战”成为方太牢不可破的经营理念之一。在竞争越发激烈的厨电市场，方太却越来越得心应手。

（3）淡化家族制：汇聚人才

创业伊始，茅忠群就提出不让飞翔老员工以及家里的亲戚在方太任职，这在家族内部曾一度引起矛盾。这之后不久，茅理翔先生提出了著名的“口袋理论”予以化解：对第一代创业者而言，企业家与子女只有一个口袋的利益。一旦儿子、女儿结婚了，就存在两个口袋，这个口袋包含儿媳、女婿等家族，可能引发矛盾。因此，始终将企业的所有权放到一个口袋里，就可以有效地避免不必要的内耗。也因此，自方太成立伊始，茅理翔就将方太交给儿子来全权打理，决策权与控股权由他一人掌握；而第一次创业留下的飞翔公司交由女儿来打理，两人分开经营，避免股权纷争。清晰的产权制度使得茅忠群对方太有绝对的决策权，并且有绝对的权威，也保证了方太日后一系列的发展逻辑变化建立在清晰的产权制度基础上。

茅理翔先生曾总结，自己培养接班人的时间大致划分为三个阶段：“带三年（1996~1998 年）、帮三年（1999~2001 年）、看三年”。1999 年，进入了茅理翔的“帮三年”阶段，将营销权也完全交给了茅忠群。这时茅忠群已经全面参与到公司运营中，销售计划会、研发例会、质量例会均由他一人主持。这一时期的方太开始大量引进技术人才和销售人才。茅忠群将人事部改为人力资源部，在新人招聘、职工培训、业绩考核等方面做了大量的工作，逐渐建立了一套有效的考核机制。方太的引进原则是：基于公司当前的发展需求，针对某块组织能力的缺失，引进相关的管理人才。伴随着早期职业经理人的陆续加盟，方太第一批核心业务与技术骨干队伍得以成形。这一时期方太主要学习西方管理理念，从 2002 年开始，方太逐渐导入西方的管理文化模式，调整企业内部的组织架构：2002 年引进卓越绩效管理模式、2003 年使用 HR 绩效考核体系，后又逐渐引进全面绩效管理、精益生产和六西格玛管理等。与此同时，从 2002 年开始，方太几乎每年都会与一家咨询公司合作，主要是针对某一块的组织能力，通过与咨询公司的合作，找出自身的不足并进行有针对性的改进，例如，员工敬业度采取与翰威特合作，这种机制更有利于企业内部管理体系的健全与完善。而方太这一系列管理方式的改变帮助其在创业时期实现了业绩的稳步增长，2004~2008 年方太抽油烟机整体市场零售额占有率连续四年排名第一，零售量市场占有率也同样四年排名第一。

在不断完善这些制度的过程中，方太加速实施“淡化家族制”的发展战略，茅理翔不仅把自己的太太从副总裁的位置上调换下来，改为公司的监事长。同时自己也退为名誉董事长，彻底交权，让儿子就任总裁一职。与此同时，方太在茅忠群主导下，大力引进世界 500 强的优秀职业经理人（人力资源副总裁来自华为，销售副总裁来自美国可口可乐，客户服务部总监来自德国西门子），到 2004 年，茅忠群基本上已经成功地组建了一个成熟的优秀职业经理人团队，完成了方太的管理变革，而茅忠群本人也于 2002 年从中欧国际工商管理学院顺利毕业，成为了名副其实的技术和管理双料人材。

2. 西学优术，中学明道

随着企业声名鹊起，以技术为先导的方太也成功突破油烟机这一单一品类，开始涉足燃气灶、微波炉等其他厨房电器，即方太开始从油烟机向厨房专家的定位转型。此时茅忠群陷入了深思，在系统地学习了西方的工商管理方法之后，他发现这套体系并不完全适用于方太的发展，但是又找不出新的管理思路。直到一次日本之行，他看到日本企业取西方管理之长与自身文化相融合，创造出独特的日式管理，他突然有所领悟。2002 年，茅忠群开始了“取经”之路，去清华、北大攻读国学班，略显枯燥的国学课程通常被认为是用来修身养性的学问，茅忠群却越听越有滋味，如何将儒家思想成功融入到企业管理当中，这是他当时思考最多的地方。茅忠群认为中国企业对员工价值观的教育远远不够，现有企业对员工的教育都来自西方的理论，一旦出现问题就认为单是靠制度就能够解决所有的问题，实际上这种想法比较极端。茅忠群认为制度仅仅是解决问题的一个手段，如果现有员工价值观跟不上的话，就不能从根本上解决问题。茅忠群设想的理想状态是，企业中的员工能够更多地展现人性的光辉，良好的人品才能铸就优质的产品。北上学习儒家文化，茅忠群一坚持就是五年。在独自探索儒家文化的过程中，茅忠群经常会把自己的体会跟员工分享，在公司的内部刊物上刊登自己对现代儒家管理思想的体会，与员工共同分享，共同学习儒家文化。

（1）儒家文化的落地

2008 年，茅忠群决定将儒家文化正式引入公司。为此，他亲自主导方太员工的道德行为教育，把儒家的基本精神“仁义礼智信”写进企业价值观，为每位员工购置了《三字经》、《弟子规》和《千字文》等传统文化读物，还建了一所占地 200 平方米的儒家讲堂——“孔子堂”给员工授课。在方太集团内部，上到公司管理层，下到公司一线员工，每天上班后的前 15 分钟都要诵读《论语》《大学》等儒家经典。对于通过校招进入公司的新员工，培训的方式之一也是熟读《论语》，达到读书百遍，其义自见的境界。2009 年方太成立儒家管理模式推进小组，茅忠群出任组长，用流程化的做法，把儒家思想打造成一种模式、一种管理制度去实施。2011 年到 2014 年，方太通过一系列的企业制度创设、仪式活动推广与物质保障投入进行全方位的落实，从而让儒家文化不仅“可知”，而且“可视与可观”（见表 1）。

表 1　方太文化教育层次与实践特色

方太文化教育层次	方太文化教育的实践特色
模块一：信仰构筑 ——基于儒家文化	通过“方太儒道”“国学大讲堂”“总裁儒吧”等活动让管理者学习传统儒家文化的优秀思想，构筑自身独特管理模式
模块二：教育熏化 ——理念层面与原则层面	方太全体员工都要进修企业价值观课程，通过熏化，整套的方太企业文化被深深植入员工和管理者的头脑之中
模块三：文化落地 ——制度、礼仪与物质层面	注重多项制度设计和企业文化相契合；企业内部儒家经典读书活动成为一种自发习惯，并拓展了相应的社会公益文化活动；投资兴建了孔子堂、文化展厅、员工娱乐中心等多项企业文化设施与员工福利设施

总体来看，方太对儒家文化落地的方法可以概括为“两要五法”：“两要”即“以用户为中心，以员工为根本”，“五法”即为“教育熏化、关爱感化、礼制固化、专业强化以及领导垂范”。茅忠群经常在公司举办讲座，讲解自己对儒家文化的理解，通过“方太儒道”“国学大讲堂”“总裁儒吧”等活动向管理者传达传统儒家文化的优秀思想。在茅忠群的办公室里写着显眼的“仁、智、勇”三个字，他始终不失儒者风范，以身作则，他相信这就是儒家思想中推崇的核心，并以自己的方式坚定地将儒家文化注入到企业的发展基因中去。

方太曾经把员工犯错误的严重程度分为 ABC 三类。A 类最为严重，马上开除；B 类是中等错误，处罚稍轻；C 类是诸如上班迟到早退之类的错误。在过去犯 C 类错误要罚款，但在普及儒家思想之后，方太对 C 类错误的罚款一律取消，通过主管谈话的方式要求改正。自公司倡导儒家之后，茅忠群从员工身上看到了明显的变化。一是员工的自律性提高了，错误的发生率每年下降 50%，员工之间互助与善行反而增加了。二是销售人员拿回扣捞好处的腐败行为少了，随着儒家文化熏陶与必要的监督处罚制度双管齐下，方太外派审计分公司的人员都笑称自己快失业了。

（2）“仁者爱人”的产品理念

用儒家文化来指导公司发展，是方太企业文化发展的要义，为此方太将儒家思想巧妙地融入到企业的愿景、使命和价值观中。所谓企业使命是为什么要做这个企业，很多人的观点认为做企业的目的就是为了赚钱。但是方太将自己的使命定为“让家的感觉更好”，愿景则是“成为一家伟大的企业”，核心价值观是“人品、企品、产品，三品合一”，其中人品是最重要的。

方太认为做产品是为了解决消费者的难处，提供让消费者惊喜的产品，方太的梦想是止于至善。茅忠群要求研发团队要对用户怀着“仁者爱人”的思想，能够将心比心，真正解决用户的难处，洞察客户的需求，将细节做到极致。好的产品要基于好的人品，方太坚信只有具有好人品的员工才能制造出让客户满意的产品，在员工和顾客两个层面都做到以人为本，仁爱待人，才能够长久取得正面的效果。儒家思想中讲“爱人者，人恒爱之”就是这个道理。在方太的拳头产品云魔方欧式吸油烟机开发过程中，方太的设计者将云魔方挂钩的螺丝隐藏起来，以便用户打理时更加方便；并且为了在挂油烟机的时候不发出金属碰撞的不悦耳声音，还对挂钩进行了特殊处理。茅忠群说"普通的油烟机家庭作坊就能做，但是要做一个能满足消费者尚未被满足需求的产品，就要比所谓的高科技还难。要做到'仁'，首先就是要以用户为中心，要超越用户的期望值"。

目前，市场上关于抽油烟机的产品五花八门，消费者很难弄清楚吸油烟效果。对此，茅忠群表示，"消费者不懂技术，最终是希望效果好。做完一顿饭坐下来脸上不会油乎乎的，他们想要的是一个健康洁净的厨房环境，而不是抽油烟机本身。这也是儒家'仁'的思想，仁者爱人，要完全站在顾客的角度思考，不是某个概念、技术宣传，而是最终吸油烟效果好"。为了提供整体的吸油烟解决方案，技术出身的茅忠群特别看重方太的研发实力，坚持每年把不少于销售收入的 5% 投入研发，拥有包含厨房电器领域专家在内的 300 余人的研发人才团队，厨电行业前沿的国家认定的企业技术中心，拥有业内规模最大厨电实验室（8000 平米），内设 2 个中国合格评定国家认可委员会认证实验室(电气、燃气)，并新构建了行业具有前瞻性的创新研究院。目前方太研发申请了 760 多项专利，其中发明专利超过 129 项。

对于产品，恪守儒家思想的茅忠群现在最关心的主题是健康，无论是采访还是演讲，他都强调油烟的微伤害。这种微伤害使得近年来中青年女性的患癌率不断上升，这与吸油烟是有关系的，是微油烟造成的微伤害所致。正是在"仁义"价值观驱动下，方太用了 3 年时间研发，在 2013 年推出"前所未有的吸油烟效果——全新一代风魔方"，让用户真切地有了全新的体验——"让中式厨房也可以敞开，不用担心公用烟道，不用担心爆炒，远离微伤害。"

3. 以道御术，坚守初心

（1）"三不原则"

2002 年西门子强势进军中国的厨具市场，目标是 3 年做到第一，此时的方太已经稳居中国高端厨具市场的第一位，但西门子对这个十来亿的小企业根本没有放在眼里，在刚进入中国市场时便提出了“三年超方太”这一口号。西门子进入动作很猛，短期不管亏损，采取了一系列咄咄逼人的手段：其一是运用强大的资金优势在各个大卖场及超市等地租用或购买更好的“铺面或台位”，以求更方便接触国内消费者；其二是不断地利用各种方式来吸引方太的人才，尤其是技术方面的研发人员和卖场导购员，这两类人才的流失相当严重。方太内部的数据资料显示，方太在2002年之后的那几年，优秀导购员的人员流失率达到了50%左右，而这些流失的人员中，又有70%以上是去了西门子的卖场。第三是花费大量的资金在国内的各大广告媒体上铺天盖地的做宣传，如平面广告、央视广告、网络广告等，以便快速吸引消费者的眼球。最后是西门子充分运用了国内消费者对国际大品牌无理由的追崇心理，大打国际知名品牌优势这一招，最终使方太流失了绝大多数的客户。

西门子的强势入华，让方太感到巨大的压力。当时国内几大知名厨具品牌面对西门子激进且来势汹汹的行动采取了不同的应对策略，以老板、华帝、帅康为代表的绝大多数企业采取了主动降价的策略，试图通过降低售价的方式来赢回消费者的青睐，这些企业的产品价格平均下降5%到10%，有的甚至更多，这也是国内厨具行业掀起的第二次规模较大的价格战。此时连身为方太董事长的茅理翔也坐不住了，希望儿子能将产品价格稍稍下调。当时的情况是，若不参与价格战，很有可能导致市场份额下降，甚至可能丧失某些市场；若参与价格战，可能导致利润率下滑。更为严重的是，可能丧失消费者对方太品牌的信任和忠诚，并给行业带来严重创伤。思虑再三，茅忠群再一次对价格战说“不”。他表示，“对于方太，关注的不仅仅是方太公司自身这一个“点”的发展，更要关注厨房电气行业这条线“的健康发展”。

以方太为首的企业最终选择了迎难而上，尽管承受了非常大的压力。方太坚持通过对质量、技术、服务甚至是企业文化这些方面的不断提升来保持自身竞争地位。在研发技术方面，方太不断地进行技术创新，追求厨具的高质量、高端且艺术化的制作，研发真正适合中国人油烟大的厨房的抽油烟机，并开始研发其他的厨房用品，如微波炉、烤箱等，运用专业化的技术来驱动厨房科技的发展，在增强企业生产实力的同时，保持和提高了方太在消费者印象中“高端和专业化”的形象；在质量方面，方太不断地改进产品质量，力求产品各项工艺不断进步并尽量做到极致，追求客户的支持与完全满意；在服务方面，方太不仅给了顾客一种“让家的感觉更好”的体味，而且还最大限度地提升自己的销售以及售后服务的水平，尽自己所能地给予客户方便，赢得顾客的支持与拥护；在文化方面，方太从企业成立之初就明确定位与追求“人品、企品、产品，三品合一”的核心价值观，不但要给顾客提供高品质的厨具产品和销售及售后服务，而且还要求企业和员工分别具有高品位的企品和高品行的人品。

方太在这一时期也幸运地得到国际特劳特定位团队这一外脑的帮助。在特劳特的帮助下，方太重新定位为“中国高端厨电专家与领导者”。“专家”意指专注于中国的厨房，比西门子更了解中国用户，“领导者”是为了展示当时的现实地位。中国高端市场最早由方太开创，方太自诞生起就在高端市场一直领先，连续十年遥遥领先。除了定位改变外，方太为战略做了两个核心动作：其一是放弃所有中端的型号，彻底定位高端；二是彻底放弃“米博”热水器业务。当时“米博”热水器红红火火做了一年多，已经有一两个亿，但并未取得预想效果，茅忠群开始反思，自己到底能不能做那么多业务？认真分析之后，“米博”最终被果断砍掉。意外的是，方太不但没有受到影响，反而市场份额比往年更高。2002 年以后，中国厨具行业的各项厨具产品当中，中低端的产品份额由以前的 75% 下滑到了 60%，高端产品的比例则相应地上增长到了 40%。而在这 40% 的高端产品当中，方太所占的份额由过去的 18% 上升到了 25%，共增加了七个百分点。

除了对多元化有很强的抵抗能力，茅忠群对资本诱惑也非常冷静，许多投资人主动找上门，劝他上市融资，但他断然拒绝，他有他的担忧，“上市势必会进来一些资本，资本的特性总是逐利的，它们会更多考虑当下的利益回报，公司年报、股东收益就会成为一个指挥棒。我不喜欢听这些，但听多了又会心软，没准就不坚持战略了，还不如不上市”。在茅忠群眼里，方太的愿景是成为一家伟大的企业，方太又立志做高端品牌，一个经得起历练的品牌是需要较长时间来积累的。而方太从创业到现在刚满 20 年，西方的品牌动辄上百年，比照西方的企业，茅忠群希望按自己的节奏把方太经营成百年老店。由此，不打价格战、不搞多元化、不上市成为方太这家特立独行企业的明星标志。

（2）身股制

目前，方太的决策层由总裁和分管各项事务的副总裁组成执行委员会，各个副总裁以及各个部门的主管都是来自家族以外的职业经理人（副总裁总共 9 位，1998~2002 年加入的有 2 位）。相比之下，因为组织结构的不断完善，部门主管流动性显得更强。对于部门长一级，在方太效力最短的时间只有 4 年左右。这些外部职业经理人在加入方太以前，大多为外资企业包括 500 强企业服务，拥有广阔的职业发展平台和丰厚的薪资收入。作为一家创立刚满 20 年的中国民营家族企业，方太为了能够吸引大批职业经理人加盟并充分利用他们的能力，开展了一系列制度化建设工作：包括所有权层面的创新做法——创设“口袋”理论，厘清家族所有权安排；推行身股制让全体员工分享企业成长收益；对职业经理人实施“三项”授权，确保专业化运营；建立完善的人力资源发展制度等（见附录 1）。

身股制度是方太独具特色的一项人力资源创新激励。2010 年，茅忠群借鉴晋商模式，对管理进行了一次触筋动骨的变革，在总部实现全员身股制——只要入职满两年，方太根据员工的职位、贡献大小，给予每位员工一定数量的分红股权。身股是以员工为企业效力为前提，身股的发放完全按照（技术 / 管理）职级，职级越高，得到的身股就越多；如果员工离开了企业，身股既不能变现也不能带走。据了解，当时方太每年有 20 多亿元的销售收入，1 亿多元的净利润，而方太承诺拿出一定比例的利润（5%）分给入职两年以上的所有员工，进行全员覆盖，即使是一线员工也包括在内，这样大胆的尝试在方太内部难免遇到阻力。但茅忠群坚持认为，儒家思想强调“仁义”，对企业讲“仁义”，就是为员工着想，合理合宜，就该全员覆盖，从属性来说是全员都有，但从量上可以有差别。

出于战略考虑，重点战略部门享受的比率要稍高。每隔两年左右公司还会根据发展的需要对细则进行调整，2011 年，身股制调整涉及各个事业部及驻外分公司，同样是全员覆盖。2012 年，加大力度对中高层管理者以及对各地分公司进行激励（各地分公司身股分红与集团总部脱钩，即分 / 子公司员工不再享受集团身股分红，但预留利润比例将大幅提升，其身股单价也将随之大幅提升。在缴纳约 50% 左右利润给集团公司后，剩余 50% 都将折算到身股单价中奖励给持股员工，重点向分 / 子公司经理倾斜）。2014 年的调整则加强了对骨干员工的激励比重。

（3）文化营销

随着菲利普·科特勒营销 3.0 的推出，“以人文为中心”成为茅忠群关注的焦点。消费者不仅关注产品的功能性，而且注重企业在生产过程中是否符合人类的普世价值和共同利益。由此，2013 年方太对厨电顾问界定了三重境界来精确定位营销新方向——一以专业知识说服消费者，二以至诚服务感动消费者，三以儒家文化感染消费者。

近两年，方太根据“仁义礼智信“的儒家思想倡导至诚服务理念——始终视消费者为至亲、家人、朋友，天下一家。方太的客服服务投入堪称规模化：提供厨电产品 5 年质保，免费提前预埋烟管服务，7X24 小时的中英文互联网分布式呼叫中心贴心服务，67 家服务中心，1200 余家网点，3300 多位工程师支持。此外，方太还在员工服务质量精细化方面下了很大功夫：在方太总部落成的国内规模最大最先进的分布式呼叫中心现场，弧形大屏幕电子门凸显出这一区域的宁静与独立。客服人员的座次与区隔设计非常人性化，四周摆满绿植，办公区边上依次设有员工减压仓（里面有舒适的健身设施）、员工阅读室、针对孕期女性的专用房间等。这些充满人文韵味保障设施的设计，其根本目的在于为客服人员创造一个心情舒畅的工作环境——在呼叫中心工作的方太客服人员，电话旁边都会有一面镜子，用于观察和调整自己的表情；客服人员需要在顾客电话呼叫 12 秒之内及时接听，并且公司有一个通话时长的考核标准，目的是最大限度优化客户接受方太服务时的体验，而这一切的基础，始于公司对员工仁爱之心的播种。

方太还将推行儒家文化作为履行企业社会责任的一部分，为此方太在全国各地举办了“至诚关怀服务”城市主题讲座，邀请国内知名心理学家与家庭用户分享减压、亲子关系方面的心得。方太不断深化对家文化的理解与支持，启用“方太青竹简国学计划”来倡导“更人文的家”。“方太青竹简国学计划”于2010年3月启动，是由方太集团和《南方周末》报社联合发起并持续进行的跨年度公益活动。青竹简的目标在于推动中华国学经典教育，利用《南方周末》的独特新闻平台，宣传真正科学系统的“国学”自修形式和内容，通过褒扬那些身体力行传播国学文化的个人和组织，支持他们的国学实践，为青年一代确立文化认同感。方太还推出“绿色厨房计划”来倡导“更环保的家”，通过“小雨伞自闭症家庭关爱”活动来树立一个“更温度的家”。这一系列关爱家庭的计划犹如星星之火，在广大民众当中产生了深远的影响，国学文化当中那些优秀的传统美德也随着方太等企业的活动助推“润物细无声”地走进了普通人的家庭生活。

4. 方太的明天

对于方太这样一家浸润着儒家文化特色的中国制造企业，茅忠群心里有着他自身的规划与憧憬，尽管在方太十三五规划中，产值与销售收入上百亿等运营目标赫然在列，但在构思方太未来发展蓝图时，茅忠群将更多的笔墨空间留给了关于产品创新、企业文化与员工奋斗等方面的思考。茅忠群曾说，“因为有了一个很高的目标，行动才变得不平凡”，于是，方太的愿景从追求“受人尊敬”到“伟大的企业”。

在2016年初方太成立20周年的迎春晚会上，方太集团董事长兼总裁茅忠群回顾了方太20年风雨兼程的发展，分享了方太创立时的“中国梦”——打造中国家电行业国人第一个高端品牌——如何在“三大定位”的导航下成功抵达彼岸，总结了方太“三重创新”：产品创新、管理创新与文化创新如何让中国家庭的品质厨房梦变得前所未有的接近。

回首过去，是为了更好地展望未来。方太于2015年提出新愿景——“成为一家伟大的企业”——来引领下一个 20 年的发展，希望方太这辆战车能够自由驰骋在由愿景、使命与价值观浇筑而成的未来之路。这是茅忠群一项非常宏伟的抱负。可以想象，未来摆在他面前亦将有无数意想不到的挑战与困惑：伟大的企业应该具有什么样的特征？超越利润之上的使命将赋予方太怎样的奋斗目标与行动？方太的核心价值观能否一如既往地驱动与支持企业愿景与使命的顺利达成……方太的另一个 20 年，我们有理由相信它会走得更加精彩。

附录 1　方太的制度建设：内容要点与职业经理人反馈

事项（产生背景）	内容要点	调研职业经理人所获反馈
1.“淡化家族制”（产生背景：1998 年茅理翔在北京大学讲课时首创“淡化家族制”观点）	在方太内部率先推行“淡化家族制”：首先承认方太是一家家族企业，同时除董事长、监事长、总裁以外不允许任何家族成员进入公司高层管理岗位，即可保留家族企业的优点去除缺点。 提出“口袋”理论，保证家族控股前提下妥善安置家族成员，避免家族成员干预经营；	多数职业经理人来方太之前也有顾虑，但是这种没有家族人员的内部环境，使得经理人相信能够在企业内部自由施展才能，不用担心说错了话、得罪了人而被“穿小鞋”，受到排挤
2.“身股制”建设（产生背景：来源于古代晋商薪资激励制度。从 10 年前开始，方太就提出“身股制”设想，在正式实施之前经过了十几次的讨论和修订）	在家族控股的前提下，实现全体员工的利益共享； 身股是以员工为企业效力为前提，如果员工离开了企业，身股既不能变现也不能带走； 身股的发放完全按照（技术/管理）职级，职级越高，得到的身股就越多； 出于战略考虑，重点战略部门享受的比率要稍高。每隔两年左右公司还会根据发展的需要对细则进行调整，2014 年的调整加强了对骨干员工的激励比重； 身股的发放金额根据上一年的净利润确定。目前企业统一的发放时间是 4 月 28 日和 9 月 28 日，分别在“五一”和“十一”两个小长假之前	只要你在方太工作满 2 年，所有的员工都能够享受身股，不论你是在慈溪的总部工作，还是在方太遍及全国的 63 个办事处工作，一视同仁 目前在发放身股时并没有考虑你是技术人员还是管理人员，所有人都有晋升空间和努力的目标，同时为了避免论资排辈还弱化了工作年限对身股金额的影响，这样的设计更加有利于留住员工 身股发放时间设计更加人性化也更利于留住员工，因为一到放假就发钱，正好可以去玩
3. 对职业经理人授权（产生背景：国内家族企业内部成员经营高度控权，企业营运弊端百出，日常经营决策困难）	财务审批权下放； 人事招聘权下放； 职能权下放	选择来到方太发展，充分的授权是重要原因。外企很大，可以学到非常精专的技能，但是瓶颈也多，个人没有充分的创新空间。方太提供的充分授权给了职业经理人一个尽情发挥自身能力的空间，不但可以满足职业经理人自我实现的需求，同样也锻炼和提升了职业经理人的能力。这种平台和环境是 500 强企业无法提供的

续　表

事项（产生背景）	内容要点	调研职业经理人所获反馈
4. 成长激励 （产生背景：发现引进人才存在两大缺陷：一是对人才能力、诚信度与敬业精神不可能了解很透彻；二是人才与公司的文化不合）	方太实施五大人才培养项目：巅峰计划（中高层管理者），飞翔计划（中层管理者），起航计划（基层管理者），群星计划（新员工），阳光计划（应届毕业生）； 方太还举办大量的公开讲座及内部培训活动； 推行经理人内部讲师制度	针对不同岗位、不同工作年限的员工，方太提供全方位的职业培训机制 通过一定的制度筛选，经理人就可以成为方太的内部讲师，把自己积累的知识和经验传授给后来者，这也为职业经理人的自我实现提供了一条极具吸引力的路径

附录 2　方太的产品创新历程

时间	创新产品	创新点
1996	大圆弧深型吸油烟机（A 型机）	工作原理
1997	人工智能型（Q 型机）	产品与工艺
2001	塔形机	“欧式外观、中国芯”：产品与工艺
2001	近吸式	小灵风风扇：功能 + 外观
2005	银家三系	整体设计三件套：功能与设计的组合创
2008	银睿三系	嵌入式成套 5 件套：功能与设计的组合创新
2009	光影六系	功能与设计的组合创新（与美国 IDEO 合作）
2009	风魔方	导烟吸附技术（划时代）
2010	高效静吸	吸油与降噪二难技术悖论的突破
2011	总厨六系	专业级家庭烹饪产品
2013	全新一代近吸式风魔方	导烟吸附技术（划时代），开启健康之梦
2014	欧式油烟机云魔方	“蝶翼环吸板”——立方环吸效应
2015	跨界水槽洗碗机	填补空白：技术 + 工艺

案例 13　方太：儒家文化演绎下的中国制造传奇
——使用说明

宁波方太厨具有限公司成立于1996年，业务范围涵盖厨房电器、热水器、集成厨房与海外事业四大领域。公司董事长兼总裁为茅忠群先生。截止2015年，公司拥有员工近万人，销售收入达到65.53亿元，年均增长率保持在25%以上，累计缴税费近40亿元。连续多年蝉联"中国500最具价值品牌"行业第一，在行业高端市场占有率超过30%，其产品先后获得国内国外质量与设计领域的最高奖项（2009年成为我国第一个摘取国际红点设计大奖桂冠的企业，此后又多次蝉联这一殊荣；2011年荣获第十一届全国质量奖），创造了中国制造业领域第一个"双高"奇迹：产品质量水准高于国际同行对手，产品价格也比国际对手卖得更贵。

作为一家典型的现代家族企业，方太20年坚持深耕国内高端厨电领域，以产品创新、管理创新与文化创新作为保障机制，不仅探索出一条中国制造极致的发展路线，展示了中国产品在世界舞台上的杰出竞争力；而且通过儒家文化为主导的企业文化设计与践行，以"中学明道，西学优术，中西合璧，以道御术"这一管理哲学创新弘扬了中华民族儒家文化的现代管理实践价值，彰显了中国本土管理思想与理念重构的先行者风范。

一、教学目的与用途

1. 本案例适用于MBA、EMBA的《组织文化》《跨文化管理》等课程，可以用来讨论新兴国家（特别是中国）家族企业的战略发展、人力资源管理、企业文化重塑等主题，可用于80~90分钟的课堂讨论。

2. 本案例的教学用途主要有两个方面：其一是围绕着方太企业的发展历程，剖析并提炼现代家族企业的成长能力模型，特别是基于现代家族企业横向资源能力边界打开，如何更好吸纳职业经理人促进自身发展这一教学视角展开；其二是基于方太企业的实践，探讨儒家文化如何与制造企业产品创新相结合，发挥儒家文化在现代管理实践中的积极价值。

二、启发思考题

1. 家族企业动态发展周期一般分几个阶段，各自具有什么特征？

2. 方太的成长历程可以划分几个阶段，相应的特征是什么？

3. 方太在其成长过程中，不同阶段的成长能力有何差异，主要影响因素有哪些？

4. 儒家文化如何作用于方太的成长？

5. 儒家文化是否有利于创新？ 方太的实践经验是什么？

三、分析思路

教师可以根据自己的教学目标（目的）来灵活使用本案例。这里提出本案例的分析思路，仅供参考。

1. 案例分析主线一：家族企业发展的过程模型与成长能力特征。

围绕这一主线，主要分析方太企业在其发展过程中，公司的能力资源结构经历了怎样的演化，方太企业与职业经理人各自专用性资产投入在这一演化过程中发生了什么变化？ 能力资源结构的演化对于方太家族与外部职业经理人之间的治理关系提出了什么要求，产生了什么影响？ 主线一的分析重点在于动态揭示方太企业的发展过程模型及其成长能力特征。

2. 案例分析主线二：儒家文化的现代管理实践价值

围绕这一主线，首先研究儒家文化与现代企业管理之间的内在逻辑是什么？ 方太是如何解读儒家文化的实践价值？ 通过运用文化模型，进一步了解儒家文化是如何在方太各个层面上得到普及与推广（从公司愿景、使命到经营管理原则乃至公司内部的建筑设施）。主线二的考察重点在于儒家文化在方太企业中的落地以及儒家文化与方太产品创新之间的联系。

四、案例理论指导

1. 分歧偏误与资产专用性

Penrose（1959）很早就指出企业成长受到企业吸收新管理能力的数量和速度的限制。按照这一思路，Verbeke 和 Kano（2012）的研究从专用性人力资本的视角解释了家族企业的兴衰。他们指出，家族企业内部存在的分歧偏误是危害企业生存发展的关键问题。所谓分歧偏误是指企业家一种错误的刻板印象：家族内部人员是长期为企业效力的、稳定的，因此会进行专用性人力资本投入；而职业经理人是容易替代的、流动性强的、不会进行专用性人力资本投入。基于这样一种偏误，企业会把更加核心的职位和重要的决策权留给投入专用性人力资本的家族内部成员，职业经理人的职权范围和晋升则受到限制。但是，Verbeke 和 Kano 指出实际情况并非如此，这种偏误的存在滋长了家族成员的投机心理，他们并不会依照期望投入专用性人力资本，与此同时，这种偏误打击了希望为企业服务的职业经理人，削弱了他们投入专用性人力资本的意愿。在职权上的保留行为会阻碍企业对新管理资源的吸收，影响了企业成长。随着企业在成长中不断地引入外部职业经理人，分歧偏误的影响开始显现，它会抑制企业在成长期的发展速度，使之趋于平缓，如果得不到有效的解决，它还将阻碍企业顺利进入成熟期，最终导致企业走向没落（见图 1）。

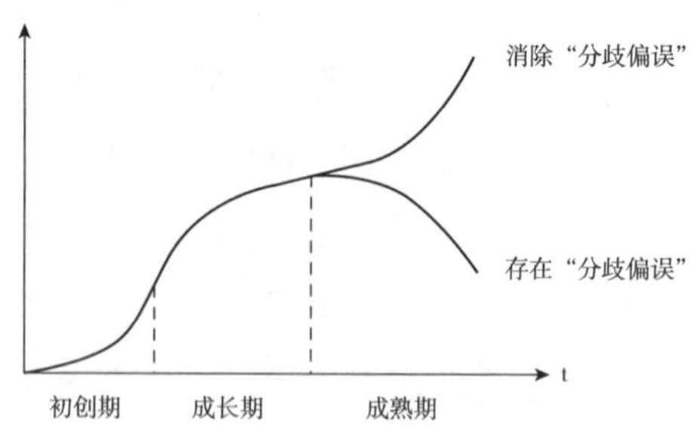

图 1　分歧偏误与家族企业发展阶段

Verbeke 和 Kano 的研究仅探讨了分歧偏误对职业经理人投入专用性人力资本的影响，但没有探讨该偏误对家族企业投入专用性资产的影响，裴蓉

（2013）的研究可以弥补这一不足。企业和职业经理人在合作的过程中会不断形成新的技术诀窍、盈利模式、生产流程等资源，而这些资源会逐渐凝结成企业的核心竞争力来源。这种核心资源的形成需要依托职业经理人对企业投入的专用性人力资本，一旦职业经理人离开企业，企业的核心竞争力就会因此严重受损，所以这些资源可以视为企业投入的专用性资产。为了充分发挥职业经理人的能力，企业需要让职业经理人接触企业运营的核心信息；企业专用性资产在形成后也会被职业经理人吸收学习，成为其人力资本的一部分。裴蓉的研究强调了职业经理人"叛离"对企业造成的伤害，所谓"叛离"是指职业经理人在获取了家族企业的专用性资产后，跳槽到竞争对手门下或者自己创立同行企业的行为。企业内部分歧偏误的存在，会使职业经理人的"叛离"情绪增强，而职业经理人的"叛离"行为，会进一步强化企业家对分歧偏误的认同。企业家和职业经理人的关系由此陷入一种"囚徒困境"，最终使得双方都倾向不去投入各自的专用性资产（见图 2）。

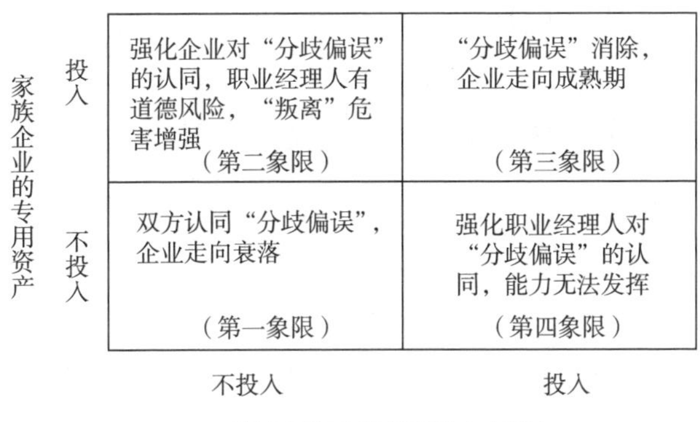

图 2　分歧偏误下家族企业和职业经理人的信任困境

2. 信任机制

要消除分歧偏误造成的困境，需要构建企业家和职业经理人之间合作共赢的信任关系。张维迎（2003）指出，企业家和职业经理人之间的相互信任是企业成长和持续发展的关键；储小平（2003）也同样指出信任资源是家族企业成长的真正制约。这种相互信任关系的建立可以帮助双方消除阻碍企业发展的刻板印象，促使双方解除对分歧偏误的担忧，最终实现图 2 第三象限的集体最优状态。然而，作为一种社会关系，信任本身的建立并非一蹴而就，存在一个由浅入深逐步递进的过程。

Zucker（1986）指出了产生信任的三种机制，其中最为基础的一类为声誉信任，即根据对他人过去的行为和名声的了解来决定是否给予信任。从企业层面来看，这种信任必然建立在双方相互掌握一定信息的基础之上。作为在企业工作的家族成员，基于特殊的家庭关系，会对企业家的为人有比较全面的了解，因此企业家在家族中确立良好的声誉有利于提升自己的威望，通过声誉信任紧密地联系家族成员。但是，职业经理人是企业聘用的专业人才，和企业家的直接联系多存在于工作层面。除了极少数高层管理者外，广大的中下层管理者很少能与企业家建立工作之外的私人渠道，从而无法获取关于企业家为人处世的一手信息，往往只能通过“小道消息”了解企业家的为人，因此声誉信任很难发挥可靠的作用。

既然声誉信任具有不稳定性，就需要其他形式的信任来弥补。这里信任可以被定义为一个主观的概率预期水平（Gambetta,1988），行为人基于这一预期来确定对方是否会采取对自己有利或者无害的行动。也因此，组织内部的激励和限制必然能够对信任施加影响，这一点符合 Williamson(1985) 提出的算计性信任概念。

算计性信任建立在理性的假设之上，行为人通过权衡信任和不信任对应的成本和收益来决定自己的行为。家族企业可以设计一套相应的激励与约束机制来降低职业经理人的“叛离”风险，通过增加经理人“叛离”的成本（增加留任的收益）并减少“叛离”行为的预期收益，使经理人出于自身利益最大化考虑选择忠于企业，从而可以消除家族企业对图 2 第二象限的担忧。在算计性信任下，行为人可以通过一系列的信号了解对方的意愿。家族企业可以通过公开的意思表示（媒体宣传、院校讲座、出版图书等）传达出自身希望与职业经理人合作的意愿，并通过组织设计给予职业经理人更多的职权范围和晋升机会。企业如果选择背叛职业经理人将会付出高昂的代价，理性的企业家会选择信任职业经理人，从而消除职业经理人对图 2 第四象限的担忧。当企业同时采取这两步做法时，职业经理人和企业家的最优选择都是信任，图 2 第三象限的集体最优结果得以实现。

算计性信任仅仅是双方走上共赢道路的保障因素，它只能使双方被迫选择合作模式，但是并不能让双方相信更加努力的合作会换来更加美好的未来。同时，专用性资产投入程度的度量至今为止还是交易成本理论的难题（胡浩志，2013），因此职业经理人和企业都无法有效地监督对方的行为，双方即便都采取了信任的态度，信任的程度依然存在很大的弹性，双方都有可能存在机会主义倾向。显然，仅仅依靠算计性信任是不够的，家族企业持续经营的关键在于建立更高级的制度信任（储小平，2003）。

制度可以减少人们行为的不确定性，有助于建立稳定的心理预期，从而促使信任关系产生。算计性信任的长期维持也要依赖于双方对于相应制度的信任，如果一方发现对方违背了制度的规定而没有遭受相应的惩罚，那么算计性信任即告解体。储小平指出，对制度的信任不仅包含对正式制度的信任，也包涵对心理契约、声誉机制等非正式制度的信任。后者同样对企业有效吸收经理人才能发挥重要作用，是企业吸引职业经理人最大化投入专用性人力资本的关键（吴兴华等，2004）。只有建立可置信的心理契约，双方才愿意放弃投机行为，期待在未来获得对方许诺的回报（储小平，2008）。Zucker 指出的产生信任的机制中，基于社会相似性产生的信任尤其符合建立制度信任的要求。最好的方法是通过企业文化的构建在企业内部形成一致的价值观和愿景，从而使职业经理人和企业家感受到同样的使命感，这样可以在企业家和职业经理人之间建立强烈的认同感，增强社会相似性。通过强调这种社会相似性，企业家和经理人可以避免触发刻板印象，同时倾向于对另一方的行动抱有更高的期望（王沛等，2010）。基于这种制度信任，不但算计性信任可以得到维持，企业家和职业经理人的心理契约也有更高的置信度，双方都乐于更多地投入专用资产并相信能够在未来获得对方许诺的回报。

对于家族企业来说，基于制度建设和文化建设形成的双层信任模型具有重要的实践价值：通过制度建设实现浅层的算计性信任，通过文化建设实现深层的制度信任，同时制度信任也使得算计性信任得以维持。对于长期在家族企业工作的职业经理人，更高的社会相似性促进了制度信任，算计性信任不再重要。对于新进入家族企业的职业经理人，在制度信任还没有稳固之前，算计性信任保证了双方合作的态度。仅仅构建算计性信任只能让图 2 中双方行为的均衡点落在第三象限，但是通过构建制度信任可以让均衡点不断地向右上移动。

3. 儒家文化

儒家提倡五常——“仁义礼智信”，儒家思想强调道德教化，克己复礼，以逐步实现小康社会、和谐社会，最终实现大同理想。儒家思想的这一精华不仅在中国历朝历代得到了重视，而且在世界范围内也逐渐获得了认可。二十世纪最负盛名的历史学家汤恩比博士，1972 年在他的《展望 21 世纪》中呼吁，面对世界即将出现的空前危机，能够拯救 21 世纪人类社会的只有中国的孔孟之道和大乘佛法。不仅如此，1988 年 75 位诺贝尔奖获得者在巴黎集会发表宣言，宣言中说道：“人类要在 21 世纪生存下去，必须回到二千五百年前，从中国的孔子那里去重新寻找智慧”。儒家思想的普世价值由此可见一斑。

儒家文化中的“仁义礼”是一个智慧三角（见图 3），对于现代企业的成长具有非常重要的指导意义。具体来说，“仁”的含义是替人着想，就是能够分一点爱给别人，有爱心。作为道德规范，“仁”要求员工替顾客着想，替利益相关者着想；作为管理思想，“仁”落实在企业日常管理实践中，就是从规章制度制定到待人接物，都要替对方着想，强调合作共赢。“仁”的实质在于合作（Cooperation）。

“义”的含义为合理合宜，就是要公平公正，合乎道理，讲原则。“义”给“仁”提供了有意义的独立界限，使得仁爱有尺度，爱憎分明。作为管理思想，“义”要求公司及其职员在行为处事过程中，心中应保持一个合理的度。在这一意义上，我们称“义”的实质在于独立（Autonomy）。

“礼”的含义为遵守制度，就是要遵纪守法，遵守规则。古代“礼”的含义包含了法律、制度和各种礼仪等强制性的行为规范。这些行为规范实际上是在长期社会实践中把又仁又义的行为总结成法律制度、行为规范，从而“礼”始终是体现“仁义”的具体行为规范，是仁义的外在表现。“礼”的这一特征可以用强制（Control）来表示。“仁义礼”智慧三角的关系，在企业经营管理实践中更多表现为合作—独立—控制关系的协调，这三种关系贯穿了整个企业成长的过程，同时对于指导企业的竞争策略乃至组织与战略设计都具有重要的启示与意义。

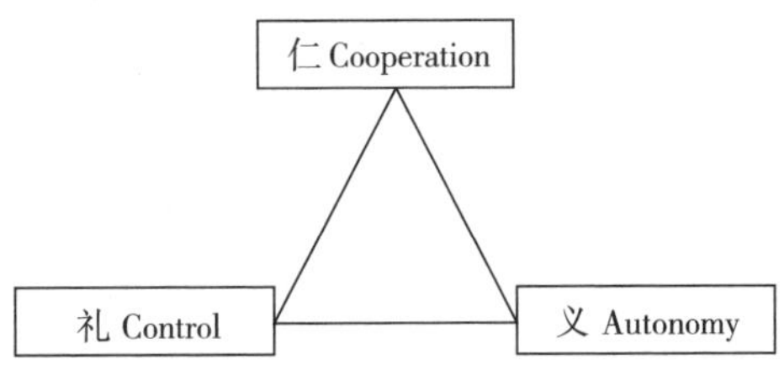

图 3　方太“跳跃式成长期”的过程影响模型

在儒家文化强调的“仁义礼智信”当中，“信”字被认为是前面四种道德规范的有力保障。根据前面我们分析的信任机制可以看到，建立在制度与文化双重保障基础上的信任机制，实质上正是对儒家“信”文化两种内涵（即守信与互信）的不同解构。方太案例所展示的信任机制的重要意义在于：它打开了现代家族企业横向资源能力的边界，使得资源可以在家族企业与职业经理人之间高效流动与组合，这一做法不仅符合 20 世纪 80 年代以来全球企业创新的最新趋势——开放式创新；而且借由方太企业的卓越实践及其出色绩效，这一案例提供了源自中国本土管理思想的视角（儒家文化）对开放式创新范式有说服力的支持。

五、案例问题讨论要点

1. 家族企业动态发展周期及其相应特征

对于家族企业来讲，其动态发展一般经历初创期、成长期与成熟期三个阶段（用 K=1、2、3 分别表示），资源 Rk 代表家族企业在前述不同阶段面临的能力资源结构；信任 Tk 代表家族企业在前述不同阶段面临的层级信任载体。根据不同阶段家族企业发展特征，我们可以得到下图 4 治理框架下家族企业成长能力与信任演化的交互关系。

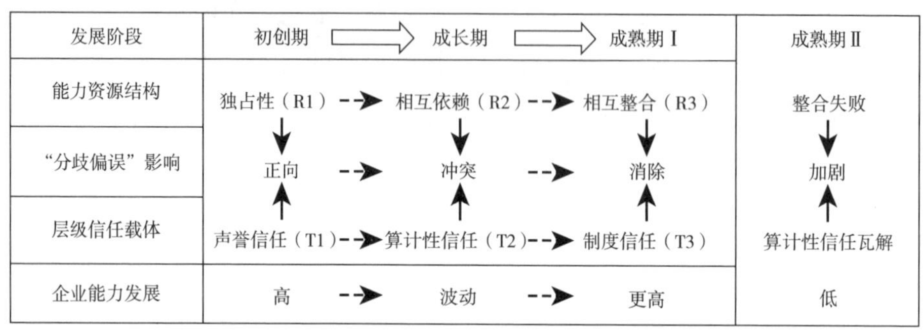

图 4 治理框架下家族企业成长能力与信任演化

初创期是指家族企业的创立阶段，家族企业在该阶段完全依赖家族内部投入资源与家族成员开展经营，表现出高度的一致性和协同性。这一阶段的分歧偏误与家族企业封闭式经营、独占性资源投入具有内在统一性；由于经营目标具体化程度比较低，因此依靠单一的家族 / 创始人声誉即可维持，初创阶段家族企业往往发展较快。成长期是指家族企业面临外部环境波动加大，自身资源与能力不足，需要引进外部经理人的发展阶段。该阶段的分歧偏误表现为家族企业内外部资源能力的匹配冲突，算计性信任的存在使得企业治理复杂度加大，家族企业成长的波动性在这一时期最为突出。成熟期 I 是指家族企业从成长期顺利实现过渡，该阶段家族企业专用性资产与职业经理人专用人力资本实现了融合，双层信任机制得以形成，从而有效消除分歧偏误，企业成长能力获得更高提升。成熟期 II 是指家族企业从成长期过渡到失败，体现为该阶段家族企业专用性资产与职业经理人专用人力资本融合失败，分歧偏误进一步加大，企业与职业经理人的算计性信任瓦解导致双方陷入“囚徒困境”，许多家族企业最终走向没落与此密切相关。

2. 方太发展阶段划分与相应特征

结合方太案例材料，我们可以将其发展过程分为两个阶段：初创期的方太（1996 年到 2001 年），这个阶段涵盖了茅理翔总结的两个“三年”历程：

带三年（1996~1998 年）、帮三年（1999~2001 年）。这两个“三年”正是创业阶段家族企业智慧传承的重要时期，也是接班企业家声誉与权威树立的关键时刻。在这一过程中，茅理翔对儿子充分地信任，通过合理放权，使茅忠群能够大胆发挥自己的积极性和才干，企业的管理由一次创业时期的企业家个人管理转变为父子二人合力的家族式管理。

从 2001 年以后，方太进入跳跃式成长阶段。方太加速实施“淡化家族制”的发展战略，茅理翔不仅把自己的太太从副总裁的位置上调换下来，改为公司的监事长。同时自己也退为名誉董事长，彻底交权，让儿子就任总裁一职。与此同时，方太在茅忠群主导下，大力引进世界 500 强的优秀职业经理人，通过不断进行的制度改革和重塑企业文化，方太朝向一个新的阶段前进。

3. 方太两阶段发展对比

（1）过程模型与成长能力特征

结合前文相关理论与方太案例两个阶段的描述背景，可知其过程模型中不仅存在能力资源结构与信任载体的不同表现形式，而且两者的耦合机制也不一样，从而对分期偏误具有不同的影响效应（见图 5 与图 6）。具体来看，在初创期，方太企业封闭式的能力资源结构与基于家族亲情的信任文化是分歧偏误产生的合力诱因；但在跳跃式成长期，方太企业展现的开放式相互融合的能力资源结构与双重信任机制有效消除了分歧偏误的影响。

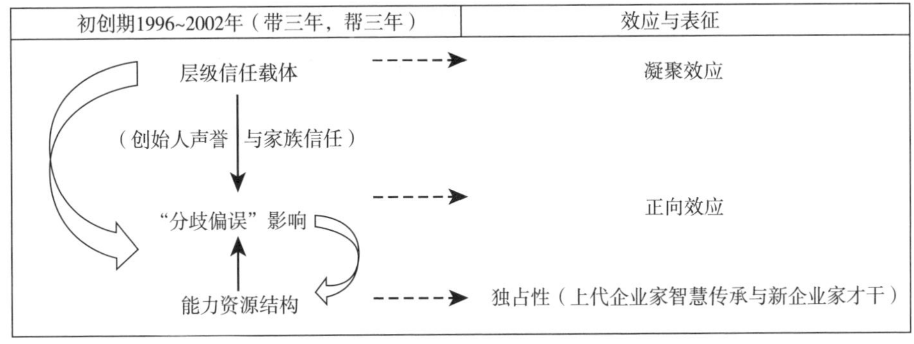

图 5　方太初创期的过程影响模型

注:（左侧弧形箭头代表初创期，基于方太创始人的声誉信任有利于凝聚方太内部的

能力资源；右侧弧形箭头代表初创期的分歧偏误属于正确认知，可以进一步巩固方太独占性能力资源结构（集合两代企业家的能力资源）。初创期的过程模型（上下箭头）也揭示，家族企业封闭式的能力资源结构与基于家族亲情的信任文化是分歧偏误产生的合力诱因。）

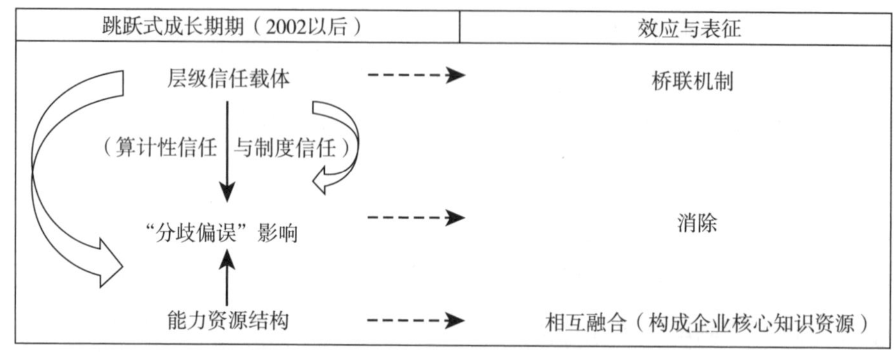

图 6　方太"跳跃式成长期"的过程影响模型

注:（图中两个弧形箭头代表跳跃式成长期，方太建立了双重信任机制，不仅消除了分歧偏误，而且促使企业专用性资产与职业经理人专用性人力资本高度融合，企业成长能力获得新的提升。"跳跃式成长期"的过程模型（上下箭头）也揭示，家族企业开放式相互融合的能力资源结构与双重信任机制有效消除了分歧偏误的影响。）

此外，基于动态能力视角的分析表明，方太两个阶段的成长能力由于受不同管理情境的影响，其成长能力的形成过程及其表现形式也不一样，因而对不同层级的信任载体产生了不同需求（见表 1 与表 2）。具体来看，在初创期，方太的家族信任与创始人声誉可以产生累积正向循环效应，有利于企业快速把握市场获得成长；而在跳跃式成长期，基于制度与文化建设形成的双重信任机制可以有效巩固企业成长能力，促进了方太可持续发展。

表 1　初创期——方太的成长能力表现（基于动态能力的分析框架）

成长能力	定义	表现	成长能力与声誉信任的关系
识别能力	通过分析体系（和个人能力）对机会进行认识、识别、过滤，成形并校对	茅忠群提出二次创业新"三条"主张；父子俩兵分二路南下调研市场，形成微波炉与抽油烟机项目论证；父子俩对新企业的命名争论	茅忠群敏锐的个人能力使其获得早期声誉

续　表

成长能力	定义	表现	成长能力与声誉信任的关系
捕捉能力	通过企业、结构、程序、计划与激励来捕捉机会	茅理翔支持新“三条”主张；茅忠群据理力争，抽油烟机项目获茅理翔拍板支持；说服父亲放弃“飞翔”，借用当红节目主持人“方太”一词命名新企业；茅忠群亲自带领公司团队深入研发，开发出适合中国家庭的大圆弧抽油烟机并持续推出创新产品	茅理翔对茅忠群的信任与大力支持，激励了茅忠群企业家才干的发挥，促进了方太创业的成功。对专用性有形与无形资产进行持续的调整与再配置
重构能力	对专用性有形与无形资产进行持续的调整与再配置	1996~1998年，完成产品研发权交接，打造方太品牌，完成了从仿造向创造的转型、从定牌变向创牌的转型；1999~2001 年，完成营销权交接，销售业绩跃升行业第二，完成了推销向营销的转型	茅理翔对茅忠群进一步授权信任，茅忠群全面参与企业，方太经营能力获得提升

注：此分析框架源自 Teece 发表文章中所归纳的单个层面。

表 2　跳跃式成长期——方太的成长能力表现（基于动态能力的分析框架）

成长能力	定义	表现	成长能力与声誉信任的关系
识别能力	通过分析体系（和个人能力）对机会进行认识、识别、过滤，成形并校对	最早提出“淡化家族制”理论与“口袋”理论，推进现代家族企业治理 提出企业文化建设两层次目标：稳定性预期与文化灌输认同	完善的制度建设与文化体系构筑 有利于双重信任机制的建立
捕捉能力	通过企业、结构、程序、计划与激励来捕捉机会	方太创设并完善系列“淡化家族制”制度，包括身股制、授权制、五大人才培养项目等； 建立了方太清晰，明确、可传授的文化体系； 通过三大模块、六个层面进一步落实方太的文化教育	双重信任机制使分歧偏误得以避免； 在跳跃式成长期有助于方太应对不确定性波动
重构能力	对专用性有形与无形资产进行持续的调整与再配置	2002~2004 年，全面管理权交接，大批引进并建立了一个优秀的高级职业经理人团队，大量引进西方先进管理制度，完成了从小家文化向大家文化的转型，从传统家族制管理向现代家族制管理的转型； 连续九年成为行业第一品牌，荣获全国质量奖，并在细分行业上超越跨国公司西门子厨卫品牌的影响力	方太与职业经理人之间建立了稳定的心理契约，方太文化成就了公司的核心竞争力； 方太专用性资产与职业经理人专用性人力资本高度融合，双方携手并肩发展十余年

（2）方太的独特发展路径：嵌入式制度信任与绝对控股模式

方太的两阶段发展路径有其特殊性。董事长茅理翔在1996年创办方太之前，曾经创办过一家电子点火枪厂。在初次创业过程中，茅理翔通过间接学习中国其他家族企业实践中的失败经验和直接学习现代企业管理理论，已经充分了解信任问题可能给家族企业带来的危机，这也是茅理翔在创办方太之初就提出“淡化家族制”的重要原因。与普通的家族企业相比，方太的成长过程有两大不同之处：

第一，方太将成熟期的举措提前，在以极其开放的姿态吸纳外部能力资源的同时注重相互融合。方太从2002年开始大量引进职业经理人，同时企业内部仅保留总裁和董事长为家族内部成员，在不断完善各类制度、优化算计性信任的同时，大力推进文化建设，促进制度信任的发展，因此没有出现典型的分歧偏误问题。在方太，职业经理人能够积极地投入专用性人力资本，通过十余年携手并肩的发展，企业的各类经营诀窍已经和职业经理人的专用性人力资本高度融合，在共同的信仰下形成了极强的竞争力。按照茅理翔的判断，“方太只是取得了初步的成功”，还不算进入成熟期，但是方太所处的阶段又和普通家族企业的成长期不同，作者称之为跳跃式成长期，此时的方太融合了成长期和成熟期的部分特征。

第二，方太十分注重家族绝对控股的重要性。根据茅理翔提出的家族企业发展阶段论，真正处于成熟期的家族企业应该是产权共享，内部员工和职业经理人都能够享受股权，甚至企业可以公开上市，家族成员只是相对控股。但是方太目前处于跳跃式成长期，虽然企业已经初步构建了制度信任，但是快速变革增加了企业面临的不确定性，方太的各项制度还在不断优化、组织结构还在不断调整，此时外部人力资本的投机性依然较强，算计性信任可能还存在漏洞。为了保证企业发展的稳定，企业家需要桥联机制之外的手段来加强对外部能力资源的控制，家族绝对控股的意义与重要性恰巧在此。绝对控股可以视为成长期波动环境下对家族企业核心知识资源的一种保障机制，可以保证家族成员（比如总裁）对企业各项决策的最终控制权，对出现的问题进行强有力的纠正，避免职业经理人的各种投机行为损害企业的重大决策。

正如茅理翔所说，“授权不等于不管”（见图 7）。

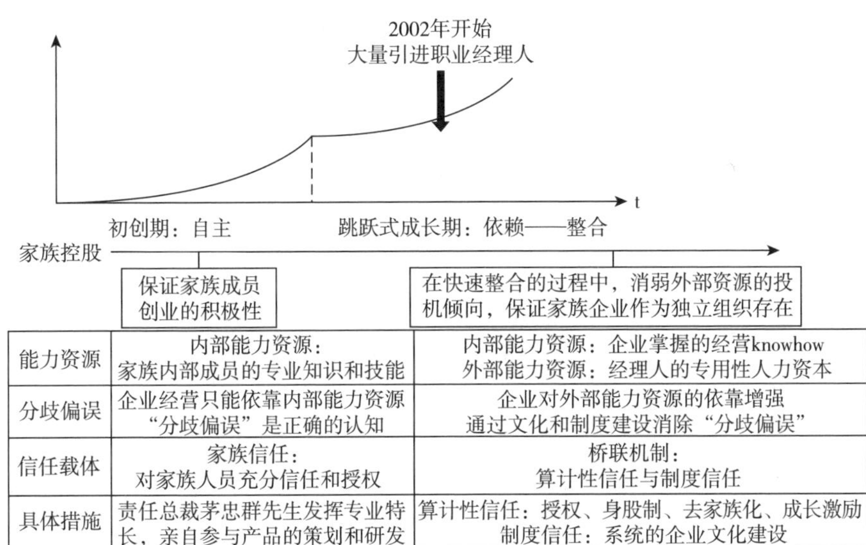

能力资源	内部能力资源： 家族内部成员的专业知识和技能	内部能力资源：企业掌握的经营knowhow 外部能力资源：经理人的专用性人力资本
分歧偏误	企业经营只能依靠内部能力资源 “分歧偏误”是正确的认知	企业对外部能力资源的依靠增强 通过文化和制度建设消除“分歧偏误”
信任载体	家族信任： 对家族人员充分信任和授权	桥联机制： 算计性信任与制度信任
具体措施	责任总裁茅忠群先生发挥专业特长，亲自参与产品的策划和研发	算计性信任：授权、身股制、去家族化、成长激励 制度信任：系统的企业文化建设

图 7　方太能力资源结构与信任机制演化关系

4. 儒家文化与方太的成长

企业文化是企业的核心，在方太董事长茅理翔眼中，“企业文化建设要达到两个层次的目标：首先要让外来的职业经理人可以直观地了解企业，同时能够通过对企业文化的解读做出对企业行为的稳定预期。在此基础上，要通过教育、培训、制度设计等各种方式将企业文化灌输给职业经理人，让职业经理人愿意和家族企业一起为相同的目标而奋斗”。

（1）文化体系的构筑

方太把儒家文化引入企业，由深到浅拆分为使命、愿景和核心价值观三部分精神层面的指导内容，以此为基础，基于“三品合一”的核心价值观构建了方太的经营理念和管理理念，作为可执行可操作的标准来规范企业在经营过程中的行为，形成一个清晰、明确、可传授的文化体系。方太文化体系结构图如图 8 所示，方太对自身文化体系的诠释见表 3。

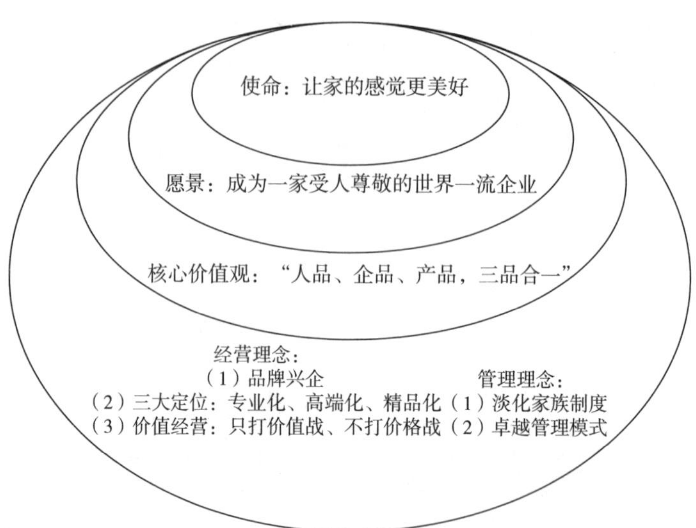

图 8　方太文化体系结构图

表 3　方太对自身文化体系的诠释

方太文化体系内涵	方太对文化体系的诠释
使命：让家的感觉更美好	首先是“顾客、员工、合作伙伴、社会”的感觉更美好（“仁义”观），最后才是股东；使命是出发点
愿景：成为一家受人尊敬的世界一流企业成为一家伟大的企业（2015 年）	要受人尊敬就必须讲诚信、承担社会责任（“诚信”观）；要追求一流，就必须有卓越的管理、领先的业绩、著名的品牌（“礼智”观）；伟大的企业不仅具有高超的技术水准，更具备导人向善的能力。愿景是归宿
核心价值观：人品、企品、产品，三品合一	人品是三品的根本和基础，企品是创造好产品的源泉，产品是企业最重要的形象大使（核心价值观即儒家五常的体现）
三大经营理念：品牌兴企，三大定位，价值经营	坚定不移地走品牌道路；坚持深耕厨电行业高端市场，不搞多元化；通过产品和服务为顾客创造多元价值
两大管理理念：淡化家族制度，卓越管理模式	企业是家族的，但是必须实行职业化管理；卓越管理理念通过中西合融的 20 条方太管理原则落实

（2）企业文化教育的实施

企业文化建设不仅指构筑一个文化体系，还涉及如何有效实施。在这方面，方太有其自身独特的做法：考虑到中国传统儒家文化的深厚影响，方太选择了开展儒家文化的日常教育来构筑“大家庭”的企业信仰，同时通过员工定期进修企业价值观课程，从理念与原则两方面不断对员工进行文化熏陶，以此将整套的方太企业文化体系植入员工和管理者的头脑之中。在此基础上，方太通过一系列的企业制度创设、仪式活动推广与物质保障投入进行全方位落实，从而让自身的企业文化建设不仅“可知”，而且“可视与可观”（见正文表 1）。

（3）制度与文化双重保障机制

儒家文化强调“仁义礼智信”，“信”即守信与诚信待人，“信”字是前面四种道德规范的有力保障。儒家文化中的“信”可以分为两个层次，最低层次是守信，守信要求用“礼”来规范，对应着现代经济学中面对有限理性人的“算计”行为因而启用制度进行规范。在此基础上，儒家倡导的最高层次的信任是互信，是“仁义”生发而形成的社会相似性的认同，这实质上要求在文化建设过程达到信任的嵌入——即制度信任的目标。

——算计性信任与方太的制度建设

企业与职业经理人之间的算计性信任在于权衡自身收益与损失的结果博弈。方太的制度建设一方面增强了职业经理人“背叛”企业的成本，减弱了“叛离”带来的预期收益；同时又增加了经理人继续为企业效力的预期利益，从而使理性的经理人愿意选择信任企业。同样，这类制度建设也把企业的运行完全交给了职业经理人，企业家如果不信任职业经理人，企业经营就会受到影响。选择信任成为双方的最优策略。

对于职业经理人来说，离开方太意味着放弃“身股制”带来的分红收益和企业提供的发展平台。身股收益是企业和职业经理人的利益共享，可以给职业经理人提供与持有股份一样的经济激励，但是职业经理人如果离开企业，手中的身股不能像股票期权一样变现。“身股制”还有利于留住部门内的骨干员工，避免经理人在“叛离”时鼓动团队一起离开企业，可以削弱经理人“叛离”的预期收益。完善的培训机制、充分的授权和没有家族人员干预的环境表明了方太对职业经理人的态度，经理人可以充分发挥自身的能力，借助方太已经具备的资源和品牌，实现自我价值的提升，权衡利弊的经理人会选择继续投入自己的专用性人力资本。

对于家族企业来说，通过“淡化家族制”的改革和充分的授权，企业的日常运行已经高度依赖外部的职业经理人，在经营过程中形成的具备“knowhow”特点的管理知识和技术知识都凝结着职业经理人的专用性人力资本。一旦离开这些职业经理人，企业的竞争力将会受损，因此企业需要留住职业经理人。方太的实践表明，通过提供完善的培训机制和“身股制”等激励作用，不仅可以加速职业经理人的能力提升，有利于稳定职业经理人队伍，另一方面也有利于提高企业自身的竞争能力。

——制度信任与方太的文化建设

制度信任不再仅仅是基于利益取舍的策略，而是企业和职业经理人在统一的价值观下为了共同的目标而奋斗。企业文化建设的目的恰恰在于帮助职业经理人建立和企业同样的价值体系，把职业经理人的自我实现需求和企业的发展目标统一起来。实际上，企业的制度建设是企业文化建设框架中的一部分，在文化的“洋葱层”中属于外层，是文化建设的具体和可操作的表现，成功的制度建设必然和文化建设是统一的。企业文化建设的目的就是构建外部员工（包括职业经理人）和家族企业之间的信任。文化的内核建设是构建制度信任的基础，而整个文化建设都是在为创造信任的氛围而服务。随着企业文化建设的成功推进，制度信任的范围会不断扩大，覆盖原先仅仅依靠算计性信任的区域，从而提高企业整体信任水平，达到最优的效果（见图 9）。

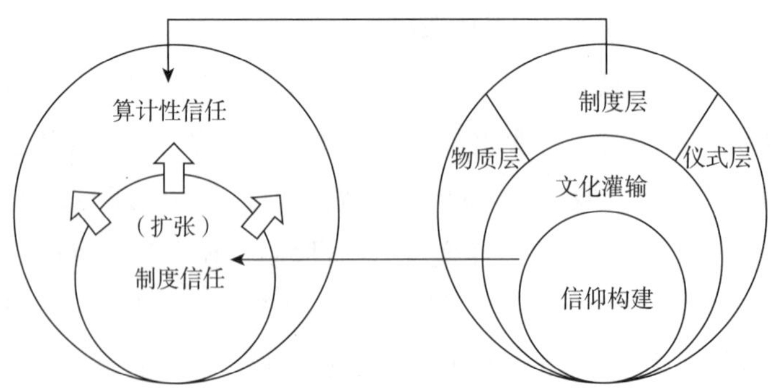

图 9 制度与文化重构：方太的双层信任模型

5. 儒家文化与方太的创新

从儒家文化来看，儒家并不崇尚过度竞争，例如，孔子对竞争持“和而不同”的态度，并要求个体“尚辞让，去争夺”；孟子将“辞让之心”定义为“礼之端”。相比于市场经济崇尚外部竞争法则的指引与约束，儒家更偏好运用伦理教育以达到“有耻且格”的目的。

进一步来看，儒家倡导的“和而不同”，并非为和谐目的而和谐，而是基于符合“义利”观倡导的和谐。方太的实践对此做了非常生动的阐述：作为中国厨电行业第一高端品牌，方太的年增长率完全可以达到更高，比如 30% 以上，但方太给自身战略规划中制定了每年 20%~30% 的增长速度，并将利润率定在 8%~10%。茅忠群对此解释是：方太不做利润驱动型企业，而要做愿景、使命与价值观驱动型企业。如果方太追求盈利最大化，就可能意味着利益相关方的损失，比如，方太要追求更高的利润就有可能压榨了自己的供应商或者顾客。因此方太维持一个适中的增长率，是为了让行业生态发展得更加丰富多彩。

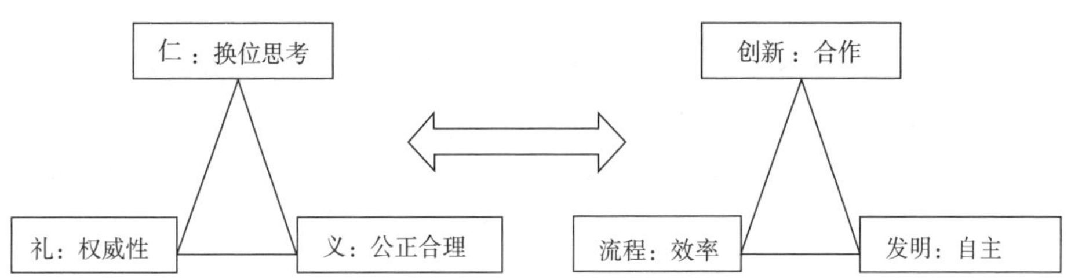

图 10　儒家文化与方太的创新：基于对称的三角关系分析

我们可以结合前面讲的“仁义礼”三角关系，来进一步探讨儒家文化与产品创新之间的联系见图 10。

从“创新三角”的右下角是“发明”内涵。创新的灵魂首先是发明，发明强调的是“自主、灵感与直觉”。方太在行业内是创新力量最强的企业，其研发申请了 760 多项专利，其中发明专利超过 129 项。方太引进儒家文化之后，以文化教育熏陶员工，希望人人慎独内省，并在各项制度设计中尽可能做到公正公平（“义”的效用），从而在公司营造了一种温馨而人性化的经营氛围，这使得公司员工身心高度放松，各项创新发明灵感源源不断出现。

“创新三角”的顶部是“合作”内涵，是指企业在将发明带入市场时，反复与消费者互动沟通，达到贴近消费者需求的过程。创新的这一特质要求与儒家思想中的“仁”非常吻合。“仁”强调的是替人着想，就是能够分一点爱给别人，有爱心。方太从创立企业推出第一台抽油烟机产品开始，就一直走的是合乎“仁”的创新思路：收集国内消费者的各种抱怨与不满，开发出符合中国人厨房特色的自主创新产品。在方太 20 年创新发展历程中，无论是早期的 A 型机，还是后来的欧式机，以及最新的跨界水槽洗碗机，方太自始至终深入洞察消费者需求，将心比心地为消费者着想，从而使得公司每次推出的创新产品都大大高于消费者的心理预期，在市场上掀起一阵阵“方太旋风”。

创新三角的左下角是流程“效率”的内涵。有了“仁爱”思想替消费者与员工着想，同时在推行“仁爱”思想过程中注重用“义”来形成张弛的限度，刻意营造一个公平公正的氛围。有了前两者的保障，方太公司上下就能贯彻实施一系列“有仁有义”的礼制（规章制度）。这一系列规章制度，既包含了生产工艺方面的流程制度，又包含了公司日常经营管理方面的制度。由于制度的制定充分展现了儒家文化的“仁义”效用（比如公司对员工所犯 A、B、C 类错误的不同对待），并且相关制度的制定又将员工的切身利益考虑在内（比如覆盖全员的身股制），因此方太公司制度实施的权威性（或称组织的凝聚力）已经内化为员工的自觉性与自我管理，这就可以大大降低公司经营管理过程中的各项交易成本，同时也进一步提高了公司流程管理的效率。

六、建议课堂计划

本案例可以作为专门的案例讨论课来进行。如下是按照时间进度提供的课堂计划建议，仅供参考（请参考表 4 案例教学板书计划）。

整个案例课的课堂时间控制在 80~90 分钟。

课前计划：提出启发思考题，请学员在课前完成阅读和初步思考。

课中计划：简要的课堂前言，明确主题（2~5 分钟）

分组讨论（30 分钟），告知发言要求

小组发言（每组 5 分钟，控制在 30 分钟）

引导全班进一步讨论，并进行归纳总结（15~20 分钟）

课后计划：请学生上网搜索该企业的相关信息资料，尤其最新信息，采用报告形式给出更加具体的解决方案，或写出案例分析报告。如果对此案例有兴趣跟踪，建议联系案例作者或企业相关负责部门，展开深入研究。

表 4　案例教学板书计划

观点 理论基础 方太所在行业与市场状况分析	方太的成长阶段 方太的企业资源状况与动态能力特征
家族企业专有投入 职业经理人专用性资产 分歧偏误 信任机制 儒家文化与信任 儒家文化与创新	交易成本理论 动态能力理论 文化洋葱模型 创新三角模型

致 谢

如果没有许许多多人的指导和支持，本人将无法完成本书的写作。本书得以呈现，可以用一个有趣的“三角形”治理结构关系来解释：从自主关系顶点看，北师大商学院如鱼得水的案例教学与实践，和众多企业家与MBA学员课程内外近距离的激辩与研讨，皆赋予了本书诸多案例诞生的直接灵感。从控制关系顶点看，自从博士毕业后，本人就一直沉迷于跨国公司的教学与研究工作，为此也数度深入企业进行实践；在2012年，本人获得国家留学基金青年骨干项目支持后，有幸前往加州伯克利分校哈斯商学院访学，得以肆意游弋于威廉姆森教授的治理经济学思想宝库中，这使得本书每一案例背后，无一不透露出TCE的理论身影。最后从合作关系顶点看，本书的诞生可以视为中外学术合作关系的一段巧合。我在哈斯访学时，获得了北师大对国际商务专业学位案例教材立项的支持，至访学快结束时，教材一半初稿已近完成；同一时间，本书的部分案例又在大连理工大学的中国管理案例共享中心上陆续发表；教材编撰中，与合作导师威廉姆森先生的讨论，让本人对案例背后的治理经济学思想有了更为深刻的认识……

当然，正如耳熟能详的“小板凳故事”所示，第一次做出的小板凳必然丑陋不堪。为此，我不得精心雕琢，现在呈现给大家的作品应该是第三次做出的“小板凳”（案例修改与后续新增历经五六年）。现在我把这本浓缩了中外“友谊治理”的教材呈现给读者，正是基于对“北师大——伯克利”之间一种难以名状的感恩与深切怀念之情。

本书能够成行，还得益于本人承担的诸多基金项目的大力支持，包括北京师范大学经济与工商管理学院案例写作资助项目，研究生院985专业学位建设项目《国际商务案例研究》，教务部信息化与教育教学融合项目《基于开放式创新的国际化方向数字平台建设暨‘国际投资学’慕课建设》，“中央高校基本科研业务费专项资金”资助项目《儒家伦理与企业家才能研究》等；同时也得益于北京师范大学经济与工商管理学院一批莘莘学子的努力参与和辛勤劳动，他（她）们包括参与不同案例资料收集与研究工作的陆模文、常磊、童陵、张蕴、郭怡、刘娜、刘昶等同学，在此一并感谢！

在本书写作过程中，特别是其中涉及的相关数据出处以及案例资料的选择，借鉴了不少公开刊物、互联网新媒介以及新闻媒体的报道，尽管作者尽可能一一列出资料的来源与出处，但仍难免疏漏。

最后，衷心感谢挚友和家人的帮助，特别是我的妻子笨笨与女儿笑笑，她俩无疑是我创作本书时最大的精神支持。